民族意识与
自由主义的双重变奏

留美中国学生
联合会之历史考察

张睦楚

——著

社会科学文献出版社
SOCIAL SCIENCES ACADEMIC PRESS(CHINA)

本书由云南师范大学"教育学·省级重点学科建设经费"（04400205020516008）资助出版

序 一

北京师范大学教育学部孙邦华教授的研究生张睦楚博士的毕业论文通过了毕业答辩，即将出版，张睦楚博士自读硕士研究生起，就一直参与我和她的导师共同主持的几项重点课题，如"国家出版基金"资助的《晏阳初全集新编》四卷本、"天津教育出版社资助项目"《晏阳初年谱长编》以及"民国人物口述史研究"。她在其中展现出的勤奋好学、执著敏锐都使我印象深刻，平时她也常常受导师的指派来我这里或交流学术动向、研讨共同关心的前沿课题，或帮我看稿，或与我联署撰写论文等，自然而然建立了良好的师生关系。从厦门大学考入北京师范大学之后，她一直对中国近代教育史有着浓厚的兴趣，在求学阶段逐渐明确了自身的学术志趣和研究方向，曾多次获得北师大优秀研究生、国家奖学金、"通鼎"优秀博士生奖等高级别奖励，并曾获国家公派推荐资格赴台湾地区及加拿大、美国、英国联合培养与深造，从而拓宽了学术视野，并丰富了她的人生阅历。在她获得教育史博士学位时，还获得了"北师大优秀毕业生"光荣称号。作为一个和他们师生有多年交谊的老年学者深感欣慰，愿意鼎力推荐出版。

张睦楚博士本次出版的著作收集了国内难以获得的资料、史料、档案、文集，通过留学生在美国境内留下的海量且无比珍贵的史料，重新、翔实地勾画出这一彼岸的最为重要的学生社团的发展历程。主要讨论了近代最具有影响力，也最具有代表性的海外留学生自治组织——"留美中国学生联合会"。这一留学生联合会作为近代学生社团的母体，脱胎于近代轰轰烈烈的留学运动背景之中。在当时出现的诸多学生社团中，由于其所吸纳的中国留学生人数最多，聚集了大批留学北美的青年学子以及其他社团中的许多精英分子，而这部分留学精英分子又广泛分布于北美各地，加之该联合会有效地组织与开展了各项会务事业，因而在留美学生群体之中产生的影响力也是最为巨大的。留美中国学生联合会的创立与发展自然具有对其他学生社团的示范与指导作用，在留美青年当中也具有极大的影响及感召力。通过她的研究，认为留美学生联合会中始终存在着两股截然不同的意识，一派是以中国自古以来根深蒂固且独特的民族意识所主导的观念，秉持这一态度与观点的留美学生联合会中的学生群体在对国体的主观选择、对日态度、爱国理念、教育构想、宗教及文化方面有着明确的看法；另一派留学生则明显受到美国思想的影响，对以上问题更倾向于采取一种趋于"自由主义"基调的看法，他们对于以上相同的问题进行了不同的理念建构。

当然，在著作中她也指出这两股意识很显然并不能够完全涵盖联合会当中所出现的所有差异甚至冲突，只是基于当时学生社群的特征、留学状况所选取的最主要的意识支流而进行的研究，其研究及回溯也并不仅仅在于描述历史的真实面向，更在于对二者相互关系的深层原因进行仔细的探讨。研究同时发现，之所以在留美学生联合会中会出现民族意识与自由主义两股意识流相互交织的现象，这恰恰是由该会本质所决定的。联合会的本质是借由留学生的热情与团结精神集结而成的海外"学生社团"，这一由学人团体所组成的"公共领域"也因此深具"开放性"与"公共性"的特质，于是联合会对于不同组织、不同意见、不同理念的包容度也十分巨大。通过研究也发现，联合会当中所存在的这两类意识的差异与相互之间的作用，也是推动留美学生联合会这一学生群体发展的重要动力。可以说，近代中国的公共领域是一个刚刚萌芽的概念，它在发展、壮大的方面必然经历着一系列的难题，这是不可避免的。因此，本书力图在近代学人社团的视域之下聚焦民族意识与自由主义相互关系的研究，以期对研究其他类似的留学生群体、近代学人社团，乃至现今学术团体的发展能够有所借鉴。

如今，张睦楚博士的著作即将出版，可喜可贺。作为一名青年研究者，我从她的身上看到了巨大的学术潜力。我认为她做人做事十分认真，有着极强的意志力与行动力，读研期间她曾被派赴英国做交流学者、赴加拿大多伦多大学做交流学者、赴台湾有关高校访学。她的学术起点较高，自身也有非常好的资质，相信她未来会有所作为的。当然，学术道路不可能一帆风顺，无论在今后的学术研究还是在生活中，倘若她遇到困难时，我仍将尽自己所能为她提供必要的帮助，并希望继续保留随时向年轻学子学习的渠道。欢迎她像之前一样与我和我的老伴来聊一聊，除了给她一些建议之外，我也会尝试着理解这一代年轻人的困惑和期待，只要能为他们这代人的学术之路助一臂之力，我也觉得非常欣慰了。

宋恩荣

2017 年 12 月 4 日

于北京寓所蓟门轩

序 二

中国的现代化运动属后发外源型，西潮的冲击是中国现代化不可或缺的历史动因，这基本上已成为中国现代化研究中的共识。西学东渐则是西潮的核心，研究中国的现代化就不能不关注西学东渐。人是文化的载体，也是文化交流中的主体因素，研究西学东渐既要盯着从欧美输入的各种西学这一客体，更应该关注往来于中西方的文化交流使者。在中西方文化交流中扮演使者角色的人中，以传教士为主体的寓华西人和海外留学生是学术界广受关注的两大群体。16～19世纪（明末至清末）以传教士（天主教和新教）为主体的寓华西人是西学东渐和中学西渐的先锋和中坚，利玛窦（Matteo Ricci）、艾儒略（Giulio Aleni）、南怀仁（Ferdinand Verbiest）、汤若望（Johann Adam Schall von Bell）、白晋（Joachim Bouvet）、马礼逊（Robert Morrison）、麦都思（Walter Henry Medhurst）、伟列亚力（Alexander Wylie）、合信（Benjamin Hobson）、嘉约翰（John Glasgow Kerr）、傅兰雅（John Fryer）、丁韪良（William Alexander Parsons Martin）、花之安（Ernst Faber）、狄考文（Calvin Wilson Mateer）、韦廉臣（Alexander Williamson）、林乐知（Young John Allen）、李提摩太（Timothy Richard）、李佳白（Gilbert Reid）等人则是把西学传入中国的典型代表。尽管中国19世纪末才开始向欧美、日本派遣留学生，但是，进入20世纪后，海外留学生在输入西方文化上的作用迅速上升，很快就取代了以传教士为主体的寓华西人的地位，成为获取和传播西方文化的骨干。对于西学东渐的这两大群体，我于1988年开始致力于对清末以新教传教士为主体的寓华西人的学术研究。对海外中国留学生群体关注多年，心里一直有个想法，在合适的时机，自己或者引导条件比较好的研究生开展这一领域的学术研究。

2010 年秋季，张睦楚以优异的成绩考入北京师范大学攻读中国教育史专业的硕士学位，经过双向选择，成为我指导的一名研究生。她学习非常勤奋，英语水平比较高，是研究中西文化教育交流史的好苗子。在硕士学位论文选题时，我建议她以于 1924 年成立的中华教育文化基金董事会（简称"中基会"）为研究对象。为准备该问题的研究，她还特别申请赴台湾师范大学进行半年时间的交流学习，广泛收集中基会原始文献，向相关专家请教。经过 2 年多的研究，所提交的硕士学位论文于2013 年获得了答辩委员会的充分肯定，被评为优秀硕士学位论文。接着她继续跟随我攻读博士学位，与我商定以民国时期中国留美学生群体作为博士学位论文选题方向。

1928 年，舒新城撰著《近代中国留学史》开启了中国留学史的研究，迄今该领域的研究已成为教育史、历史学等诸多学科比较关注的学术领域，硕果累累。美国学者勒法吉（Thomas Lafargue）的《中国幼童留美史》（*China's First Hundred*），日本学者实藤惠秀的《中国人留学日本史》，台湾学者瞿立鹤的《清末留学教育》、黄福庆的《清末留日学生》、林子勋的《中国留学教育史（1847～1975 年）》、陈琼□的《清季留学政策初探》、陈三井的《旅欧教育运动：民初融合世界学术的理想》，中国大陆学者王奇生的《中国留学生的历史轨迹（1872～1949）》和《留学与救国——抗战时期海外学人群像》、李喜所的《近代留学生与中外文化》、田正平的《留学生与中国教育近代化》、刘晓琴的《中国近代留英教育史》、叶隽的《另一种西学——中国现代留德学人及其对德国文化的接受》、章开沅和余子侠合撰《中国人留学史》、周棉等人的《留学生群体与民国的社会发展》、陈志科的《留美生与中国教育学》等著作，是中国留学史研究成果中的代表性著作。已有的中国留学史研究成果主要关注两个问题，一是有关中国留学运动出现的原因、留学生派遣制度的变迁（包括考选办法、管理措施、奖励办法、留学生的使用政策等）；二是关于留学生对中国社会变迁，包括民主革命、西学东渐、社会思潮、乡村建设、教育改革、科学研究等的影响与贡献。但是，对于留学生在国外的教育活动本身——学习、研究、生活、留学生组织及其思想等研究比较薄弱，甚至有些缺失，如果能够掌握相关原始文献，该领域还大有研究的空间。

张睦楚得到了国家留学基金委的资助，2014 年 8 月至 2015 年 10 月，获得赴加拿大约克大学、多伦多大学留学的机会，一方面跟随研究中国教育问题的知名专家许美德教授学习研究，另一方面又不断奔波于哈佛大学、斯坦福大学、哥伦比亚大学、密歇根大学等美国各大学的图书馆，广泛地收集中国留美学生社团的档案、中英文报刊、会议纪录、留学生名录、资料集、个人文集、日记等大量第一手珍贵史料，以及中研院近代史研究所档案馆和香港中文大学当代中国研究中心所收藏的相关资料。张睦楚在对学术史和史料分析的基础上，决定以留美中国学生联合会（The Chinese Students' Alliance in America）的历史考察为研究对象，以中国近代教育社团与中外教育交流的关系为研究的切入点，分析社团内部的矛盾与冲突。

1914 年，以庚款生资格正在美国留学的胡适在《留美学生年报》发表《非留学篇》批评西洋留学生在近代中国社会的作用远远不如东洋留学生，"吾国晚近思想革命、政治革命，其主动力，多出于东洋留学生，而西洋留学生寂然无闻焉。其故非东洋学生之学问，高于西洋学生也，乃东洋留学生之能著书立说者之功耳"。在清末民初，日本是中国人首选留学目的地，一批又一批青年怀着教育救国的壮志豪情负笈东洋，"大江歌罢掉头东，邃密群科济世穷"。东洋留学生确定成为清末民初输入新知、参与民主革命的骨干，西洋留学生难以望其项背。如果说新文化运动的主角是由东洋留学生（陈独秀、钱玄同等）和西洋留学生（胡适、蔡元培等）共同扮演的话，此后的主角就逐渐转到以留美为主的西洋留学生身上了。尤其是在新思想的辅入、教育改革、大学校务、新兴学科的教职、科学研究等方面归来的西洋留学生自民国中期以后开始占据优势。

胡适认为留学的目的在于"植才异国，辅入文明，以为吾国造新文明之张本"，简而言之，"输入新知"，以"再造文明"。但是，同一时期的留美学生在如何再造文明的具体看法上存在着不同的思想观点。他们在留美期间即围绕着一些问题展开争论，回国后仍继续思想交锋。胡适与梅光迪、吴宓，双方在美国留学时对待古今中西问题发生思想分歧，胡适回国担任北京大学教授后，以《新青年》为阵地，宣扬他的文学改良说，梅光迪、吴宓则在南京高师以《学衡》为媒介，主张"昌明国粹，融化新知"。这两派的思想冲突之史实已为学界所共知，但是，留美学生之间的思想矛盾与冲突何止前述胡适与梅光迪、吴宓两派！何止这几个人物！张睦楚的博士学位论文正是对 1902～1931 年留美中国学生联合会内部所存在的民族意识与自由主义的想象、激进与冷静、自由主义的理想与民族主义的现实、宗教与平等民主思想等矛盾与论争进行剖析。通过对大量第一手史料的梳理，条分缕析，层层深入，为我们呈现出了当时留美学生群体一些鲜为人知的思想分歧。

天道酬勤，张睦楚在北京师范大学教育学部学习 6 年，学业进步很大，所完成的硕士和博士学位论文都得到评审专家和答辩委员会的赞誉，还在一些 CSSCI 期刊上发表了多篇学术论文，两次获得研究生国家奖学金和北京师范大学优秀毕业生称号。张睦楚毕业后对博士学位论文又进行了一些修改、完善，获知马上出版，我作为她的导师，自然非常高兴。希望她在学术研究的道路上坚持不懈，不忘初心，脚踏实地，不断奉献更好的学术成果。假以时日，她会成为彩云之南上空那朵美丽的彩云。

孙邦华

2018 年 2 月 7 日

于北京京师园

目　录

导　论

选题旨趣及研究构想

随着"市民社会"以及"公共领域"应用到中国历史的研究，近代中国所创立起的民间社团也逐渐成为现今国内外学界关注的问题。但是倘若对这些研究进行检视，可以说以往对公众社团的研究，主要集中在慈善团体、同业商会、科学社团等组织，对海外学生联合群体的关注不够。[①] 其实，由海外留学生联合组织的群体更具有研究的意义与典型特征。一方面是由于海外留学生群体在中国近代历史转型中所起到的重要作用；另一方面是海外留学生团体作为近代各类学术社团在彼岸的一种独特的派生形式，具有较大且独特的研究价值。倘若论及海外学生社团，则以留美学生所创办的"留美中国学生联合会"（Chinese Students' Alliance in the United States，简称 C. S. A. ）为代表。这一团体之所以具有极

---

① 张剑：《科学社在近代中国的命运——以中国科学社为中心》，山东教育出版社，2005，第2～3页。有的学者还对近代中国的社团进行了数量上的统计，例如桑兵就曾对1901～1904年的社团做过统计，共有276个。桑兵：《清末新知识界的社团与活动》，三联书店，1995，第275页。

大的研究意义，是因为该会作为近代中国留学生团体之"母体"，其创建很大程度上即是中国当时的国情与美国社会相互结合的产物。以这一学生联合会为主题进行研究、剖析其组织形式与结构，并探讨与中国社会、美国社会的互动情况，有利于从学生社团发展的角度考量近代时期社会历史的发展、学生组织自身的发展与中美政府间的关系。因此，对于这一特殊学生组织的研究，自有其独特的意义所在。

实质上，对留美学生群体的研究依旧属于对近代留学生研究的范畴之内。具体来讲，是属于近代中西文化交流史研究的范畴；从更大的层面上来讲，对留美学生群体的研究更是对近代中国转型与"学人团体"相互影响、作用的研究范畴。正所谓："夫留美学生之于中国，犹如栋梁之于房屋，中国之发达进行之初，纵或徐徐，中国少年留学生尤应于此时为国人之向导。"[1] 研究近代中国历史的变迁，很显然不能不碰触知识分子的问题；而研究近代知识分子问题，则不能不碰触近代留学生的研究。因此，留学生成为研究近代中国历史发展以及近代中西文化交流进程绕不过去的一个重要问题。其中缘由是这类群体对于近代中国社会、政治、教育、文化所产生的巨大作用——这取决于留学生的正向推动作用，加之之后"留美诸生，独以美国退还庚款之运用，成为一枝独秀"，更突显留学生的重要性。[2] 只是由于民国以来的政局至北伐完成，继之而起者为抗日，政局的动荡影响了教育，政局不稳则教育亦难推展。在这种情况下，中国海外留学诸生始终在艰难困苦中挣扎。[3] 因此，留学生群体需要团结起来，形成一股"群力"，以便能更好地解决现实中遇到的系列问题，自此则足以说明留学生团体"集群"的重要性所在。具体考察来看，大多数留学生处于近代中国这样一场特殊的困境之中，与全体国民相同，他们与生俱来的民族意识在实际上构成了大多数留学生应付种种危机的主要精神凭借，贯穿于他们学术志业和思想的是一种典型的民

---

[1] 杨锦森：《论中国留美学生》，《东方杂志》第 8 卷第 12 号，1912 年，第 30～35 页。

[2] 林子勋：《中国留学教育史（1847～1975）》，华冈出版有限公司，1976，第 498～499 页。

[3] 林子勋：《中国留学教育史（1847～1975）》，第 590 页。

族主义关怀，即便是在受过欧风美雨惠泽的留学生身上这种以"复兴民族"为己任的国家意识也始终萦绕不去。[①] 对于这种明确体现在留学生群体身上的"民族主义关怀"，或者是"民族主义意识"，一部分学者认为，这种民族主义在中国，并不是留学生群体，或者仅仅只是在近代发生的意识，这种"民族主义的志趣"实质上深具"前现代"的历史起源。[②] 之所以在近代尤为突出，正是由于甲午战争之后清政府意识到民族危机，纷纷向日本（随后是美国）派遣留学生。随后国家经历了一系列的历史遭遇，这些历史遭遇直击每一位中国人的心灵，可谓一段"刻骨且深刻"的历史记忆，因此这段时期也正是中国民族主义迅速形成（formative era）、升温（developmental era）、变动（change era）的关键期。

当然，20世纪虽然是民族意识高奏凯歌的世纪，但也是自由主义大行其道的世纪。这两种意识虽是以民族意识压倒自由主义的形态开始的，但随着西风东渐及各类有志青年留学海外的浪潮逐渐兴起，自由主义的理念也随之兴起，甚至在一些较为审慎冷静的人士身上，对于自由主义理念的服膺之情反而较胜于对前者理念的归属。就民族主义这一思潮来看，即是在辛亥革命准备时期开始形成，并且迅速在思想界占有突出的地位。如章太炎在1903年所说："民族主义，自太古原人之世，其根性固已潜在，远至今日，乃始发达……中国近五十年来之历史，乃一步民族思想之发达史也。"[③] 随着历史的发展，近代中国的各类思潮也逐渐出现，呈"你方唱罢我方登场"的局面，各类思潮之后均有一条潜流"不

---

① 章清：《"胡适派学人群"与现代中国自由主义》，上海古籍出版社，2004，第434页。
② 张灏先生定义"前现代"为中国近代历史上的"转型时代"。他认为这个时期之所以称为"前现代"或是"转型时代"是基于彼时民族主义所做出的判断。他认为近现代中国社会形成民族主义的关键时期，也是近代中国转型的最显著时期。现今学界大多认同此看法。参见张灏《幽暗意识与民主传统》，新星出版社，2006，第23页；王汎森等《中国近代思想史的转型时代》，联经出版事业股份有限公司，2007，第46页。
③ 章太炎：《驳康有为论革命书》，《章太炎政论选集》上册，中华书局，1977，第194页。

绝如缕贯穿其间"。^① 五四启蒙运动提出"科学"和"民主"的两大主张，在随后的历史潮流中逐渐分化。同时在西方各种思潮的影响下，逐渐分化成多个尖锐对立的思想模型，文化上也呈现出一种"无序的多元"景象。^② 无论之后的各类思潮如何百花齐放，但综合来看近代的中国社会思想还是主要分化成了三个现代的思想阵营：马克思主义、自由主义及文化新保守主义。^③ 也有的学者认为这三大思想阵营是激进主义、保守主义和自由主义三大思潮。例如俞祖华在其博士学位论文《离合之间：中国现代三大思潮及其相互关系》中认为激进主义、保守主义与自由主义一起构成了近代中国的三大思潮，这三大思潮既是相对独立的思想流派，有着各自的基本价值与歧异的方案设计，但又有多元一体的共时文化生态、并生互补的相同思想框架、交织重叠的近似问题领域。^④ 探究这三大思潮共存的背景，持相同理念的学者认为因为这三大思潮都生活在同一历史时代，面临着相同的前现代传统的内容和具体的历史处境，因而它们是"在许多共同观念的统一架构中运作的"。^⑤ 但不管近代的思想分化为几大阵营，各自的阵营又是由哪一派思潮代表，这些思想潮流随后又产生了何种的演变与分化，不可否认的是，这些思潮的兴起都是对当时严峻的民族危机和伦理危机的深刻反映，也都希望中国走出中世纪的禁锢、迈向现代化，并建设起与现代化相适应的中国未来的前进道路。由此，这些母系思想在历史的潮流之中逐渐被改造成政治、构建新民族的政治认同及文化认同的最主要、最核心的工具。^⑥ 对任何一个国家而言，

---

① 罗志田：《乱世潜流：民族主义与民国政治》，上海古籍出版社，2001，"自序"，第 1 页。

② 高瑞泉主编《中国近代社会思潮》，上海人民出版社，2007，第 472 页。

③ 许纪霖：《二种危机与三种思潮：20 世纪中国的思想史》，《战略与管理》2000 年第 1 期。

④ 俞祖华：《离合之间：中国现代三大思潮及其相互关系》，博士学位论文，湖南师范大学，2014，第 1 页。

⑤ 史华慈：《论保守主义》，《近代中国思想人物论：保守主义》，时报文化出版事业有限公司，1980，第 20 页。

⑥ 林毓生：《中国意识的危机》，穆培善译，贵州人民出版社，1988，第 344 页。

统一的民族意识及自由的风气均是国家现代化的应有之义，① 即使在近代出现各类思想，但是在中国近代语境中——近代以来中华民族面临危机和困境，民族意识必定是一支最主流的意识，而自由主义也必定有着民族意识的底色，其自由主义者无不在民族主义的框架中构思在复杂的现代国际关系中民族国家独立、统一的问题。

不可否认，任何由个体所组成的组织中都会存在着理念的差异，这是一种客观存在的、不可避免的社会现象。既然留美中国学生联合会作为海外学人公共领域，那么它自从成立即有自身的使命。这一团体组织的使命是什么？又存在何种特殊性？自身在使命实现过程中是否存在某种理念上的差异或争论？如何处理这一系列的争论才能有助于这一学人组织更好地完成自身的使命？以上一系列问题是基于学生联合会所引发的部分思考，虽不能面面俱到，但对近代学人公共领域的相关研究有着提纲挈领的效用。留美学生联合会作为近代以来留美学生自发组织而成的一个学生自治团体，具有某种层面的"公共领域"特性。对这一特殊的"公共领域"发展进程的研究，以及对于彼时留美学生最为关心的一系列问题看法的检视，有助于更好地对近代大范围背景之下"公众群体领域""学人公共空间"等问题进行探究。

事实上，留美学生群体很难说是一个内在高度统一的社会群体，即使是留美学生联合会这样一个以"共同观念""共同的国族情感"为需要，甚至是以美国联邦形式所集群而成的契约型学生社团也并不能够遵循单一现行的路径而运行，并且该会是由彼此具有差异性的留美学生个体所组成，因此他们对各类问题的接受并非全然无意识，这个过程在一定程度上取决于他们的理智、环境、经验、反思等因素。因此，不难理解作为海外留学生成立的最具代表性、最具影响力的学生社团，该会必定在各种争论中维持着会务或活动的进行。这种群体之中的理念差异及共存是具有现实性的，在某种程度上既令人感到费解又在现实中具有某

---

① 闫润鱼：《自由主义与近代中国》，新星出版社，2007，第323页。

种的"可理解性"。许纪霖曾对近代知识分子社团进行考察，他认为："知识分子通过结社组织起来，又因为结社而相互冲突、自我分裂，成为同时出现的悖论性的现象。"① 不可否认，这是一个值得深思的问题，这一论点精辟地指出了本书存在的价值与意义。因此通过对留美学生社团中不同意识对立、相互作用及共存的研究，并通过教育研究关注个体与群体在文化史、社会史领域之下的互动关系，使得单纯的留学史、教育史通过中西文化交流这一中介，更密切地与思想史、社会史、文化史甚至是政治史等方面的学术研究更好地结合起来。②

当下，厚重的历史责成我们去做冷峻的思考和深刻的反思。在过去的 19 世纪以及 20 世纪，中国的民族主义是推动国家发展变革的最为深切的动力，证明了没有民族主义就演化不出民族国家；没有民族国家，中国的现代化就无从进行。③ 由此可见，民族主义无疑是过去以及当今社会甚至是不远的未来的最大主题。正是由于民族主义或是民族意识问题的重要性，因此大到国家层面，小到个人群体都与之息息相关。在国家层面，这种意识业已成为政治决策的一大对象；④ 在个人及群体方面，这种意识也左右着个体看待自己国家与他国的重要的"指挥棒"。虽然民族意识具有如此重要的地位，但究其性质，倘若这种意识一旦踏上盲目发展的道路，则极容易演变成为一种非常富有弹性、空洞无物，甚至容易被滥用的意识形态。尤其是在现代中国，这种意识虽然能够有效地组织社会力量共同抵御外族的入侵，但却又容易形成畸形的自大排外心态，或是演变为盲目自卑的民族情绪。虽然能够用其组织国家向现代化目标前进，却又容易为专制独裁所操纵而演化为一种简单粗暴的革命方式。以上种种

---

① 许纪霖：《重建社会重心：现代中国知识分子与公共空间》，许纪霖主编《公共空间中的知识分子》，江苏人民出版社，2007，第 16 页。

② 叶隽：《留学生：文明的交流或异化》，《博览群书》2013 年第 4 期。

③ 艾恺：《世界范围内的现代化思潮——论文化守成主义》，贵州人民出版社，1991，第 26 页。

④ 时殷弘：《民族主义与国家增生的类型及伦理道德思考》，《战略与管理》1994 年第 5 期。

均显示出其富有弹性又容易失控的一面，① 因此有必要对这一意识进行学术上的考察。而另一方面，自由主义在中国的发展历程绝非一帆风顺。这是由于在西方的自由主义演进史上，不论有过怎样的变化，各家各派对标榜个体、自由与民主价值的服膺始终是不变的。但对任何一个国家而言，民族意识及自由主义均是国家现代化的应有之义。② 正如张灏先生论近代各种主义兴起的重要条件时，他认为首先是由于学人自由结社，再次是新型的"精英型报刊"（Elite Press）的大规模出现，才使得包括民族主义、自由主义在内的各种新思想有了广泛传播的温床与集散管道。③

　　另外，虽然自从 1980 年代伊始无论是在教育学研究还是在教育史研究，对留学教育的研究逐步发展成为一个进展较快的领域，但纵观大部分现有的学术成果，基本上还停留在留美学生归国之后所做出的贡献等一类的研究。"资料的收集与整理也依然薄弱和滞后，中外学术交流和信息沟通的严重不足"，④ 对留美学生在留学期间所聚集起来开展的一系列学术与社会活动方面的具体研究仍然是一个相当薄弱的环节。尤其是对于留学生在海外所组建的社团，由于受史料条件的限制，过去的研究极少，因此这其中所涉及的专题与领域仍然是学术上有待开发的处女地，

---

① 章清：《自由主义：启蒙与民族主义之间》，刘青峰编《民族主义与中国现代化》，香港中文大学出版社，1994，第 417～418 页。学者白鲁恂同样认为由于中国的独特性，民族主义极有可能演化成一种恶劣的政治结果，即中国的政治权力被一群"污染了的、有缺陷的、不配成为领导中国民族主义的人"所把持、所掌控，这些人并非是最具学问的、最现代化的，对现代世界没有深刻了解，甚至没有一个会说外语。白鲁恂：《中国民族主义与现代化》，刘青峰编《民族主义与中国现代化》，第 536 页。张灏先生也认为，中国的民族主义有着极其不稳定的危险性，这是由于中国自视为文化世界的中心，在近现代受到种种的挫折与屈辱之后，容易产生盲目仇外与自我狂大兼而有之的情结，这种情结很容易在民族主义中寄生，并渗透至国人的意识深处，使得民族主义也潜藏着一种义和团式的极端主义趋向，时而把中国带上反现代化偏激与自残的道路。张灏：《关于中国近代史上民族主义的几点省思》，《幽暗意识与民主传统》，第 175 页。
② 闫润鱼：《自由主义与近代中国》，第 323 页。
③ 张灏：《中国近代思想上的转型时代》，《二十一世纪》1999 年 4 月号。
④ 李喜所主编《中国留学通史》，广东教育出版社，2010，"序"，第 17 页。

尤其是对留美学生在美国所创立的这一最具代表性的联合社团的研究可以说还在起步阶段。因此可以说，对留美学生联合会进行相关的研究，在学术方面具有一定的意义。

反观传统中国，没有严格意义上完整且大规模的海外学生组织，自然也没有具备相应功能的组织联合会。当然，对留学生群体的关注长期以来也并未能够突破传统意义上重视归国留学生的局限，未能有更多的研究转而关注海外留学生群体。随着近代留学事业的发展，正式的学生社团的创建也随之走到了历史前台，与国内所成立的社团组织的大发展相比较，留美学生联合会这一学生社团无论是创建的现实背景、组织形式、组织程序、功能以及与中、美双边的关系等方面，都有其自身的特征。随着对相关社团公共领域的学术研究逐步发展，通过对留美学生联合会的研究，有助于从学术社团发展的角度考察近代社会历史发展的脉络，探讨学生群体社团与社会、政治、学术等方面的互动关系，从而深化与扩展近代中西文化交流史的研究领域。

在经历了一个多世纪的历史发展之后，关于留美学生所建立的一系列学生联合社团的相关问题也日益突出。在中国，由于一俟环境的变化，中国便缺乏学人公众领域赖以生存的土壤或环境，也可以说这种结社的可能在中国的传播实为一种"无土培植的过程"，要想牢固其根基实属不易，更无从谈起建立一个自由的学人"公共领域"的可能。① 尤其是当今在海外创设的留学生社团的某些功能及某些权利还未能保障，譬如对于社团活动的自治权力与独立开展活动等方面的能力都未得到充分的保障，国内的一些相关机构对海外学生公共团体尚处于"远程遥控"的阶段，海外中国留学生所组建的社团得以自由活动的空间十分狭窄，自然谈不上建设一个政治权力之外的学人社团，更无从谈及建制化。因此，对于当今国家而言，作为民主政治基本条件的公众学人得以自由讨论公共事务、参与政

① 章清：《自由主义：启蒙与民族主义之间》，刘青峰编《民族主义与中国现代化》，第417~418页。

治的活动空间是极度缺失的。①

在个体层面，在彼时风雨飘零的社会生态中，知识分子没有抛弃国家，依然聚结成为一个具有向心力、凝聚力的学生团体，以期于富强国家之图。而如今国家情况远胜当时，战火硝烟的年代早已远去，政府大力推进实施"人才战略""教育兴国"等一系列政策。在这一全新的现实背景之下，现在的知识分子，尤其是知识分子所集合形成的留学生团体是不是更应该肩负起对国家、对民族命运的使命，责成当今学生群体自身完成对国家理应履行的义务呢？尤其是出国留学生的数量日益增长，在海外往往集结成群，或是致力于学业交流，或是致力于生活交往，其中所呈现出这样那样的问题，也都是现今研究留学生团体绕不过去的问题。

因此，从现实来说，对留美学生联合会的历史研究不仅仅具有回望过往的功能，还具有启发当下的作用。倘若能够通过研究，反思民国时期留美学生期图"造一学生社团"以"实现自治理想"的经验与教训，将能为今天的教育研究工作者和决策人员提供可资参考与借鉴的历史经验，促进中国当今相关教育团体的改革理念或政策如何作用于实践领域以便更好更快地发展，沟通学术与社会，链接各类教育学术团体与政府等一系列问题的研究，也是本书主要现实意义所在。进一步说，本书所论及的不仅仅是关于学生社团的建设、发展、变迁等一系列的历史情况，也不仅仅将哈贝马斯所言明的"公共领域"理论借用于研究留学生社团，更重要的是进一步将研究重点扩展到留美学生联合会中所存在的一系列理念的差异、争端、辩论，这也是对实践最有价值的启示所在。实际上，虽然通过研究可知在留美学生联合会中存在着对不同问题的不同认识，但是由于该会的包容、开放，各种不同的观念、价值观、行为方式非但没有被消解，反而很奇妙地共存于这一团体当中。可以说这些冲突不仅仅是必然的存在，更是必须的存在，在某种环境之下更是维持该会存在、推动该会发展的重要动力。因此对于该会中存在的这些争端、分歧、冲突的分析，有助于启迪当下，

---

① 哈贝马斯：《公共领域的结构转型》，曹卫东等译，学林出版社，1999。

更好地给当下一系列相似的社团关于如何处理相似的问题提供有价值的借鉴。

学术史回顾

实质而言，本书的研究隶属中西文化交流史范畴，自 1980 年代起已进入鼎盛时期，如《中国教育通史》，陈学恂主编的《中国教育史研究》，王承绪、张瑞璠任总主编的《中外教育比较史纲》，王炳照、阎国华任总主编的《中国教育思想通史》，李国钧、王炳照主编的《中国教育制度通史》，张瑞璠、黄书光主编的《中国教育哲学史》。[①] 这部分研究往往更多地关注留学生归国之后的影响与贡献，这无疑是正确的，也是可资借鉴的重要研究成果，但留学生之所以重要，就在于其留学背景，舍却对其留学经验的深入考察，则异质文化碰撞的具体镜像就无从体现。[②] 同时，笔者通过阅读原始文献，查阅各大期刊网络，发现学术界对本书的主题研究相对较少，无论是相关书籍还是论文数量都不多，即便是关注也多以小论文等零散的研究形式为主，着眼点主要集中在历史脉络梳理，或是大线条、全景式的描述，对该研究主题还有待深入发掘。即使有少数成果是从全新的角度研究相关问题，也仍然有进一步研究的空间。总的来说，不论是民国初年的教育学者抑或是现当代研究学者都给我们留下了诸多宝贵的原始数据，此后不少学者又对这一问题做了不少的探讨，能够从中吸取充足的养料，是本书的基础。

为便于研究，以下特对著作类成果做研究现状的简要评述。

第一部分主要是关于近代留学的相关研究。由于留学是近代中国变迁的一个"主课题"，自然涌现出众多的学术研究成果，其研究的脉络与

---

① 于述胜：《教育交流视野中的中国教育现代化史研究——兼评〈中外教育交流史〉》，《北京大学教育评论》2006 年第 4 期。

② 叶隽：《留学史丛书总序》，叶维丽：《为中国寻找现代之路：中国留学生在美国（1900～1927)》，周子平译，北京大学出版社，2012，第 3 页。

分支众多。为了便于清晰、翔实地陈列相关既有研究，特将这个主题分为四个研究类别：留学教育史、中西文化关系、留学生群体、留学生与学科建设。

（1）研究涉及留学教育史方面的著作文献。舒新城所撰《近代中国留学史》[①] 堪称中国留学教育史研究的第一部专门著作。1929 年由中华书局出版的《近代中国教育思想史》作为舒新城的另一本关于留学教育史的专著，试图梳理和编写较为系统的近代中国教育史资料，并为近代教育史学科建设做出了十分重要的贡献。[②] 台湾方面有林子勋所著《中国留学教育史（1847～1975）》、[③] 王焕琛编辑的五册《留学教育：中国留学教育史料》；梅寅生翻译了美籍华裔学者汪一驹的《中国知识分子与西方：留学生与近代中国，1872～1949》。[④] 大陆学界方面，经过了大约三十年的发展，对此方面研究目前形成南开大学的中国留学教育研究中心和徐州师范大学的留学与近代中国研究中心两个专门机构。另外，浙江大学田正平先生自 1998 年开始主持"中外教育交流国家级课题"，并主编了《中国教育近代化丛书》，出版了专著《留学生与中国教育近代化》等一系列近代留学教育史的相关成果。田正平先生作为研究近代留学教育最为杰出的学者，在近年来出版了最新的研究成果《调适与转型：传统教育变革的重构与想象》。该书从性质上来说属于文集性质，即以论文精选的方式及相同主题归类的方式，荟萃了长久以来对留学教育与中外教育交流学术领域的研究成果。这部分成果主要考察了中国近代留学教育的兴起、近代留学教育的挑战与冲击、留学日本热潮与清末教育、嬗变中的留学潮流与民国初年的教育改革、留学新格局的形成与 1920 年代的教育改革、留法勤工俭学运动、留学生与中国近代教育理论的构建、

---

① 舒新城编《近代中国留学史》，中华书局，1928。
② 舒新城编《近代中国教育思想史》，中华书局，1929。
③ 林子勋：《中国留学教育史（1847～1975）》。
④ 汪一驹：《中国知识分子与西方：留学生与近代中国，1872～1949》，梅寅生译，枫城出版社，1978。该书出版之后由台北久大文化股份有限公司在 1991 年再版。

留学生与中国近代高等教育体系的形成、民国时期的中外人士教育考察活动、教育交流与教育现代化等一系列主题，可谓研究留学生与近代中西交流史最为优秀的学术成果汇集。① 另外，学者王奇生、② 卫道治、③ 谢长法④等人也有相关成果。

（2）研究近代中西文化关系的相关文献。长久以来，现代中国史研究在美国大学里成为一个突出的学术领域，很大程度上得益于费正清（John K. Fairbank）的努力。⑤ 从 1970 年代以来，美国传统的中国史模式受到全方面重审。这股史学上的挑战集中反映于费正清的学生柯文（Paul A. Cohen）所撰《在中国发现历史：中国中心观在美国的兴起》。⑥ 该书批评以费正清、列文森（Joseph Levenson）为代表的美国中国学研究者存在着三种以"西方中心主义"（Western-Centrism）视角书写中国史的倾向。他们试图用"冲击－回应模式"（Impact-Response Model），现代化理论（Modernization Theory），以及用帝国主义理论（Imperialism Theory）解释中国近代社会的发展动力。在该著作中，柯文认为对中国社会的研究应力求避免以西方社会发展模式为标准，反对将非西方社会的历史视为西方历史的延续，倡导以中国本身为出发点，深入精密地探索中国社会内部的变化动力和形态结构，并力主进行多科性协作研究。该书提出的理念是对美国研究中国近代史三种主要模式进行批判性总结的第一部著作，柯文进而提

① 田正平：《调适与转型：传统教育变革的重构与想象》，人民教育出版社，2016。
② 王奇生教授所著《中国留学生的历史轨迹（1872~1949）》（湖北教育出版社，1992）使用了大量历史档案，考证翔实，对近代中国的留学教育史做了全面论述，不仅涉及留学派遣的基本史实和政策，而且还论及留学生生活以及与中国社会诸多方面的关系。在此书之后，王奇生教授还撰写了《留学与救国——抗战时期海外学人群像》（广西师范大学出版社，1995），对抗战背景下留学生海外生活和救亡运动进行了讨论，展现了一个特殊历史环境下留学生的使命与实际作为。
③ 卫道治：《中外教育交流史》，湖南教育出版社，1998。
④ 谢长法：《中国留学教育史》，山西教育出版社，2006。
⑤ 林伟：《彼岸的想象：留美中国学生的国家认同，1901~1919》，博士学位论文，北京师范大学，2012。
⑥ 柯文：《在中国发现历史：中国中心观在美国的兴起》，林同奇译，中华书局，1989。

出"中国中心观"（China-Centered），认为需要以一种内在的路径（Internal Approach）将中国史的解释重心置于中国社会的内在动因和演进过程之上，而不是片面采用以西方为主的视角。另外，学者叶隽也有意识地突破经典现代化理论或是"冲击－回应模式"，采取以"异文化博弈"的模式来考察近代中西文化交流史的进程，可谓这一时期对中西文化交流研究范式的一种突破。①

（3）研究留美学生群体的相关成果。大陆方面这一类的主要成果大多散见于留美学生教育活动、近代留美教育、留学生与中国教育现代化、教育史资料中教育团体或者留美学生团体组织章节等相关的著作中。例如李喜所、刘集林等著的《近代中国的留美教育》（天津古籍出版社，2000）一书专门对近代留美教育进行了考察，该成果的视角是将近代留美生放置于研究的客体进行研究，阐述这一留学教育对近代中国教育的影响。再如谢长法的《借鉴与融合：留美学生抗战前教育活动研究》（河北教育出版社，2001）将留美学生在抗战前的教育活动进行了详细研究，简要回顾了留美学生教育实践始末，其研究以直线型描述为主。另外还有少数成果，诸如黄利群《中国近代留美教育史略》、王奇生《中国留学生的历史轨迹》等成果则主要对近代留美教育进行了鸟瞰式的回顾。

（4）留学生个体与某一类学科关系的研究。综观大部分研究成果，留美学生对国内教育的建构理想，在一定程度上体现在他们对于教育学的建构层面。一方面是由于他们当中的大部分人在美国所学专业为教育学，另一方面是教育学科与他们的理念有着微妙的联系，因此对留学生创建学科的研究主要集中在研究留学生归国所创办的教育学科。陈志科的《留美生与中国教育学》（南开大学出版社，2009）一书选取了不同的院校作为教育学专业训练的机构设置进行研究，分析了教育系科的教师队伍构成，得出"从管理到教学的留美生优势格局"结论。例如作者以

---

① 叶隽：《异文化博弈：中国现代留欧学人与西学东渐》，北京大学出版社，2009。

北高师为例，认为其教育研究科初建时有杜威夫妇、孟禄、麦柯尔等美国教育专家的授课、讲学，使得北高师教育系科成为贯彻美国教育学术理念比较彻底和到位的典型制度化场所。项建英在《近代中国大学教育学科研究》中将研究视角深入到了学科微观层面，以近代中国不同类型的大学为纬，以其发展演变的历史为经，具体探讨了大学教育学科在中国的发展历程，考察了中国近代各类大学教育学科建立和发展的历程，以及在师资建设、课程设置、教学内容与教学方法、学术研究、人才培养等方面内容。其研究成果认为中国近代教育学科伴随着"西学东渐"的背景而创生，从一开始就依附于学校，并先后借鉴日本、美国学校教育体制，不仅以"双轨制"在高等师范和国立综合性大学中运行，而且还在教会大学、私立大学、独立教育学院和独立师范专科学校设置，呈现出一种"多元化"的格局，在全国范围内形成一种网络状结构，其学科群也已初步形成，学科建设也已趋于制度化。[①] 其他成果如蔡振生等编《陈宝泉教育论著选》、许椿生等人所编著的《李建勋教育论著选》等成果，虽然与本书主题关联性不大，但可作为研究的重点补充材料，在研究的后期应适当关注。论文方面的此类重要文献还有周谷平著的《近代西方教育理论在中国的传播》，统观全篇教育理论依然是教育学的主题内容。以上可见，该类成果为本书厘清了中国教育理论的形成和发展线索，同时也为本书的写作提供了大量资料。贾永堂的《论教育理论及其在近代发展的阶段与特点》、蔡振生的《近代译介西方教育的历史考察》、侯怀银的《中国教育学史学科建设初探》等都对 20 世纪上半叶西方理念引入中国进行了详细考察。此外还有大部分文献值得参考，但大多与研究命题相关度不大，诸如《学科教育学发展的回顾与展望》《近代中国私立大学教育学科的建立与发展》《超越学科论和研究领域论之争——对我国高等教育学科建设方向的思考》《教育学的学科思考——从西方教育学科研究的历史演变探讨教育学学科发展》。此类成果大多着墨于近代教育学

---

① 项建英：《近代中国大学教育学科研究》，华东师范大学出版社，2012，第 3~4 页。

科建构的历史进程，有相当一部分的成果甚至选取了某一代表性院校进行个体研究，着力探讨该校教育学科或是西方教育理念如何建构的。总的来说，该类成果与本书相关度不大，但亦可作为参考的资料文献及研究成果。

第二部分则是关于近代各类思潮的相关研究，这一类的研究主要从较为广阔的社会背景方面进行梳理。这类成果指出了由于18世纪末兴起的民族主义运动的第一波浪潮主要集中在西半球，例如北美与海地，这些运动主要以反抗帝国主义中心所施加的暴力革命为主，随之而来中东与中国的民族主义浪潮也在逐渐抬头，因此此类成果主要的特征是外国著作的研究以思潮理论为主轴，国内研究以中国具体的近代变迁形式为主要问题。对于该项课题的研究，海外的研究以杜赞奇（Prasenjit Duara）所著《从民族国家拯救历史：民族主义话语与中国现代史研究》为代表。这本著作是几十年来西方学界重新认识现代中国的国家认同、民族认同、对自身文化认同等一系列问题的代表作。印度裔学者杜赞奇在该书中借鉴后殖民主义（post-colonialism）理论，对传统中国史的叙事模式提出挑战，试图以复线历史（bifurcated history）取代建立在西方国家历史基础上的线性历史（linear history）叙事模式。杜赞奇批评从西方历史中抽象出来的民族国家（nation-state）概念并不能解释中国、印度等传统文明国度的现代历史。同时，在该著作当中杜氏还认为民族主义并不是一种统一的、稳定不变的观念意识，反倒是充满了由不同地区和群体所构成的复杂性和多样性。[①] 同时，国内对于该课题的研究以李泽厚为代表。李泽厚的《中国近代思想史论》对思想家个人与思潮结合统一进行论述，着重检视了近代历史发展中的三大最主要的进步思潮。李泽厚在该本专著当中，将太平天国、改良派以及革命派的三类思想作为近代三大最主要进步的代表性思潮，分别对它们进行了详细的研究。另外，李泽厚先生的另一著作《中国现代思想史论》则进

---

① 杜赞奇：《从民族国家拯救历史：民族主义话语与中国现代史研究》，王宪明等译，江苏人民出版社，2009。转引自林伟《彼岸的想象：留美中国学生的国家认同，1901～1919》，博士学位论文，北京师范大学，2012，第16页。

· 015 ·

一步涉及学术论战、文艺思想等问题。高瑞泉主编的《中国近代社会思潮》收入了 12 篇专论，分别论述了近代 11 种思潮：人道主义思潮、进化论思潮、实证主义思潮、唯意志论思潮、自由主义思潮、文化激进主义思潮、汉宋学术与文化保守主义思潮、无政府主义思潮、民族主义思潮、佛教复兴思潮与中国近代化、基督教传教与晚清的"西学东渐"。[①] 学者任剑涛在其专著《中国现代思想脉络中的自由主义》中认为，"中国现代思想脉络当中的自由主义"是一个需要做多重解释的命题。他认为自由主义的思想性格在近代多种思潮当中是最温和的，自由主义具有折中的、调和的思想特性，当然自由主义的这种温和的特性还同时体现在思想构建上，也体现在制度设计之上，并凸显在它预构的生活方式中。任剑涛认为从思想构建上看，自由主义的核心理念——自由，具有与此前的所有自由论述不同的"现代"蕴涵。[②] 该著作作为国内政治哲学理论界相关主题的论著中较为有理论分量的一部成果，从自由主义与中国"现代"政治哲学关联性的角度，主要探讨了当代中国思想界关于自由主义的理论争论、自由主义在现代中国生长、发育的诸多条件等多方面问题，[③] 对本书具有提纲挈领的作用。此外还有吴雁南等主编《中国近代社会思潮》、彭明以及程啸主编《近代中国的思想历程（1840～1949）》也是对近代思潮总览式的系统性著作。

第三部分则是关于"民族主义"与"自由主义"的相关研究。这一类的研究主要将重点放在留学生群体上，具体来讲则是留学生群体所体现出的最重要的两类意识。这两类意识即是深眠于每一个中国人心中的"民族意识"，以及留美学生在美国所接触的"自由主义"。首先，关于"民族意识"的研究成果众多，其中以本尼迪克特·安德森的《想象的共同体：民族主义的起源与散布》（Imagined Communities：Re-

---

① 高瑞泉：《中国近代社会思潮》。
② 任剑涛：《中国现代思想脉络中的自由主义：一个概观——〈中国现代思想脉络中的自由主义〉序》，《开放时代》2004 年第 4 期。
③ 任剑涛：《中国现代思想脉络中的自由主义》，北京大学出版社，2004。

flections on the origin and Spred of Nationalism）最为具有代表性，也是此后一系列研究绕不过去的一部重要且经典的著作。在《想象的共同体》中，安德森试图对民族主义的内涵构造进行一系列探索。他认为民族意识不是用族群、宗教、语言等社会要素解释而形成的，也不是用工业化或一般意义的资本主义概念形成的，而是一种现代创造过程或想象过程中逐渐形成的。这为民族形成是一种现代创造过程或想象过程的论点提供了前提，也为颠倒传统观念中民族与民族主义的衍生关系铺平了道路。① 罗志田教授所作的清末民国思想史论著中对近代这类问题有较多的洞见。例如在民族问题上，他在一定程度上认同其师余英时先生的观点，将民族意识视为近代中国历史上最大的动力。他对民族主义的考察不仅涉及传统思想史以知识分子为核心的叙事，同时兼及国家建构（nation-building）所涉及的宽泛的人与事。以《乱世潜流：民族主义与民国政治》为例，罗志田"注重在历史学科的大范围内尽量跨越子学科的藩篱，以拓宽视野；并特别关注社会、文化与政治的互动，在政治范围内又注重内政与外事的相互影响"。② 其余的研究专著主要有唐文权《觉醒与迷误：中国近代民族主义思潮研究》，作者在著作中提出一个主要观点：中国近代民族主义思想不仅是政治的，而且还有经济的和文化的民族主义思想，大大拓展了民族主义思想研究的范围。③ 另外，还有陶绪的《晚清民族主义思潮》、罗福惠主编的《中国民族主义思想论稿》等成果。从以上成果可见，对于历史人物民族主义思想的研究大多集中在孙中山、梁启超、章太炎、胡适等人物。同时，学者金观涛在《从"天下"、"万国"到"世界"——兼谈中国民族主义的起源》一文中提出通过对"天下""万国""民族""世界""世纪"等关键词的统计分析，试图勾画中国民族主义的起源和国家认同形成这一充满张力过程的一个细部，最终的一种社会组织蓝图得以形成，也即"万国"在竞争的互动中演化，最后达

---

① 汪晖：《民族主义的老问题与新困惑》，《艺术评论》2018 年第 8 期。

② 罗志田：《乱世潜流：民族主义与民国政治》，"自序"，第 7 页。

③ 唐文权：《觉醒与迷误：中国近代民族主义思潮研究》，上海人民出版社，1993，第 11 页。

到世界大同。金观涛在著作末尾重点考察了关于"理性""公共领域""个人""社会""民族国家""民主自由"等上百个重要的现代政治术语,并详细地分条罗列词意汇编。① 在该研究中,金观涛认为民族主义的基础是认同,它和文化深层结构的关系错综复杂。他及他的学术研究团队利用信息科学统计的方法,根据香港中文大学"中国近现代思想史专业数据库(1830~1930)"的检索结果分析得出,"民族主义"这一词最早见于1901年的《国民报》,编者在发刊词中言:"数年以来,抱民族之主义,慨压制之苦痛,热心如浪,血泪如涌,挟其满腔不平之气鼓吹,其聪明秀丽,如笙如簧,粲花翻烂之笔,以与政府挑战者,颇不乏人。"② 在该成果当中,金观涛以及他的研究团队指出这一观念正如梁启超所言:"民族主义者,世界最光明正大公平之主义也。不使他族侵我之自由,我亦毋侵他族之自由。其在于本国也,人之独立;其在于世界也,国之独立。使能率由此主义,各明其界限以及于未来永劫,岂非天地间一大快事!"③ 以上可见,对梁启超而言,民族主义所蕴含的最重要的意味在于"不受他族之侵犯,有立族之根本"。另外,台湾学者黄克武先生对明末至清末中国公私观念进行了重新解构,从"公"与"私"的互动方面提出新的见解。黄克武认为正是由于近代国人对于"公"的认同、群己关系认同的发展,才使得近代国民对于一个现代国家产生了从"天下"到"国家"的意识。④ 在这些对于近代民族思想的研究中,众学者大致认为最重要的即是各知识分子立志于通过教育途径进行社会、政治的一系列改革。

---

① 金观涛:《从"天下"、"万国"到"世界"——兼谈中国民族主义的起源》,金观涛、刘青峰:《观念史研究:中国现代重要政治术语的形成》,法律出版社,2009。
② 《国民报汇编发刊词》,《国民报》,1901年8月,转引自《国民报汇编》,第1页。
③ 梁启超:《国家思想变迁异同论》,《清议报》1901年10月12日。
④ 黄克武:《从追求正道到认同国族:明末至清末中国公私观念的重整》,黄克武、张哲嘉主编《公与私:近代中国个体与群体之重建》,中研院近代史研究所,2000,第65页。在文中,黄克武认为这一点正紧扣了列文森的论断:"民族主义,是使'国家'成为'天下',使一个政治单位成为一个带有价值文明的个体——这是儒教的一个固有传统。"列文森:《儒教中国及其现代命运》,郑大华、任菁译,广西师范大学出版社,2009。

其中的重要成果有刘立德的《近现代教育救国思潮初探》、黄克利的《教育救国论的历史发展》、杨实生的《范源濂教育救国思想探析》、吴二持的《近代教育救国论述辨析》、叶民的《我国近代教育救国论的主张和启示》、姜朝晖的《民国时期学潮问题的别样解读：关于教育与救国关系的再思考》、张天宝的《我国近现代教育救国思想评述》等。此类成果大致以时间为标尺，对近代教育与拯救国家的关系做了详尽的历史回顾，不过对客观细节缺乏更为详尽的描述，研究的关注点也仅仅集中在粗线条的史实陈述，缺乏深层次的思考。当中有数篇成果通过探讨教育与救国的关系，最终得出"教育救国论是行不通"的结论。虽说这一结论有其一定的合理之处，但却忽略了一个重要现实：在近代"文与野、中心与边缘"来回转化的动态变换中，教育一开始就不应被理解为"万能丹"，甚至是教育自体系统中也有需要"急救"的地方。因此，倘若通过一个政体的失败或者是一个理想国度尚未建立就完全否定教育的价值，这是有失公允的。教育本身就理应"无目的"，教育除了教育自身的目的之外，没有其余的附着目的。尽管如此，此类文献依然是本书研究难得的参考材料。另外，在一些重要会议上有两位学者关注到这一问题，例如2009 年度相关学术机构出版的纪念《教育史研究》创刊二十周年论文集当中，着重对中国教育思想史与人物研究进行了研究。北京师范大学林伟博士在其博士学位论文《彼岸的想象：留美中国学生的国家认同，1901～1919》中从留美学生的"国家认同"入手，基于留美学生民族意识的发展脉络，充分研究了清末新政时期、辛亥革命前后、美国大学中的世界会运动、中日"二十一条"交涉及巴黎和会期间留美学生的国家认同。

另外的是关于留学生"自由主义"的相关研究。这一类研究指出自1980 年代以来，中国自由主义思潮浮出水面，自由主义也随之受到学者的积极关注。大部分的研究成果多认为中国的自由主义思潮根本指向了两个源泉：西方的自由主义思想与近代中国的自由主义传统，针对这两个中国自由主义的"源泉"的相关研究也随之涌现。① 例如，各类研究主要讨论严复、梁启超、胡适、吴稚晖、张君劢、张东荪等人的自由主义观点，认为近代中国的自由主义道路主要遵循几条传播路径：一条路径是受欧风美雨所浸润的留学生所带回国内的启蒙种子的散布，如胡适、傅斯年所代表的新自由主义传统；一条路径是由张东荪和张君劢等人所代表的社会民主主义传统，也即是改良后的自由民主主义；另一条路径则是以杜亚泉、陈寅恪、吴宓、徐复观、梁漱溟等人为代表的保守自由主义道路。这些研究初步指出自由主义普遍强调普世价值，高度认可"自由""民主""公正"等价值及民主政体，主要坚持以个人为出发点并以之为最终归宿，强调个人的基本权利，并力图发展出关于个人、国家与社会的基本理论体系。② 值得注意的是，这些研究认为，对于自由主义而言，民族意识或是国家主权并不具备绝对、无可比拟的崇高意义，只有基于个人权利及选择之上，才能够支撑民族国家意识的合法成立。

---

① 已出版的著作有胡伟希等的《十字街头与塔：中国近代自由主义思潮研究》（上海人民出版社，1991）；郑大华的《梁漱溟与胡适——文化保守主义与西化思潮的比较》（中华书局，1994）；刘军宁主编的《北大传统与近代中国自由主义的先声》（中国人事出版社，1998）；李世涛主编的《知识分子的立场：自由主义之争与中国思想界的分化》（时代文艺出版社，2000）；周阳山等编的《近代中国思想人物论：自由主义》（时报文化出版事业有限公司，1981）；海外学者著作有格里德的《胡适与中国的文艺复兴——中国革命中的自由主义（1917～1950）》（鲁奇等译，江苏人民出版社，1989）。刊物成果有近百篇，主要以胡伟希《中国近代自由主义思潮的产生和发展》（《学术研究》1991年第1期）；许纪霖《社会主义的历史遗产——现代中国自由主义的困境》（《开放时代》1998年第4期）；雷颐《近代中国自由主义的困境——30年代民主与专制论战透视》（《近代史研究》1990年第5期）等为代表。另外，《二十一世纪》等刊物也发表了多篇关于近现代自由主义的文章。

② 李强：《自由主义》，吉林出版集团有限责任公司，2007，第8页。在涉及中国近代自由主义的具体分类标准时，殷海光曾提出六种特质：（1）抨孔；（2）提倡科学；（3）追求民主；（4）好尚自由；（5）倾向进步；（6）用白话文。殷海光认为，只要一个人物在一个阶段内的思想符合这一组性质的其中四种，就将其放入"自由主义"栏中。殷海光：《中国文化的展望》，中国和平出版社，1988。而欧阳哲生则将其标准进一步修订延展，中国式的自由主义特质在于：（1）在个人自由与社会群体的关系中强调个人为本位；（2）在社会渐进与激进革命的选择中主张以改良为手段；（3）在科学探索与宗教信仰的对抗中提倡以"实验"为例证；（4）在文化多元与思想一统中取向自由选择。欧阳哲生：《中国近代文化流派之比较》，《中州学刊》1991年第6期。

从自由主义的内涵这一角度，现今学界对其的研究大多涉及经济自由主义、政治自由主义和文化自由主义。在经济自由主义方面，刘军宁指出："近代中国自由主义谱系中，经济自由主义始终未曾获得与其他两方面一致重要性的地位。"① 在政治自由主义方面，胡伟希等人认为，政治的自由主义是近代自由主义最具声势的一种，各类"行动人物"积极倡导并开展各式自由主义运动。② 经过这部分学人的探讨，俞祖华、赵慧峰等学者对这三大近代中国思潮的看法为：由于近代中国特殊的社会格局与特殊的思想特质的存在，近代的自由主义的基本格局也随之演化；其大概演进的轮廓是：经济自由主义十分薄弱，政治自由主义风起云涌，文化自由主义暗流涌动。③

在这一类研究中，胡金木认为近代中国自由主义是在有关"古"与"今"、"中"与"西"的论争中发展起来的，但是却作为一种"水中月"般的理念，停留在知识分子观念之中，并未普遍成为行动者的实践纲领，究其原因则在两个方面：一方面是由于近代中国并不具备为自由主义发展提供一个理性的社会秩序；另一方面在于理性主体与理性精神的缺席是这一理念失败的根本原因。④ 总的来说，自 1990 年代以来涌现出诸多研究成果，主要是从以下四个方面对自由主义进行研究：⑤（1）关于中国自由主义的特性，现今多数的学者认为自由主义在中国实际上是一件舶来品，并对其特征及主要内涵进行了相关的研究。（2）中国的自由主义者及其类型划分，例如在殷海光的判断下，所谓的自由主义者包括胡适、吴稚晖、吴虞等"五四"前后的西化派人物，也包括了严复、梁启超等更早一些的人物；但另一部分学者却认为严复、梁启超并不能称为自由主义

① 刘军宁主编《北大传统与近代中国自由主义的先声》，第 8～9 页。
② 胡伟希等：《十字街头与塔：中国近代自由主义思潮研究》，第 302 页。
③ 俞祖华、赵慧峰：《近代中国政治自由主义的发展轨迹与演进形态——以近代自由主义的三份标志性文本为中心》，《学术月刊》2012 年第 5 期。
④ 胡金木：《近代中国自由主义教育理念的发展及其命运》，《陕西师范大学学报》2015 年第 4 期。
⑤ 闫润鱼：《20 世纪 90 年代以来中国近代自由主义研究述评》，《教学与研究》2006 年第 4 期。

者。当然，这些现有的研究在对近代学人的身份确认方面最有争议的是严复。有关研究认为，他既被称为保守主义阵营中的自由主义，又在自由主义的阵营中具有保守的思想。（3）关于自由主义者的舆论干预，例如相关学者对这部分学人所创办的一些政论性刊物进行了研究，这些刊物有《努力周报》《独立评论》《再生》《观察》等，研究指出创刊的自由主义者的构想以及以此类刊物作为基本阵地集中表达自己的现实关怀。（4）关于自由的价值属性以及中国自由主义历史命运方面的研究，这方面的研究最为精辟的则是美国学者格里德的研究。他认为："自由主义之所以失败，是因为中国那时正处在混乱之中，而自由主义所需要的是秩序。简言之，自由主义之所以失败，乃因为中国人的生活是淹没在暴力和革命之中的，而自由主义则不能为暴力与革命的重大问题提供什么答案。"① 耿云志将中国近代自由主义进行了阶段划分：第一阶段为 19 世纪末 20 世纪初，自由主义被作为一种价值观念被介绍到中国，以严复、梁启超为代表的知识分子在个人自由与国群自由之间彷徨困惑；第二阶段为新文化运动到抗日战争之前，自由主义开始作为一种思想流派活跃于中国思想文化舞台，并明确表达了自己的声音及诉求，其主要代表胡适派学人群为主；② 第三阶段为抗战和战后一段时间，在国共两党既合作又摩擦的态势下，自由主义作为中间力量得以成长成熟。③ 兰梁斌在博士学位论文《20 世纪中国自由主义思潮研究》中指出中国自由主义思潮是 20

① 格里德：《胡适与中国的文艺复兴——中国革命中的自由主义（1917～1950）》，第 294 页。

② 张玉法对胡适的自由主义思想做了细致梳理，他认为胡适的自由思想系受其师杜威实验主义的影响，亦可能与其研究先秦时期诸子百家争鸣的思想有关。例如 1917 年所撰写的博士论文《先秦名学史》（The Development of the Logical Method in Ancient China）。在 1917 年归国至 1928 年期间，胡适的自由主义精神较为明显地体现在三篇文章中：《易卜生主义》（1921 年）对于个人主义的介绍，旨在强调个性；《新思潮的意义》（1919 年）发挥尼采（E. W. Nietzsche）的"重新估定一切价值"的意义；《我们的政治主张》（1922 年）主张组织"好人政府"，施行宪政政治，从事点点滴滴的改革。张玉法：《民国初期的知识分子及其活动（1912～1928）》，《聊城大学学报》2013 年第 1 期。

③ 耿云志：《历史为什么没有选择自由主义——关于"近代自由主义"的对话》，郑大华、邹小站主编《中国近代史上的自由主义》，社会科学文献出版社，2008，第 4～5 页。

世纪中国三大主流思潮之一，它的产生、演变与 20 世纪的中国历史紧密联系，是传统中国社会内部变迁因素和西方刺激结合的产物，是追求中国现代化的思想潮流之一。在该博士学位论文中，兰梁斌主要考察了中国传统自由观的特点与现代思想因素的成长、辛亥革命前夕中国自由主义的萌芽、民国时期现代中国自由主义思潮的发展、殷海光与海外中国自由主义思潮的延续、1990 年代末中国自由主义思潮、近现代中国自由主义的传统观等问题，并对中国自由主义进行了历史定位，同时对这一思潮未来可能的发展进行了展望。① 对于这一问题，较新的研究成果还有刘擎的《自由主义与爱国主义》。他认为在现代中国思想史上，爱国主义与自由主义之间具有相互兼容又彼此紧张的复杂关系，并主张自由主义既能坚持自身的道德与政治原则，同时又能吸纳和改造民族主义与爱国主义的精神。②

当然，在这一类的研究中，学者对民族意识与自由主义之间的相互关系也做了学理上的探索。有的研究指出没有民族意识国家，现代化历程中的自我特性必定大打折扣，因此民族意识以其昂扬的气势、痛快彻底解决问题的方式以及英雄主义的精神感召力量，比较容易赢得全体民众的认可。但另一方面，中国文化倘若受这一观念的长期支配，不知不觉容易形成一种"惰力"，养成一种"自大自骄的神气"，而这意识极容易转而指向一种"自大与虚无"，因此对民族意识应该采取一种"有限度的接近"。③ 但这部分研究同时也指出自由主义先天不足、后天失调的这一现实，认为自由主义既缺乏与中国传统文化的接轨机理，又生不逢时，加之高擎自由主义旗帜的知识分子一贯的精英做派所提出的种种主张也"都是在书斋中炮制出来的"，加之社会接纳的土壤如此贫瘠，自然在近

① 兰梁斌：《20 世纪中国自由主义思潮研究》，博士学位论文，西北大学，2013，第 1～3 页。
② 刘擎：《自由主义与爱国主义》，《学术月刊》2014 年第 11 期。
③ 张君劢：《立国之道》，黄克剑等编《张君劢集》，群言出版社，1993，第 244 页。

代中国，甚至是现代中国发展举步维艰。① 有的研究也提出，民族意识与自由主义虽然存在某种内在困境与张力，但也并非一种决然对立、非此即彼的关系，在一定程度得以关联或转化，自由主义是民族意识的"双生兄弟"，民族意识也同时成为自由主义的一个重要条件。例如胡适认为个体主义、个体解放、个人自由虽然是西方自由主义的核心价值，但面对民族生死存亡之际，又认识到"救这衰弱的民族，救这半死的文化"，"一个国家的拯救须始于自我的拯救，救国先拯救你自己，争你们个人的自由，便是为国家争自由！争你们个人的人格，便是为国家争人格！"②曾于 1934 年受胡适邀请至北京大学政治系任教的张佛泉也提出了自己对于自由主义的看法。张佛泉认为自由主义所倡导的德谟克拉西与民族意识所倡导的邦国主义并不是决然冲突的，他明确指出："正确的邦国主义不但不与德谟克拉西的原理相反，并且是建筑在同一基础之上的，邦国主义与德谟克拉西同出一母胎，前者是后者大规模自治的条件，也只有有了这种邦国的情感时，现代的自治方才成为可能。"③ 正是因为自由主义采取公共领域与私人领域划界却又相互融通的方式，一方面在公共领域上使人们必须遵守公共的法制、法规以作为社会共同体的人们的共识或者"交叠共识"；另一方面在私人领域又能够使人们尽可能地"随心所欲"，发展自身的能力，并鼓励价值取向的多元。④

郑大华深入分析了中国近代背景之下的自由意识与民族意识的相互的正向作用，他认为正是由于近代中国逐渐引入的自由主义作为一个将个人意识融入民族国家的有机体，并洞悉到个人价值与社会群体之间奇妙的张力；同时能够无限忠于国家，任何时候都没有忘却把民族集体作为社会有机体，而加以维护及推进当作自己最崇高的职责，体现出近代

---

① 何晓明：《近代中国自由主义：不结果实的精神之花》，郑大华、邹小站主编《中国近代史上的自由主义》。

② 《介绍我自己的思想》，《胡适全集》第 4 卷，安徽教育出版社，2003，第 668、663 页。

③ 张佛泉：《"民族主义"需要重新解释》，《国闻周报》第 13 卷第 1 期，1936 年，第 3~5 页。

④ 胡伟希：《20 世纪中国三大社会思潮及其当代转型》，高瑞泉主编《民族主义及其他》，上海古籍出版社，2011，第 139 页。

知识分子自觉秉承的民族主义情怀及民族意识。当然，这种民族主义情怀及民族意识直接关系到如何爱国、怎样爱国。这种两者之间的互动在章清看来也是得以成立的。他认为即便自由主义的继承者激烈地批评传统，也是把传统价值观念置于捍卫民族有机体这一终极目的而加以考虑的结果。① 因此，不仅仅是自由主义，即使是"文化保守主义也好、西化派也好、马克思主义者也好，在本质上都是民族主义的另一显现形式"。② 由此可见，民族意识与自由主义为代表的这两种意识既相互斗争、相互冲撞激荡，又在历史中的某一个时刻相互交汇、融合。它们之间错综复杂的关系也呈现内外交织、色彩斑斓的留学生思想的真实面向。③ 在这里需要指出的是，对于这些文献的梳理并不在于强调各种"主义"，而在于充分地对学术成果进行回顾，否则极容易落入某种"主义崇拜"，更会沉沦在"主义"的桎梏中。④

第四部分则是关于留美学生集结成群的研究。虽然有少数学者（确切地说是以国外学者，尤其是美国的学者为主）对留美学生集结成群进行了相关研究，但由于资料的限制对这一群体的研究尚未有众多成果，在很多领域及主题还存在空白。实际上，对社团的学术研究肇始于19世纪末的西方学术界，中国学术界对这一主题的研究大约兴起于20世纪初，到1920～1930年代有初步发展，研究的范围主要集中于秘密会党或工商行会、慈善团体、科学社团，研究的内容也以社团的史实查考和现象陈述为主。这一类的研究主要是关于清末社团、北美中国基督教协会、少年中国学会、中国科学社的一系列社团研究。具体来说，桑兵的专著《清末新知识界的社团与活动》可谓国内社团研究的开山之作。该著作以清末新知识界社团活动为主要切入点，考察了社团的产生渊源、宗旨、

---

① 章清：《自由主义：启蒙与民族主义之间》，刘青峰编《民族主义与中国现代化》，第401～411页。
② 郑大华：《梁漱溟与胡适》，第15页。
③ 许纪霖：《现代中国的自由民族主义思潮》，《社会科学》2005年第1期。
④ 王汎森：《中国近代思想与学术的系谱》，吉林出版集团有限责任公司，2011，第476页。

活动、特征与影响等问题，探讨了清末各派趋新势力的人事脉络、相互间错综复杂的关系，以及结社活动的地域色彩。① 梁冠霆在《留美青年的信仰追寻：北美中国基督教学生运动研究（1909~1951）》著作中，主要介绍了"北美基督教中国学生会"（The Chinese Students' Christian Association in North America，简称 C. S. C. A）的创立与发展。该书使用了大量的耶鲁大学神学院保存的组织档案进行研究，对这一群体之下的留美中国学生身份进行了极为细致的考察。作者在研究中认为北美基督教中国学生会的成员既是一名中国人，又是一名接受美国价值观的基督徒，因此在信仰方面有着二者的冲突。同时，研究也指出他们肩负着双重使命：作为中国人，他们要振兴中华，使自己的国家摆脱贫穷落后的地位；而作为一名基督徒，他们又要把主的福音传播到中国，在中国建立起一个上帝的国度。在这种双重身份、双重使命的促使下，这个群体之下的留美中国学生面对中国在 20 世纪上半叶所经历的种种变迁中，做出了自己的选择和判断。作者以此为切入点，描述了近半个世纪的北美基督教中国学生会的命运。王奇生在著作《近代中国学会的历史轨迹》一文中，对清末学会发展阶段进行了划分：第一时期为 1895 年强学会成立至 1898 年；第二阶段为 1904 年清政府顺应大势解除党禁，此后学会得到蓬勃发展。另外，张剑在《科学社团在近代中国的命运——以中国科学社为中心》② 著作中，运用科学社会学、历史学等方面的理论及方法，全面地梳理了中国科学社在震荡的近代中国社会当中的演化及其对中国科学发展的影响，探讨了中国科学发展与社会变动之间的关系，主要分析了中国科学社在变迁当中的社会角色调试、科学社的主要事业对中国科学发展的影响、中国科学社与中国科学家社会角色的形成、社团社员群体与领导层的社会结构与社会网络等。其研究表明，类似于中国科学社这样的民间私立社团在近代中国虽然影响很大、作用突出，但仍旧没有找到一

① 桑兵：《清末新知识界的社团活动》。
② 张剑：《科学社团在近代中国的命运——以中国科学社为中心》，山东教育出版社，2005。

条可以健康发展的体制化道路，社团与社团之间也存在着各种分歧，没有结成统一的社会力量以制衡政府强权。他还对蔡元培与中国科学社的关系进行了研究。[①] 范铁权在《近代中国科学社团研究》一书中，分上、下两编对近代中国科学社团的发展进行了历史考察。上编主要考察了近代中国科学社团的发展概况，他将近代中国科学社团的发展共分为五个阶段，分别是胚胎期——戊戌维新时期的科学社团、萌芽时期——清末科学社团（1900～1911）、生长与发展时期——民国时期的科学社团（1912～1937）、曲折与挣扎——抗战时期的科学社团（1937～1945）、联合与奋进——解放战争时期的科学社团（1945～1949）；下编则分专题逐一考察近代科学社团的主要功绩，认为近代中国科学社团主要致力于传播科学、致力于科学化运动、探索中国科学的体制化、投身于科学教育、推动社会关系发展等一系列事业。[②] 另外，吴小龙在《少年中国学会研究》当中指出少年中国学会是"五四"时期最有名、影响最大的社会团体，由于学会吸纳了当时大多数知识精英和青年领袖，因此这一学会始终发挥着重要作用，但之后却出人意料地陷入了内部矛盾，最终沦落到了解散的命运。该书以一种全新的社团分析方式主要分析了学会的筹备及成立、主要活动及理想追求、学会内部的各类思想论争以及围绕"国家主义"所进行的激烈斗争、理性追求及非理性追求的相互牵绊，以及学会后期的逐渐分裂。[③] 除此之外，对于少年中国学会的研究，还有台湾学者陈正茂的《理想与现实的冲突："少年中国学会"史》。[④] 该成果主要立足于晚清民族主义传统之沿袭，及受新文化运动影响的背景之下介绍了少年中国学会发起的背景、学会成立动机的探讨、学会发起的经过、学会的活动与发展、学会与反宗教运动、学会与"收回教育权运动"、学会的分裂等方面内容，尝试还原"少年中国学会"一个较为明确的历史图像。

---

① 张剑：《蔡元培与中国科学社》，《史林》2002 年第 2 期。
② 范铁权：《近代中国科学社团研究》，人民出版社，2011。
③ 吴小龙：《少年中国学会研究》，上海三联书店，2006。
④ 陈正茂：《理想与现实的冲突："少年中国学会"史》，秀威资讯科技出版社，2010。

以上对既有学术成果做了相关的梳理，针对近代留学教育、近代自由主义思想与民族意识这两类意识以及对于留美学生集结成群的相关研究进行了回顾。基于近代学者集结成群的研究，许纪霖提出了近代中国的"知识人社会"这一概念。他认为由于清末科举制度的废除，使得士大夫成为自由流动的资源，于是也形成了一种全新的"知识人社会"。这一"知识人社会"拥有学校、社团及传媒三个重要的公共建构，这使得知识分子的文化影响力空前提高。① 另外，还有一部分关于近代学生社团的相关研究，例如蒋宝麟等人将学人社团与近代中国私立大学结合研究，② 孙广勇对近代教育会的研究，③ 王建芹的研究通过选取不同国家的社会结构、不同文化发展阶段、不同文化基础的社团组织，对其发展状况进行仔细梳理与归纳，揭示了近现代社团组织"从自愿到自由"的发展趋向。④ 此外，还有对近代留美学生与中国社会学社的研究等。⑤ 这些成果尽管对于留学生社团的研究有所涉猎，却很少对留美中国学生联合会进行研究。即使有对该联合会的相关研究，也仅仅是将其列为单独的一个章节，简要地对其历史背景进行梳理，并没有专门关于这一社团的专著成果。

综上所述，学界对于留美学生已有的研究主要集中于两个方面：第一个方面主要集中探讨留美学生对中国近代社会变革的影响，所呈现的是留学生群体对于中国产生的一系列影响，并且偏重于探讨留学生归国之后的活动。也就是说，这些研究呈现了一种直线平面化的研究模式，倾向于重视留学生"回到中国"（Back in China）的经历，却对他们"求学海外"（Study Abroad China）的经历有所疏忽。尽管已经有不少学者注意到这一方面，但是就相关成果而言仍然不够，有必要再进行强调。基于此，对在异邦聚集在一起的留学生群体是怎样的情况、在这一社团群

① 许纪霖：《重建社会重心：近代中国的"知识人社会"》，《学术月刊》2006 年第 11 期。
② 蒋宝麟：《学人社团、校董会与近代中国私立大学的治理机制——以上海大同大学为中心（1912～1949）》，《华中师范大学学报》2015 年第 1 期。
③ 孙广勇：《社会转型中的中国近代教育会研究》，华中师范大学出版社，2007。
④ 王建芹：《从自愿到自由：近现代社团组织的发展演进》，群言出版社，2007。
⑤ 陈新华：《近代留美生与中国社会学社》，《求索》2005 年第 4 期。

体中存在怎样的冲突，这些冲突之后的深层次原因又是怎样的等这些动态的、更为复杂、更具现实性意义的问题的考察，目前仍然缺乏细致的梳理与分析。这样带来的问题就是，近代留学教育、近代中西文化交流史等方面的真实面貌依然十分模糊，对这段历史的还原与历史细节的进一步深究依然是目前学界需要完成的工作。

第二个方面，对学术界现有的成果进行详细的梳理后，可见学界现有的成果主要是将研究投射于留学教育史、中西文化关系研究、留学生群体、留学生与学科建设、留学生集结成群的相关研究，或是将研究投射于留美学生群体之上的不同的意识、不同的认知，但是缺乏将这些认知与意识放置在"社团群体"的语境之下进行再思考。由于公共社团天然所具有的对思想和态度的容纳特性，因此这两种意识不可避免地得以同时存在于留美学生联合会当中，彼此也得以相互作用，但是由于公共领域又是由单独的个人组成的，因此在这一共同空间又会产生个体与个体、个体与群体、群体与群体之间不同理念的相互摩擦与冲突，对于这些方面的研究也是一个亟待完成的任务。再者，即使有对近代学生社团进行研究的相关成果，这些研究对于留美中国学生联合会的关注仍然不够，这部分研究成果似乎将对学生群体的研究放置在了国内环境，而对以美国为主的国外环境之中的中国学生所成立的社团研究关注相对较少。鉴于此，本书尝试从海内外大量的中英文史料、报纸杂志及专著入手，动态地展现当时的留美学生联合会的一系列由民族意识与自由主义引起的理念差异、争论甚至冲突，并详细考察这一系列差异、争论、冲突之后可能存在的深层次原因，从而以一种全新的、全方位的视角对留美学生团体进行更为充分的研究。

相关概念说明

由于本书研究的对象是海外学生团体，这一学生团体严格上来说属于"公共领域"。再者，由于本书是关于这一公共领域的民族意识与自由主义的相关研究，这种冲突在很大层面上也是一种理念的差异、矛盾、争论，因此需要对这几个关键词进行定义：民族意识、自由主义、公共领域、冲突。

民族意识。通常而言，民族意识是指一个民族的各分子对本民族的一种心理体认，或是个人对本民族国家怀有高度忠诚的一种心理状态，具体包括对民族精神的拥戴、民族文化的珍惜和对民族命运的关心等。以中华民族这一历史上形成的多民族国家为主体，关注整个中华民族的整体利益和兴衰存亡问题，这是近现代中国民族主义的历史特质。[①] 在近代中国，民族意识几乎成了一个不断重复、不断高涨、几乎恒定的主题，这种意识"不仅仅属于某一个特定的运动，或者某一个特定的思想流派，而是到处弥漫着的思想氛围"。[②] 由于中国在近代军事、社会、经济、文化及政治各方面落后于西方社会，由此产生了一种类似于民族危机感或者是民族忧患意识，尤其是近代的民族意识是建立在民族认同、民族平等意识及民族忧患意识的基础之上，属于"应激－自卫型"。[③] 因此，中

[①] 唐凯麟、王泽应：《20世纪中国伦理思潮》，高等教育出版社，2003，第23页。

[②] 张灏：《关于中国近代史上民族主义的几点省思》，《时代的探索》，联经出版事业股份有限公司，2004。关于中国近代史上的民族意识，其实在戊戌年间即得到明确提出，例如张之洞在《劝学篇》中明确提出："欲救今日之世变者，其说有三：一曰保国家，一曰保圣教。一曰保华种。"实则"三事一贯而已"，盖"保种必先保教，保教必先保国"，国是一切的根基，"国不威则教不循，国不盛则种不尊"。引自《劝学篇·同心》，《张文襄公全集》第四册，文海出版社，1970，第546～547页。梁漱溟则采取一种"超国家主义"的态度，他认为"民族主义不是指的国家至上，不是种族至上，而是文化至上"，在保国与保天下之间，保天下是最为重要的，"每个人要负责守卫的，既不是国家，亦不是种族，却是一种文化"。《中国文化要义》，《梁漱溟全集》第3卷，山东人民出版社，1990，第163页。

[③] 萧功秦：《中国民族主义的历史与前景》，李世涛主编《知识分子立场：民族主义与转型期中国的命运》，时代文艺出版社，2000，第474页。盖尔纳曾在《民族与民族主义》中提到，已故教授约翰·普拉默纳茨（John Plamenats）为了论述中西双方的两种民族主义的差异，写过一篇名为《一个在牛津的黑山人伤感的思考》的论文，指出西方的民族主义即从19世纪意大利自由统一运动开始（Risorgimento），具有"令人愉快、鼓舞人心、比较温和的，与自由思想有着深刻联系"的特质，但却对家乡巴尔干半岛的那种东方民族主义没有太多强调，很显然东方的民族主义产生的条件令人不甚愉快，其民族主义的特征也"注定让人讨厌"。又如科恩将西方与东方民族主义进行区分：西方的民族主义形式是在共同发展和共有领土范围内公民的理性联合；东方的各种民族主义形式则是建立在对共同文化和族群本原的信仰基础之上。安东尼·史密斯：《民族主义：理论，意识形态，历史》，叶江译，上海人民出版社，2006，第41页。

国近代的民族主义"常常源于自卑情结，尊严受到伤害或者失败的刺激而轰然觉醒、毅然奋起，由于第一次世界大战，及其对欧洲至上和自认为高等文明论调的破坏，唤醒了一些被奴役文明大国的民族意识，如印度、中国、巴基斯坦等"。① 甚至本尼迪克特·安德森也认为民族主义知觉源于主体的流亡过程。② 民族主义的意识是以民族权益和民族感情为核心内容的一种政治观念、政治目标及政治追求，它不是中国传统文化的特征，而是中国近现代历史发展的产物。产生的根源在于"是从种姓发出来"的，也就是从各自所归属的种族、国族所发出来的。基于这一点，也可以说民族主义是对世界，尤其是对本国社会现实的一种意识。它是一种想象，想象的核心是一个由活着的人构成的一个社群的形象，这是一个由平等的人构成的拥有主权的社群，其意义和法律来源于它本身。在历史上，这个社群被称为"民族"。于是将此种对共有族群的这种想象称为"民族主义"。③

费孝通先生对"民族识别"提出了一个具有创造性的理念。他认为"民族意识"是指"同一民族的人感觉到大家是同属于一个人们共同体，自己人的这种心理"，即是"民族的共同的心理素质"。④ 这是人民对于自己归属某个民族共同体的意识，也是在与不同民族交往关系中，人们对本民族生存、发展、权利、荣辱、得失、安全、利害等认识的关切和维护。从实质上来说，影响民族意识变化的因素众多，对于民族意识发展的趋向及意识的塑造，国民以及国家都在动态过程中相互作用。由

---

① 德拉诺瓦：《民族与民族主义》，郑文彬等译，三联书店，2006，第47页。
② 在对这一概念进行解释时，他举了一个例子：18、19世纪，民族主义成了一种政治力量，例如他曾在巴黎度假，在街头与年轻人聊天，"他们会指着你说：'又来了一个美国人，很好啊'（带着讽刺的语气）"，这就证明了对方的民族主义意识将自己自动归为异族人。引自本尼迪克特·安德森于2015年3月19日在清华大学的讲稿，演讲名为《民族主义研究中的新困惑》。
③ 祖国霞、蔡志栋：《莉亚·格林菲尔德谈民族主义》，高瑞泉主编《激进与保守的复调变奏》，上海古籍出版社，2014，第270～271页。
④ 费孝通：《关于我国民族的识别问题》，《中国社会科学》1980年第1期。

于民族意识与民族的历史遭遇及在世界中所处的地位息息相关，因此当一个国家遭遇到民族危机、国家的地位受到威胁、国家的安全遭到破坏、国家的完整性受到侵犯的时候，往往这时候国民的民族意识会出现空前的高涨。

对民族意识倘若进行阶段划分，可知中国近代的民族主义大致经历了以下三个阶段：清末民初是形成阶段；"五四"时期则是发展阶段；九一八事变以后到抗日战争结束是高涨阶段。[①] 值得强调的是，此种"民族意识"取用的是基于"国家"（nation）之上的"民族"而非"族群"（ethnic groups）之上的"民族"。倘若需要对民族主义下一个具体定义，大体说来，它是一种民族的自觉，从根本上说是一种集体意识，其基本内容主要有两点：一是本民族内部彼此的认同感，这种认同感是由共同的历史回忆、共同的现实利益和共同的未来命运构成的，从而形成一种特殊关系和凝聚力量；二是个人对本民族的义务感，这种义务感是基于认识到整个民族遭受压迫和奴役的忧患意识，从而产生应该将整个民族利益放在第一位，个人利益服从民族利益的价值取向及道德观念。[②]

胡适对于"民族意识"有着深切的体认。在1930年代的《个人自由与社会进步》一文中，胡适曾指出："民族主义有三个方面，分别代表着民族主义的三个层次：最浅的是排外；其次是拥护本国固有的文化，最高又最艰难地则是努力建立一个民族的国家，因为最后一步最艰难，所以一切有关民族的运动很容易先走上前面的两步。"[③] 可见胡适认为民族意识的真正的使命，是"最高且最艰难的任务"，乃是建立一个西方式"治安的、普遍繁荣的、文明的、现代的统一国家"。[④]

而杜赞奇则对中国的"民族意识"有不同的见解。他认为从中国近

---

① 郑大华：《中国近代民族主义的形成、发展及其他》，《史学月刊》2006年第6期。

② 金冲及：《辛亥革命和中国近代民族主义》，《近代史研究》2001年第5期。

③ 胡适：《个人自由与社会进步》，《独立评论》第150号，1935年，第4~5页。

④ 胡适：《我们走哪条路?》，欧阳哲生编《胡适文集》第5卷，北京大学出版社，1998，第356页。

代的民族主义来看，与其说在安德森书中的"发明"或"想象"，不如说是"重新构建"。他认为近代中国民族意识的产生是一个散失与传承的历史的复现运动，在中国的历史传统中，拥有两种不同的民族主义思潮，一种是排他性的汉族为中心的种族主义；另一种是包容性的天下价值的文化主义，这两种关于民族共同体的叙事互相分离，又互相纠缠在一起。这样的民族意识也有助于赋予屡弱的国家以一种"国家主义性质的话语"，正是由于 20 世纪初期的中国并非是一个强大的国家，但由于政府需要扩张其职能、控驭社会，因此通过"民族主义或民族意识"才使这种国家主义的话语得以传播。① 当然，何为民族主义确实是一个难以精确定义的学术命题，但不可否认的是这一理念与"Nation"这个词有着天然的联系。正如曾在 1997 年至 2000 年任德国哥廷根大学东亚研究所研究员的方维规所说："今天对国家（Nation）的认识不是天生的，也非一成不变的，历史也会不断地修正前说，从某种程度上说，关于民族意识是一个有待彻底破译的象征，因此鉴于现代民族主义概念本身的模糊性以及 Nation 之性质随历史而变，没有一种理论是放之四海皆准的。"② 许纪霖在最新的研究成果中对"Nation"这一词语也进行了考察，他认为这一词语在不同的语境之下，可以有国家、国民和民族三种不同的译法，反映了这个概念背后的复杂意涵，也由此形成了国家/国民、国家/民族的关于国家认同的两个面向。③

自由主义高度认可"自由""民主""公正"等价值及民主政体，既是一种学说、一种意识形态，又是一种运动，而且在很多国家成为一种占据主导性的制度。自由主义主要坚持以个人为出发点并以之为最终归宿，强调个人的基本权利，并力图发展出关于个人、国家与社会的基本理论体系；作为一种政治诉求，自由主义主张限制政府干预及提倡民主

---

① 杜赞奇：《从民族国家拯救历史：民族主义话语与中国现代史研究》，第 164～165 页。
② 方维规：《论近代思想史上的民族、Nation 与中国》，《二十一世纪》2002 年第 3 期。
③ 许纪霖：《国家/国民、国家/民族：国家认同的两个面向》，《浙江社会科学》2017 年第 6 期。

宪政。① 值得注意的是，对于自由主义而言，民族意识或是国家主权并不具备绝对、无可比拟的崇高意义，只有基于个人权利及选择之上，才能够支撑民族国家意识的合法成立。

所谓公共领域（Autonomous Public Sphere），从本质上说，是具有某种共识的私人个体所共同组织的一个相互之间共同的领域，这个领域中的个体均抱持在某种层面上极为相似的理念，因此这个公共领域的基本特征主要以公共性为主要特征。② 在哈贝马斯看来，公共领域是指"政治权力之外，作为民主政治基本条件的公民自由讨论公众事务，参与政治的活动空间，也即是一个介于国家（State）与社会（Society）之间的公共空间"。公民可以在这个空间中自由地发表言论而不受国家的干涉，换句话说，也即是"政治权力之外，作为民主政治基本条件的公民自由讨论公共事务、参与政治的活动空间"。在这个空间中，公民间的交往是以阅读为中介、以交流为中心、以公共事务为话题的"公共交往"，也即是"一种用于交流讯息和观点的网络，以便于公民们能够在其中形成一种公共判断"。③ 实际上，公共领域不仅仅是指特定的机构、中介，更是指实践，属于一种一般的社会经验范围，其中所有实际上或者表面上对所有社会成员相关的事情形成一个整体。

公共领域最为关键的含义，是独立于政治建构之外的公共交往与公众舆论，他们对于政治权利是具有批判性的，同时又是政治合法性的基础，只有这种公共领域才能实现对民主的重要作用，也只有通过崇尚这种公民拥有对公众事务自由发表意见、交流看法的空间与权力，才能建立起一种民主的、平等参与的、自由讨论的整合社会。值得注意的是，在这个大型的公共团体交流过程中，需要特殊的手段来传递信息并进而影响信息的接受者，即是通过报纸、杂志、广播或者其他相关的机构作为公众领域的沟通媒介。

---

① 李强：《自由主义》，第 8 页。
② 哈贝马斯：《公共领域的结构转型》。
③ 哈贝马斯：《公共领域的结构转型》，第 13 页。

许纪霖认为在近代中国公共领域的形成过程之中，儒家的民本主义思想发挥了重要的作用。近代中国公共领域的基本结构在其最初的形态上主要是由学校、报纸及学会组成的，在某些极其有代表性的例子上，甚至组成了"三位一体"的关系。另外，还有集会、通电等作为补充，通过这些公众空间，近代中国的新型士大夫和知识分子以救国为主旨聚集起来，实现新型的社会交往关系，并形成批判性的公众舆论。[①] 但是与此同时，萧功秦却认为不可否认中国近代出现过市民社会，但是却因为它遇到严重阻力而难以发育成长，也即"中国近代以前只有民间社会，而并没有真正意义上的市民社会，即使有却也因为这个市民社会极其微弱，备受压抑，始终处于萌芽状态"。[②] 对于公共领域的认识，杨念群则认为近代中国的市民社会与国家之间主要是一种良性的互动关系。[③]

冲突是一个十分普遍的互动现象，但是对它下一个十分准确的定义并非一件容易的事情，因此在定义这一关键词之前，需要先说明是从什么角度出发的。大致而言，这种状态是指在社会现实当中所发生的各股力量之间的矛盾、分歧、争夺、争论以及相互之间较为紧张的状态，它是文化观念、个人情感价值观、意志及行为等差异在现实领域当中的体现。就以上三者而言，文化观念的冲突表现在公共群体当中则体现为公共领域的文化理念冲突；个人情感的冲突表现在公共群体当中则为公共领域个人情感之间的冲突；意志及行为的冲突表现在公共群体当中则为公共领域下意志及行为的冲突。因此，从形式上来看，体现为文化观念、情感价值观、行为的冲突；从表现方式来看，有讨论、磋商、争辩，也有抗议、暴力、对峙等方式。

---

① 许纪霖：《近代中国的公共领域：形态、功能与自我理解——以上海为例》，《史林》2003年第 2 期。
② 萧功秦：《市民社会与中国现代化的三重障碍》，《中国社会科学季刊》1993 年第 4 期。
③ 张志东：《中国学者关于近代中国市民社会问题的研究、现状与思考》，《近代史研究》1998 年第 2 期。

深化留美中国学生联合会研究的构想

本书从大量的一手文献入手，通过对中文和英文的报纸杂志、史料等，梳理当时存在于留美学生联合会中的由于民族意识与自由主义而衍生的理念冲突，利用文献综合研究法、历史分析法、个案研究以及比较研究等各类方法，借用"冲突理论"以及"公共领域"等相关理论，深入阐述留美中国学生联合会所存在的二者意识冲突的具体形式、存在的原因，并充分剖析影响这二者意识冲突存在的深层次原因。同时，正是由于"近代中国留学教育不只是一个教育史的问题，而是一个必须放在中国近代史的脉络上来处理的问题"，[①] 因此，留学在近代中国历史上产生了深远的影响，与社会上诸多问题相互勾连在一起，形成了一种立体的关系网。由此，在本书写作过程中，力求采用一种全景广阔式的、阐述性解释的方式（interpretive understanding approach）来进行描述与研究。[②]

在本书中，最为重要的一个维度是如何在中外教育关系和中外教育交流史的进程中对这一极具特性的学生群体进行研究。在研究的过程中，从近代社会的思潮维度这一基本角度透视留美学生群体的两类最为特殊的意识，即"民族意识"与"自由主义"两者关系的历史进程，对两者交织互动的研究是最为值得关切的问题。其原因主要在于：首先，对于这一问题的考察，无疑涉及留学生群体与故邦的关系、留学生群体与美国的关系、留学生不同群体之间的关系等方面，其中的"民族意识"与"自由主义"无疑贯穿着这方面。例如纵观创立于异邦的

---

① 江勇振：《二十世纪初年的中国留美学生：一个在研究课题上初步的省思》，李又宁主编《华族留美史：150 年的学习与成就》，纽约天外出版社，1999，第 126 页。

② 这一方式是加拿大多伦多大学安大略教育研究院许美德教授著作中提出，在其著作中也充分展示了这种研究方式的运用。Ruth Hayhoe, *China's Universities 1895 – 1995：A Century of Cultural Conflict.* New York：Garland Press，1996，p. 7.

这一"留美中国学生联合会"并非仅仅是一个本土自生产物,而是与中国、美国双边的社会、政治、文化等方面变迁相紧密联系的团体。鉴于这一群体的历史镜像必然呈现出十分复杂的形态:深眠心中的民族主义的思想浸润与新接触到的美国式自由主义的冲击,如何处理好这两方面意识的关系,以及二者意识的相互联系、对抗、和解都值得研究,如何评价留学生群体在中国近代这一历程中所起的作用,对于现今教育史研究者是一个重要任务。其次,留美学生联合会作为近代以来留美学生自发组织而成的一个学生自治团体,具有某种层面"公共领域"的特性,对这一特殊的"公共领域"发展进程的研究,有助于更好地对近代大范围背景之下理解"公众群体领域"或是"学人公共空间"等问题有所启发。再次,近代以降,20世纪是自由主义高奏凯歌的世纪,也是民族意识大行其道的世纪,从表现形式上来看,两种意识虽然存在着某种内在的困境与张力,但两者之间的这种困境与张力并非一种决然对立、非此即彼的关系,甚至在一定程度得以关联或转化。倘若对两者意识的本质进行溯源,可以说前者与后者是一对"患难的""双生兄弟"。在近代国将不国的危机之下,前者是中国国民的思想底色,后者则是实现前者目标的手段或者工具,因此在留学生群体的视域下对二者的关系进行研究,有助于深化与延展这一类似的课题。

之所以需要对留美学生的这两类意识进行重点研究,正是由于在近代中国"内政与外交已打成一片"的历史背景。[1] 这种"散居域外的民族意识"是一种非常明确的、特别的、引人注目的且重要的"民族意识"的派生形式。[2] 一方面由于这类特殊的少数人信奉着双重标准——一个标准则是针对自己母系群体的;另一个标准则是崇尚工具主义的,且不在道德规范及评价范围之内,也是针对群体以外的异质群体的,因此这两种双重标准恰恰有着某种特别的、值得令人研究的性质。[3] 在此情况下,

①　罗志田:《乱世潜流:民族主义与民国政治》,第2页。
②　厄内斯特·盖尔纳:《民族与民族主义》,第133页。
③　厄内斯特·盖尔纳:《民族与民族主义》,第136页。

承担了自由主义与中国文化使命传播的主要是受过欧风美雨浸润的知识分子，这在留学生群体中体现得尤为明显。长久以来，中国的自由主义与民族意识之间的冲突是一种"理性与激情之间的较量""自我与他者之间的较量""民族复兴与被动挨打之间的较量"，显然并不存在一种简单地方式能够将这两套价值等级排列，也无法找到一个放之四海皆准的公式对两者进行排列解析。但无论如何，个人的"反省、选择"与国家的"历史、命运"同样重要，① 因此以留学生群体为主要研究对象，有助于研究者在异域检视两种意识的交互关系，有助于研究者走出"中国中心观"的局限，从而更好地体认"他者"的存在，并"在与其他的个人、部族及文明相互的关系中得以界定任何层面的认同问题"。②

由于本人很幸运能够有机会收集在国内难以收集到的资料、史料、档案、文集，能够通过留学生在美国境内所留下的海量且无比珍贵的史料来重新、翔实地勾画出这一彼岸的最为重要的学生社团的发展历程。本书爬梳了大量珍贵的一手文献与史料，这些珍贵的文献大多来自海外各大图书馆所藏，主要以斯坦福大学，密歇根大学，哈佛大学东亚图书馆，普渡大学，芝加哥大学，康奈尔大学、哥伦比亚大学珍本和手稿图书馆、东亚图书馆、口述史研究所、东亚研究所、历史系收藏了很大部分的研究史料。除此之外，还参考了台湾中研院近代史研究所档案馆相关资料，以及金观涛与刘青峰两位教授在香港中文大学当代中国文化研究中心所建立的"中国近现代思想史全文检索数据库（1830~1930）"的相关资料。③ 其余搜集到的重点资料为《留美学生季刊》（1914~1928）、《留美学生月刊》（1909~1929）、《留美同学录》（1918、1921）、《中国

---

① Yael Tamir, *Liberal Nationalism*. Princeton, New Jersey: Princeton University Press, 1933, pp. 3 – 11.

② 塞缪尔·亨廷顿：《文明的冲突与世界秩序的重建》，周琪等译，新华出版社，1999，第134页。

③ 学者金观涛与他的研究团队依托香港中文大学所建立的"中国近现代思想史全文检索数据库（1830—1930）"，其内容覆盖着报纸、期刊、外交日记、外交档案等大量文献，数量已经达到二百多万份，逾一亿字，其内容能够反映该年代的思想文化脉络，为研究近现代思想文化发展不可或缺的参考资料。http://chrb.lib.cuhk.edu.hk/Index.aspx。

留美学生联盟宣传资料》（1920）、《来自东方的审视：中国留美学生对一战的反思》（1917年）、《中国人眼中的今日中国》（1922）、《1902～1928中国留美学生硕博士论文目录》（1928）、《中国学生——远东杂志》（1940），《美洲留学报告》（1905）、《西美留学报告》（1908）、《留美青年》（1918）以及各类留美中国学生组织档案、留美学生中英文出版物、资料集、名录及工具书逾百份，以及大量的中、英文刊物。

另外辅以国内大量年鉴以及重要的史料书籍，例如1934年5月，国民政府教育部编辑出版了《第一次中国教育年鉴》。作为第一部全国性教育年鉴，收录资料时限为清末至1931年，但1933年以前之资料也有所收录。"年鉴之作，揽往知来，关系政事，至深且切。"① 时隔十余年战乱，商务印书馆于1948年出版《第二次中国教育年鉴》，全书框架虽有较大变动，却十分详尽地对彼时教育现实进行了细致的记录。各类相关的期刊也是本书的参考资料。首先是《教育杂志》。作为"中国近代历史最久、影响最大的教育刊物之一"，② 该杂志汇集了民国时期主要的教育学思想，是本书成文过程中重点查阅的对象；其次是《东方杂志》《独立评论》《教育与职业》《新教育》《科学》。再次，除了以上重点查阅的史料之外，还使用了《申报》《大公报》《中央日报》《政府公报》《教育公报》《外交周刊》《教育通讯》《湖南教育》《寰球中国学生会周刊》《安徽教育行政周报》《醒狮》《大江季刊》《清华周刊》等。另外还充分参考了留学生代表陶行知、蒋梦麟、翁文灏、丁文江、任鸿隽、赵元任、胡适等个人文集或是回忆录。这些人有的曾是留美中国学生联合会较为活跃的分子，有的虽然不是该会的成员，但因为各种原因也与联合会有着或多或少的联系。

---

① 朱家骅：《序》，《第一次中国教育年鉴》，开明书局，1934。
② 张承先、刘佛年：《教育大辞典》，上海教育出版社，1997，第794页。

第一章

留美中国学生联合会的创立与变迁

> 地方者小国家也，学生者真小国家也。一个方便的实验室，在这里未来的国家建设者——以留美学生为主体的留学生，他们得以对所奉行的政治理念进行实践。
>
> —— "In Light Vein" [①]

20 世纪初，中国的莘莘学子漂洋过海奔赴异国，以谋求强国之道。由于异邦结社理念的影响以及自觉意识的推动，这一批心怀理想的学子在他乡组建成立了各类学生群体。通过这些学生群体的作用，这些学生得以聚集在一起，实现共同的理想。之所以在异国的土地上出现各种各样的学生群体，一方面是由于随着近代留学潮流的风起云涌，留学生群体的逐渐壮大，学生结社有了现实的需要及可能；另一方面则是留学生群体意识的逐渐兴起，成为学生在海外得以聚集起来的意识支撑。他们

---

① *The Chinese Students' Monthly*，February 1920，p. 50.

逐渐意识到只有采取"从个体到群体"的这一途径，才能将海外人才聚集起来，从而发挥学生应有的群体力量，而近代的学术性团体也才能够逐渐得到发展。在这种背景下，"留美中国学生联合会"作为学生群体当中最具特色的学生联合会，其成立与发展自然具有重要的意义。

第一节　留学与群意识的兴起

留美中国学生联合会创设的这段时期是中国历史上相当特殊的一段时间。在这段时期，中华民族一直在内忧外患的困局中，十分艰难地寻找一条民族复兴、国家振兴的道路。被"三千年未有之大变局"所深深震撼的国人，尝试着一次次或大或小的变革，但都不免失败和落空，自然不得不使人联想到：问题的症结恐怕是出自文化、教育层面，只有从教育、思想以及文化层面的变革入手，才能适应近代变革的特殊要求。当然，在这类教育、文化的变革中，近代留学教育可谓最引人瞩目、最受人关切的教育革新，所谓"国家欲谋富强，舍留学教育不为功"。早在1928年，舒新城在由中华书局出版的《近代中国留学史》开篇即指出："现在的中国，留学问题几乎为一切教育问题或政治问题的根本，从国内政治、教育、实业诸事业无不直接、间接为留学生所主持、所影响的事实看来，更足见留学生与中国社会关系之重大。"这句话明确说明了历史赋予近代留学生极为重要的使命，当然这也是留学生得以参与近代变革的荣誉。在这一进程中，留学生一方面需要将留学时期所学之知识以及建设国家的技能与精神，在回国之后运用到国内的建设中；另一方面还需要在留学时，尽可能地融入国外的学习与生活，以便更好地达成留学之效用。由于近代以来，美国发达的社团组织已经成为美国学生实施其社会改造理想的承载模式，由中国而至的留学生自然受此影响。在这样的背景下，留美中国学生联合会作为中国留学美国的学生建立起的最为重要、最具代表性的联合团体，使留学生得以在这个自治的团体中实现自己的理念。在这种情况之下，留美中国学生联合会（下文简称"联合会"）不但是彼时留学浪潮的一个全新社群性的产物，而且也是这个时期当中，"留学为一切重要问题"的集中体现。当然，在联合会的续存期间，留学生也意识到在这一学人共同体的理念一旦得以顺利实施，之后这种精神必将星火燎原，并进而扩展到整个国家的富国强兵、独立民主的重要建设路径之中的可能。

联合会创立的时代背景是极特殊的。这种特殊主要体现在近代知识分子开始意识到"结群""结社"的重要性。当然，这种学人之间由"私域"走向"公众"的趋势，也正意味着近代以来"群"意识的逐渐兴起。在这一背景下，知识分子开始寻求一条具有"向心力"的道路使彼此的力量得以联合。同时如何将个人力量结合起来成为"群力"，也是19、20世纪之交需要思考的首要问题，例如康有为在《大同书》中就曾明确提出合群的重要性。他认为随着公民意识的兴起，个人开始逐渐能够根据自己的利益与他人自愿结合，倘若这种联合成功的话，那么这样的"合群"趋向则无疑是大同的先声，[1] 这一观念在严复认为是"人之所以异于禽兽者，以之能群也"。[2] 同样的，在梁启超看来，在清末特殊的政治背景之下，自愿结社成了近代中国"民族国家"建构的一个有机组成部分。这是由于对世纪之交出生的中国人而言，当某种旧有的"象征体系"衰落之后，民族主义随之提供了某种"半宗教性质的价值中心"（quasireligious centermeaning），由于大部分国人遵循这一理念，因此国人

---

[1] 康有为：《大同书》，辽宁人民出版社，1994，第88页。

[2] 严复将斯宾塞的著作 The Study of Sociology 译作《群学肄言》，显然包含社会更多方面的内容，而当时严复选用"群学"即在于强调狭义的群学，也强调国家对于"群"的疾呼。参见汪晖《严复的三个世界》。严复在《天演论》中认为：中华民族亟须自拯民族危机，就需要不仅关心个人还需要关心社会，需要"顾小己也需顾大国"，"特观吾国今处之形，则小己自由，尚非所急，而所以怯异族之侵横，求有立于天地之间，斯真刻不容缓之事。故所急者，乃国群自由，非小己自由，求国群之自由，非合通国之群策群力不可"。参见赫胥黎原著、严复译著《天演论》，李珍评注，华夏出版社，2002，第3~7页。

之间的结社得以成为可能。① 其中，梁启超认为现代西方人成功的关键，是在于有一个强大及牢固统一的共同体，因此对于中国人来说，假若把中国人广泛地动员组织起来，那么就能够实现民族的强大。② 从中可见，梁启超的这种"群"的意识明确地指向民族国家思想。③ 在他的设想及概念中，充分而有效地将国人广泛地动员及组织起来，这一途径是实现一个强大和现代的中华民族所不可或缺的。也就是说，所谓的"结社"是将中国人组织到牢固和统一的共同体中的一个重要手段。顺着康、严、梁的这一思路可知，力求拯救民族于危机之中，如何用现代的、自愿参加的形式将国人动员及组织起来，是近代知识分子开始考虑并付诸实践的一项尝试。不可否认，"群意识"的兴起首先需要个人主体能够具有某种舍己为人、舍小我为群体的"爱人""为人"的自觉，这意味着既需要"合多人之力以保之"，同时需要摒弃"人人皆知有己，不知有天下"的"独术"，也需要采取"使其群合而不散，萃而不涣"的某种群体组织模式。④

因此，随着当时留学生群体所具有的"群体精神"的逐渐上升，全美中国学生联合会得以以现代的、自愿的形式，将留美中国学生动员及组织起来，并开展一系列会务活动，从而完成团体应有的使命。很显然，这种由学生自愿组织结合而成的社团，符合德国社会学者哈贝马斯（Jurgen Haberamas）所称许的"公民社会"（Civil Society）的精神。哈贝马

---

① 例如张灏在 Chinese Intellectuals in Crisis： Search for Order and Meaning，1890 – 1911 一书中精辟地论述了"东方象征主义"（Orientational Symbolism）的危机，见导言第 7 页。本尼迪克特·安德森在《想象的共同体：民族主义的起源与散布》（吴叡人译，上海人民出版社，2005）一书中论述了这一"半宗教性质的"民族主义价值中心。

② 梁启超：《说群自序》，《饮冰室合集》（2），中华书局，1989，第 3 ~ 7 页。在文中梁启超自创"群术"一词，说明此为一种有效的治国之术。"以群术治群，群乃成，以独术治群，群乃败……善治国者，知君之与民，同为一群之中一人，因此知夫一群之中所以然之故，所当行之事，使其群合而不散，萃而不涣，夫是之谓群术。"该文首刊于《知新报》第 18 册，1897 年 5 月 17 日。

③ 张灏：《梁启超与中国思想的过渡（1890 ~ 1907）》，江苏人民出版社，1995，第 110 ~ 111 页。

④ 《梁启超选集》，上海人民出版社，1984，第 40 页。

斯认为学生的这种精神使得留学生开始意识到课外活动、组织活动的重要性，特别是对于培养"公共精神"价值的一系列活动，有助于现代国民尤其是海外的留学生群体培养、塑造一种"公德"的意识。梁启超认为，倘若中国需要在现代世界上生存，国人自愿参加公共生活、融入"公民社会"是极其重要的。① 留美学生长期生活在美国，受此现实观念的影响，并出于自身团体的需要，意识到学生之间相互结社的可能及必要性。1914 年，留美中国学生联合会中文会刊针对"留美学生宜联合起来"的这项议题，发表了《中国学生宜注重社交》一文，明确指出了留美学生尤其需要"合群"的这一意见，并提倡应该以一种"群意识"顺利完成学业，从而实现留学生对祖国的报答之行动。

从留美中国学生联合会的创立宗旨来看，留学生的"所谓治世之道，首在'交助'；'交助'之道，端赖合群，能合群则不独亲。亲仁善邻和柔宜众，必公必忍、利己利人。因此我美国学生社交之义，为我留美诸同学勤以自助"。② 在此种观念的影响下，彼时的留学生开始尝试一种对于公众社会"不具私心的关心"（disinterested interest）的行为及思维模式。这种知识分子对公众事务的关心显示出了一种宝贵的公众意识，而不是对个人私利的关心。在联合会存续期间，大部分会员对这一组织起来的自治社团具有浓厚的兴趣，甚至有很大一部分留学生对联合会长期以来抱持着一种亲切的好感。例如一名叫 C. Y. Chin 的学生曾在 1913 年的《留美学生月报》上发表了一篇文章，详陈留美学生对于联合会的作用与功能的赞许之情，其字里行间无不透露着对联合会的肯定。"正是由于我们每一个留学生都是这块新土地的新人，留美学生联合会就成为我们每一位留学生的家园，我们的这一组织能够在培养学生在道德之上的独立判断、思想之上的能力和强壮的体格，使得我们在未来的世界上能够担当更大的责任，这一社团组织成为培养各种优秀公民素质的训练营，

---

① 梁启超：《新民说》，《饮冰室合集》（4）。

② 李周麟作、余簪传译《论中国学生宜注重社交》，《留美学生季报》第 3 卷第 4 期，1916年，第 39~48 页。

培养了为公众服务的精神，得到了我们能够展示实际才能的机会。"①

　　同样的，具有留美学生身份的任鸿隽也明确提出学生公共社团的重要性。他认为中国倘若没有一个属于知识分子的学界团体，就犹如"暗夜之中无烛光"一样，只有建立了才能够"事国人向学之诚、事国内承平之期"。②除此之外，任氏进一步指出在今后不论是国内学界或者是海外留学界亟须建立一个学界以"进学术"，这个学界的成立主要在于留学生应以身作则，以期"学者既能注重国文，又能注重科学，并阐明求学之方法及陈大道于国人之前，以达真美之域于国人之留意焉"。③基于此，梅贻琦也提出留学生合群己之力的重要性："要不外使群中之己与众己所构成之群，各得其安所遂生之道，与夫共得其相位相育之道，或相方相苞之道；此则地无中外，时无古今，无往而不可通者也。"④当然，胡适对留学生自治的基层组织也有浓厚的兴趣。他认为中国很需要一种公共精神的培育组织："不管我在哪儿，我都十分关心当地的政治和社会事业，把它们当作我自己家乡的事务，这种经验可以帮助我们培养我们关心公众事务的习惯。如果我们不关心当时当地的公众事务，待我们回国之后，又怎么会去热心维护我们自己国家的利益呢？"

　　确实，"地方者小国家也，学生者真小国家也"⑤这一说法无疑强调了学生结社的必要所在。留学生虽身处异国，各自在不同的院校求学，生活、学习、社交范域均有所不同，除了在同一学校留学的人组织小型的学生团体或是基于个人私交与情感的联系多有来往，但就整个美国较大的地域范围来看，大部分的留学生还是难以实现大范围的交流。倘若留学生在现实中摒弃闭门造车的理念，而将这种对公共精神、对群体力量所抱持的热情与信念，在事实中得以实践，这一尝试势必会激发更大范围的成功。留美

①　C. Y. Chin, "The Proper Meaning of the Chinese Students' Alliance," *The Chinese Students'*
　　Monthly, 6 (1913), p. 52.
②　任鸿隽：《建立学界论》，《留美学生季刊》第1卷第2期，1914年，第43～50页。
③　任鸿隽：《建立学界再论》，《留美学生季刊》第1卷第3期，1914年，第27～33页。
④　梅贻琦：《大学一解》，《清华大学学报》第13卷第1期，1941年4月。
⑤　罗家伦主编《湖北学生界》第1期，1924年，第17页。该刊物又名《汉声》。

学生之所以具有结社的热情与现实可操作性，正是由于留学生在实际当中留学问题重要性的存在，使得留学生对于国家身份地位上升的企望到了一个前所未有的高度。于是在留学生群体中自然充满了一种潜在的活力，这种活力能够作为推动留学生个体在精神方面、智趣方面寻找共鸣的最大助力。毕竟对于这个特殊的知识人群体而言，集结之后创生出的思想往往比单个个体闭门造车、坐井观天更为深切、更有活力。于是，联合会的出现不仅以团结乐群的方式鼓励留学生集群结社以开展相关的会务，更是培养了留学生的自治能力。可以说正是由于留美学生"群意识"的存在，联合会这一公共社团也就因此具有了本质的价值。当然，由留学生集结而产生了一种巨大的"群体效应"，反过来也作用于留学事业的开展，使得留学事业在近代中国社会的重要程度进一步得到提升。于是，这一代留美学生肩负了民族兴衰与国家命运的重担，通过对群体的适应与改造之路，直通向改造整个国家之途。当然，这无疑是一条漫长的道路，但也正是由于这一特殊的、为着共同的理念集结而成的群体的存在，才使得他们能够选择这样一种全新的方式以筑造全新的国家、塑造全新的民族。

第二节　联合会的主要活动

联合会的成立、演变及理想追求

留美中国学生联合会从 20 世纪初期即开始创设。随着近代欧美学人团体发展的日新月异，联合会作为留美中国学生组建起来的第一个共同的留学生组织，逐渐成为留美学生最重要的公共互动领域。回顾联合会的历史进程，可谓经历了漫长的历程。大致来说，联合会的前身是 1902 年成立于旧金山的"美国中国留学生会"（The Chinese Students' Alliance of America）。这个组织的宗旨在于"联合在美各校中国学生，互通音问，研究学术，并协助侨民教授汉文汉语于其土生之子侄"。① 此后，相继有

---

① 《留美中国学生会小史》，《东方杂志》第 14 卷第 12 期，1917 年 12 月。

1903 年成立于芝加哥的"美国中西部中国学生会"（Chinese Students' Alliance of the Mid-West of America）、1904 年成立于康奈尔大学的"绮色佳中国学生会"（Ithaca Chinese Students' Alliance of America），以及 1905 年成立的"太平洋沿岸中国学生会"（Pacific Coast Chinese Students' Association）与成立于马萨诸塞州的"美东中国留学生会"（Chinese Students' Alliance of the Eastern States）等学生团体。[1] 值得注意的是，在这些学生社团创立初期，虽然组织上得以逐步建立，全美中国的留学生人数也达到了六百人之多，但是这些留学生仍然"仅限于在美的西方一隅"，也就是从地域上来看仅仅限于美国的西海岸。并且这些留学生大多散居各处，即使是最大的学生组织也不过只有寥寥二三十人，而且各留学生组织之间未能"互通声气、群力合作"。[2] 于是，在留学生看来，要使大家得以"知祖国之荣名，学问之大益，是非团结之而有以振其精神不可"，[3] 可见留学生已经逐步意识到结社集群的重要性。他们还认识到缺乏这种合群意识可能存在的问题："苟无以通其学问，一其精神，将如恒河散沙，随潮上下，通今日之学问，去将来之扞格，是在团体。"[4] 随着各组织会务的发展，为了能够优化社团之间的资源，并鼓励社团之间的合作交流，中美、东美学生联合会随即在 1909 年 2 月初进行了初步的联合。同年的 10 月，这一新联合的团体又联合了"太平洋沿岸中国学生会"，从而进一步整理了会务的构成。

随着时间的进一步推移，1909 年是留美中国学生联合会的一个重要转折点。在这年年底，正式成立了"全美中国学生联合会"（The Chinese Students' Alliance in America），并选举了第一届会务成员。[5] 随着联合会相关学生社团社务的开展，所吸纳的社员人数显著提升，于是确定联合

---

① 张剑：《清末民初留美学生社团组织分析》，《学术月刊》2003 年第 5 期。
② 任鸿隽：《留美学界的几个问题》，《观察》1947 年第 2 期，第 46 页。
③ 中国留美学生编《美洲留学报告》，开明书店，1904，第 1 页。
④ 中国留美学生编《美洲留学报告》，第 2 页。
⑤ Chinese Students' Alliance of Eastern States, *Who is Who of the Chinese Students in America*. Berkeley, California：Lederer, Street & Zeus Company Press, 1921, p. 21.

会的会务目标也提上日程。按照联合会的规定，初期的社团目标确定为：（1）为中国的复兴而努力；（2）促进中国在美留学生之间的联系；（3）维护留美学生的共同利益。①

关于联合会所管辖的留学生，就地域来看，大致分为美中、美东、美西。具体来讲，西海岸主要以旧金山及其周边院校为主；东海岸主要以纽约及其周边地区为主；美中地区主要以威斯康星大学和密歇根大学为主。1911年之前，留美学生就出现了零散的团体，其人数也逐渐增多；1911年之后，全美范围的留美学生联合会得以组建，学生社团发展的势头更为迅猛，社团所笼络的人数也出现大量增长。为了更好地管理全美范围的留学生，使他们有较强的归属感，美东中国留学生会发起组织总会，统一了北美各地的中国留学生组织。全美中国学生联合会是一个中学生与大学生的组织，包含了二百个大学及一百个中学的中国留学生。除此之外还有同在一所大学留学的学生组成的学生会，例如哥伦比亚大学学生会、康奈尔大学学生会、哈佛大学学生会等。② 按照会议章程，联合会即行选出委员，征求各会意见；举出会长三人，之后全美中国学生联合会规模继续扩大。③

总的来讲，留美中国学生联合会从成立、联合到初期运作，会务大致呈现迅速发展壮大的势头，会员也无不感受到一种归属感，也都全身心投入在这一个建立于异国他乡却充满熟悉气息的社团活动中。留学生群体中蔓延的热忱与振奋之情，最为直接地体现在会员人数的增长。据《留美中国学生会小史》，自1911年留美中国学生联合会成立之后，"各埠之中国学生，多隶会籍，当时会员约八百余名。翌年，清华派百人来，而自备斧资者亦日多，民国成立后，中央政府及各省选派者，亦日来日

---

① 《顾维钧回忆录》，哥伦比亚大学档案馆和哥伦比亚大学图书馆藏。

② 《教育界消息》，《教育杂志》第17卷第3号，1924年，第13页。转引自林子勋《中国留学教育史（1847~1975）》，第81页。

③ 《留美学生联合会近事》，《教育杂志》第4卷第7号，1912年，第47~48页。

众"。^① 至 1914 年夏季，会员数曾经一度达到了 1300 名，三年后会员人数更是增长到近两千名。随着联合会的日益壮大，海内外相关报纸杂志纷纷发表评论，充分肯定联合会的积极作用。这些评论大多认为："近年来吾华学生结社之风大盛于海内外，诚国民进步之特征，所结之社多为行事计者，亦为研究学术而设者，及中国学会留美支会相继成立，留学界中始增此最切要最文明之事业，至足乐也。"^② 值得注意的是，随着留学生学成归国，联合会的人数此后并未出现继续增长的态势，而是大致维持不变，甚至在某些年度还出现了轻微的下降。例如在 1925 年，联合会对留美学生数量进行了相关统计并发布了《留美学生录》：在全美境内，至 1925 年共有中国留学生 1637 人，其中自费生 1075 人，其余近 500 名为公派留学生。^③

对于联合会日常管理所需要的经费，则完全采用美国联邦式的"自筹、自治、自行支配"的模式，所有意欲成为联合会会员的留学生，每年必须定期缴纳会费 3 美元。^④ 在这笔费用当中，0.5 美元归各分部留学生会支配，其余的 2.5 美元归总会支配。归总会支配的经费 1912 年后减少为 1 美元，一年之后又更改为 1.75 美元。分会所得会员费主要用于购买分会会员所需的各类会刊，例如《留美学生季报》《留美学生月刊》《留美学生手册》等总会所创办的会员刊物。另外，缴纳了年费的会员除了可以免费获得会刊之外，更可以获得一系列额外的会员专享服务。例如可以免费参加每年度的联合会会议或是各分会的年会，享受年会参会的旅费补贴，并具有正式资格参加联合会的相关选举。

实际上，任何一个联合社团的创立不仅仅是实体层面的建设，还需要提出一系列精神层面的共同目标以增强全体会员的凝聚力。联合会自从创办之初，即拟定了一整套宗旨。留美中国学生联合会成立时的"以

---

① 《留美中国学生会小史》，《东方杂志》第 14 卷第 12 期，1917 年，第 172~176 页。

② 《留美学生联合会近事》，《教育杂志》第 3 卷第 5 期，1911 年，第 42 页。

③ 卫道治：《中外教育交流史》，第 169 页。

④ H. Tsai, "Loyalty to the Alliance," *The Chinese Students' Monthly*, Janurary 1919, p. 245.

联络感情、交换智识、增进在美中国留学生的公益为宗旨",[①] "消异地客居之愁感、策文学技艺之进步,于祖国学术之发达、政俗之改良而悉心研究"[②] 为目的。基于此社团宗旨,联合会开始致力于实体部门的组建。联合会的实体部门相对全美的留学生数量来看,并不算十分庞大。联合会设常务人员5人,分别为会长、副会长、中文书记、英文书记、会计各一人。其会务主要包括联络会员、举办年会、组织相关的得以增进会员活动的事务,以及相互沟通制定相关会务准则。[③] 联合会运作了一段时间之后,随着下属会刊《留美学生月刊》和《留美学生季报》的创办,又增选了英文报及中文报的主笔与办事员各两名。

但令人感到遗憾与惋惜的是,或许由于留学生身上深深烙刻的"国家色彩",联合会与国家不可避免地产生了千丝万缕的联系,联合会也在之后此起彼伏的国家主义的政治浪潮中未能挺过一波波的现实考验,联合会在1930年决定停办每年一度的全美学生会议,翌年相关的会员会刊,例如《留美学生月刊》《留美学生季报》《留美学生通讯录》等也因经费筹措困难而正式停刊。[④] 虽然之后《留美学生季报》在个别留学生的奔走呼吁之下得以复刊,但毕竟"《季报》及《季报》主笔无疑是处境艰难,以《季报》的情形来看,三千多留学生的团体,出不起一个中文的季刊,真是令人有点难以为情啊!"[⑤] 联合会在1931年不得不正式宣布解散,留美中国学生随即失去了一个全美范围内互通声气的重要平台。[⑥]

---

① 《麻省理工学校中国学生会通信》,《留美学生季报》第2卷第3期,1915年,第113~118页。
② 刘树杞:《中国学生年会五度纪事》,《留美学生季报》第1卷第4期,1914年,第79~82页。
③ Chinese Students' Alliance, *The Chinese Students Directory of 1918*. New York:Columbia University Press, 1918, pp. 58 – 61.
④ 侯德榜:《留美中国学生季报创办历史及其历来办理情形》,《留美学生季报》第5卷第4期,1918年,第145~151页。
⑤ 居寒:《旅美杂感》,《留美学生季报》第12卷第4期,1928年,第37~45页。
⑥ N. S. Cheng, "To hold first Chinese camp at Ithaca, N. Y. ," *The Chinese Christian Students*, October 1930, p. 3.

联合会的具体活动

定期召开年会

任何一个全体性的社团，除了确立相应的会务及宗旨之外，还需要履行社团存在的实践意义，即开展一系列的团体活动，将所拟定的目标理念在一系列的活动中具体化、实践化、现实化。其实，联合会从创办之初就自觉地作为一个广泛的群体而存在，相关会务的推进全靠会员的热忱以及自治精神而存在。任何一个规模和目标都非常宏大的团体，如果只有一些浪漫的理想和催人奋进的精神，是不足以将会员凝聚在一起的，要使分散在美国各地的中国留学生凝聚在一起，势必需要一些有价值的、具体的、有利于社团建设的活动来使社团理念得以落实。彼时的留美学生认为"世界竞争既愈烈，团体固结亦愈趋，择美地举行大会可谓聚群的一大要义"，[①] 于是联合会逐渐以定期召开全体会议的方式，将留学生团体凝聚起来。这类活动以定期召开年会为主。

采取定期召开年会这样的具有规律性的社团活动来作为联合会的主要活动方式，在现实当中具有较强的可行性。同时由于参会人数众多，又能够形成较大的宣传效应，从而提升留美中国学生联合会在美国的影响力及留美学生的正面形象。年会于每年夏季定期召开，大约持续一周时间，会址通常选在"古木成林、绿莎如茵、清池环绕、景色绝佳"的大学城，从各处而来的中国留学生得以聚会。[②] "各校学生得此机会，相叙一堂，讨论会务、选择职员，或讲学演说，或比赛技术，新旧学生联络感情，交输知识，客地愁思，诚乐事也。"[③] 联合会对于培养留学生能力具有相当重要的作用，例如通过各种体育运动、演讲辩论、音乐表演及歌唱等活动，锻炼了留学生的组织能力、自治的方法和表达能力（讲

---

① 《海内外学务：中国留美学生大会之问题》，《华商联合会报》1910 年第 11 期，第 4~5 页。

② 李昂：《中部中国留学生第九次夏令年会记事》，《留美学生季报》第 6 卷第 1 号，1919 年，第 220~227 页。

③ 《留美中国学生会小史》，《东方杂志》第 14 卷第 12 期，1917 年。

演口才或写作能力），以及应付艰巨任务所需要的大胆探索精神和身体的耐力。① 也正是由于这一系列社团活动的开展，联合会得以稳定发展并随之具有最根本的根基。年会分别在东、中、西三个分会举行，东部分会的年会主要以纽约为主要召开地，参与的著名高等院校主要有哥伦比亚大学、普林斯顿大学、安姆斯特农科大学、耶鲁大学、康奈尔大学、哈佛大学、麻省理工学院等；中部分会的年会则以密歇根大学、芝加哥大学、伊利诺伊大学、威斯康星大学、路易斯安那大学的中国留学生为主；西部分会的年会主要在旧金山举行，参加的高校以加利福尼亚、斯坦福大学为主。每年夏季即分别在美国的这三个地区举行年会，由各分部统筹组织。② 由于年会组织得当，在留学生当中具有相当的影响力，举办得可谓"有声有色矣"。③

就年会的日程而言，通常仿照美国当时已有的学生会议形式，将会议日程大致安排为上午开会，下午开展一系列的体育活动，晚上举行社交聚会或者娱乐活动。主要的活动大致可分为六类：第一类为名人演讲，通常由联合会邀请会议召开所在大学的校长或副校长进行相关主题的演讲，这类演讲通常与如何建设国家等主题有着相当的联系；第二类为学生交际活动，这也是年会最为重要的一项活动，在于通过活泼轻松的活动使学员之间相互了解；第三类为体育运动，各大学组队参加跳高、足球、跳远、竞走、网球、赛艇等体育活动；④ 第四类为音乐活动，例如弹琴、合唱校歌等活动以陶冶学生性情、阐发学生之风雅；第五类为与文学相关的活

① C. Y. Chin, "The Proper Meaning of the Chinese Students' Alliance," *The Chinese Students' Monthly*, June 1913, p. 52.

② 《留美学生联合会近事》，《教育杂志》第4卷第7期，1912年，第47~48页；"Students' World: The Boards of Representatives," *The Chinese Students' Monthly*, March 1918, pp. 285－286。

③ 《留学生之近况》，《教育杂志》第2卷第7期，1910年，第8页。

④ 例如留美学生联合会年会第九次美东学生夏季年会就开展了众多的体育竞争项目，有百码赛跑、一英里赛跑、百二十码跳格赛跑、四百四十码赛跑、二英里赛跑、二十码跳格赛跑、半英里赛跑、三足竞走、一英里竞走、掷铁球、撑杆跳高、跳高、跳远等体育竞技项目。杨铨：《第九次东美学生夏季会记事》，《留美学生季报》第1卷第1期，1914年，第103~109页。

动，例如组织留学生针对中国现有状况发表主题宣讲或进行辩论；第六类为各学会的相关活动，例如经济学会组织经济问题的讨论、工程学会组织讨论工程类的问题，或者是艺术学会组织参观美术馆，特别是那些藏有古希腊人体雕塑的美术馆；① 第七类则是对各部学生会会长、秘书、中英文书记及附属刊物的相关职员进行选举及改选。②

与当时国内的学生会议的不同之处在于，留美学生所召开的年会很大部分是由各类体育活动组成，这点区别为参加者深深感受到。曾在美留学四年余时光的金士宣回忆道："我在国内从来不进行体格锻炼，从初小、高小、中学、大学到留美，像长距离赛跑一样，读了二十年书未曾间断过，但是限于天资平庸，在求学时期的家境困难、营养不良、身体虚弱，经常夜间复习功课到深夜直至头昏脑胀不能继续下去才肯睡觉，长期如此严重伤害身体健康。但到了美国后，一方面享受了公费待遇、改善了饮食增强了健康；另一方面到了美国后受着大学生生动活泼的生活的影响，也受到每年度定期举办的学生年会的激励，每到周末我总要去看橄榄球、棒球或网球那种观众数以万计的鼓舞人心的球赛，跟着他们狂呼口号，要鼓动运动员加油，精神面貌受到鼓舞。同时，自己也为之受到影响，逐渐开始了参加网球和游泳活动，有时候也参加晚会和跳舞会，精神愉快活泼，体格受到锻炼，增强了健康。"③

这些留学生在每一年的年会中所举行的一系列活动当中上承士风、下观时局，大多自觉地将个人前途与国家、民族的命运联系在一起，乐于担负起艰巨的家国使命。同时，部分留学生热衷于构想自己于国家的使命和责任，对自身所承担的拯救者的角色充满信心。于是在每年的年会中，他们或是提出自己对于国家建设的意见，或是展现自己对于某个问题的独特见解。这种对于国家所承担的舍我其谁的意识，在各届联合

---

① "All Work and No Play Makes Jack a Dull Boy," *The Chinese Students' Monthly*, April 1913, p. 169.
② 《中国留美学生之活动》，《陕西教育月刊》第39期，1924年，第17~18页。
③ 金士宣：《留学美国四年的回忆》，《北京交通大学学报》1983年第2期。

会的年会中均能得到充分的体现。① 几乎每一次联合会所召开的年会无一不是与"讨论国家问题"联系在一起，希望"将来学底大成，能为国家之用"。学生之间的往复谈论也往往涉及宗教的派别、中西方的异同、学术与政治之间的关系、学生与国家未来命运的联系等方面，用联合会的宗旨来说，即是"振兴国势、保全种族，均为诸位留学生君平日之志气，所厚自期许者甚众"。②

接待新来的留学生

除了定期举办年会将分散全美各地的学生凝聚起来，联合会还举行留学生的访美接待会及欢送会，便于更好地服务联合会成员。联合会与北美中国基督徒留学生协会、基督教青年会、基督教女青年会联合为中国留学生举行为期两到三天大规模欢迎接待活动。③ 例如1911年联合会举办的欢迎会包括了几项非常"新鲜的活动"，其中一项是由旧金山的商人招待留学生坐汽车游览旧金山市区及金门大桥。④ 这可谓是欢迎留学生较为"大手笔"的体现，甚至一位留学生回忆道："在1919年的汽车游览活动中，联合会所举行的欢迎活动气派更大，联合会总共动用了五十部汽车，来欢迎我们这些刚踏上新大陆的学子。"⑤

当然，联合会安排的这些活动无疑具有重要作用与特殊意义，给了留学生一种极为重要的国族"归属感"。在留美学生看来："我们在旧金山的三天，各界代表就给了我们一个盛大的欢迎会，他们为我们安排了

① 叶维丽：《为中国寻找现代之路：中国留学生在美国（1900~1927）》，第24~25页。

② Chinese Students' Alliance, *Pacific Coast Students' Annual Bulletin of 1908*. San Francisco, 1908，p. 57.

③ 江勇振：《璞玉成璧舍我其谁：胡适1891~1917》，联经出版事业股份有限公司，2011，第199页。

④ Y. Y. Tsu（朱友渔），"Welcoming the Educational Mission of 1911," *Monthly Report of the Chinese Students' Christian Association in North America*，October，1911，pp. 9 – 14，转引自江勇振《璞玉成璧舍我其谁：胡适1891~1917》，联经出版事业股份有限公司，2011，第199页。

⑤ "The Student World：Berkeley, California," *The Chinese Students' Christian Journal*，Vol. 6，No. 2，p. 114.

一个非常丰富的节目，这跟在故乡过年一样地令人难以忘怀，这使得我们今后有了成为联合会一份子的冲动。"① 可见联合会对于这一系列事务的积极准备与投入，对笼络更多的学生入会是有极大帮助作用的。芝加哥则是中西部全美中国学生联合会欢迎新生的一个重镇。例如1911年9月，中国留学生专车抵达芝加哥的时候，在火车站欢迎他们的有五十人之多。迎新的节目，除了例行的欢迎演说、午餐以及简短的余兴节目以外，还包括游览芝加哥市区和参观芝加哥大学。② 正是由于联合会举办的会议多彩纷呈，富有趣味，受到美国学生的称赞："由于会议的特色，使得参会者对于中国都产生了良好的印象。"③

对华人社区的教育活动

当时美国各地有大大小小的唐人街，有饭店、有货店，"地下中国城"（underground chinatown）有无数的赌场、鸦片馆，街道极其污秽。④ 加之彼时华侨大多衣衫粗鄙、不讲卫生，"日前在美，余之所见各片大失所望且令人发指，自前至尾无一非吾国最下等最污秽之事，捉虱、吸鸦片、缠小足、停棺墙隅，以风水不利而多年不葬，妓院之狎邪、赌窟之欺诈等等毕现白幕之上，乃知吾友所谓更坏于长指甲千百倍之影片之言，且东邻之此等丑事，美邦绝少，望我国国人对于卫生、道德、行为等加以研究改进，勿要因循遗误，边幅不修，致使国中丑态永为海外诟病"。⑤ 这些陋习损害了中国的形象，绝对为"美人轻视华人之一大原因"。虽然

① Y. Y. Tsu, "Welcoming the Educational Mission of 1911," *Monthly Report of the Chinese Students' Christian Association in North America*, October, 1911, pp. 9 – 14.

② Y. Y. Tsu, "Welcoming the Educational Mission of 1911," *Monthly Report of the Chinese Students' Christian Association in North America*, October, 1911, p. 12. 转引自江勇振《璞玉成璧舍我其谁：胡适1891~1917》，第200页。

③ The Chinese Students' Christian Association in North America, *Christian China*. New York, March 1920, p. 408.

④ 蔡正：《美国之"地下中国城"》，《留美学生季报》第6卷第3期，1919年，第18~22页。

⑤ 《吾国海外出丑杂记》，《留美学生季报》第6卷第3期，1919年，第16~18页。

在美华工与在美留学生是不同的群体，但在美国人眼中却由于相同的种族与民族而被紧密地"拴"在了一起。① 因此，在美留学生大多对唐人街有种复杂的情绪，因为那里"根本就无法了解到中国真正的文化和制度"，却成为美国人了解中国人的唯一的渠道，他们对那些来自中国南部、"肯定是来自中国社会底层"的人非常失望。② 甚至有很大一部分留学生呼吁："不要以为你去过旧金山的唐人街、上海或香港，就了解了关于中国的一切。事实上，这些地方并不是真正的中国，就像纽约东区并不代表整个美国一样。"③ 与此同时，正是由于中国人在美国低下的地位激发了许多留美学生的民族情感，使得他们立志改善华人社区的现状。留美学生张宏祥认为以近来留学界而观，有了些许新气象，这些新气象主要产生于联合会对于当地公益事业的重视。"现今留美生非但入专科及毕业院之研究，有分门别类之专攻，所谓专精之得力也；其次实习之注重也。尤易想象回国后对于该事业之布置经营与此将来中国事业实有无限之裨益。三为公益事业之关切，由于在美各华侨类聚而居，当离中国时皆为苦力、洗衣匠工不知教育为何事入美而后寄人篱下，更见其绌居住衣着不知修饰，留美生对华侨聚居之处极力设法改良，如纽约波士顿等地，俱有学生担任教书宣讲及童子军等事，此为留美生以担当公益事业为己任。"④ 但是究其本质，与其说留美生开展"公益活动"的最终目的是改善中国劳工的状况，不如说他们是为了改善中国在美国的形象，甚至更为确切的是为了改善留美生群体在美国人眼中的不良形象。

中国人在美国的形象并不尽如人意这一事实极大刺痛了留美学生群体敏感的神经，作为"天之骄子、国之栋梁"的留学生群体，无论如何也不愿也不甘承受美国人的偏见。针对这一情况，为了提升留学生在美国的形象，联合会发表声明，叮嘱在美的留学生尤其需要注意自身的形象："一须

---

① 叶维丽：《为中国寻找现代之路：中国留学生在美国（1900~1927）》，第80页。
② "Correct Information about China," *The Chinese Students' Monthly*, Feburary 1919, pp. 219-222.
③ 《外国人讨论中国时切勿犯的错误》，《留美中国学生月刊》第5期，1918年，第79~83页。
④ 张宏祥：《留学界之进步》，《留美学生季报》第5卷第3期，1918年，第1~3页。

整饬衣裳。衣服乃交际上最先夺目之事，无论华装布服，奢俭各殊。苟其人为修己自爱之士，鲜有于一身之内，不力求衣饰整洁者。二须慎重言语，意立言之道首在温恭。三须检点举止，不可低头曲背蹒跚而行—若久病之夫。四须谨慎交游。五须注意身体。"[①] 1905 年 12 月 30 日，美国《瞭望》杂志也刊登一篇反对美国排华法律的评论文章《中国移民》（Chinese Im-migration）。作者认为："不同的种族居住在这个全新的国度，不应该区分谁是主人、谁是奴隶，也不应以主人及客人相区分，而应以怀兄弟之爱创造自由包容的氛围，一言以蔽之，种族问题在美国不应重提。"[②]

早在 1909 年，《留美学生月报》就提出这样一个问题："我们能够为这个国家的劳工阶层同胞做些什么？"很显然，这一"敏感但又很重要"的话题收到了无数读者的来信。他们也得到了联合会的热切回应："为国内和国外中国人的福祉而努力——为改善本国劳工状况而努力"，[③] "所有的联合会留学生会员都应当肩负起帮助中国劳工的责任来"。[④] 基于这样的问题，联合会开展了一系列改善华侨社区的活动。例如 1910~1912 年，少数的留美学生参与到了一项"改善劳工状况的公益活动"（General Welfare Work），随后于 1918 年成立了"公义社"，旨在改良华侨社区。[⑤]这一系列的活动在一名参与者看来："凡是看到我们一些同胞悲惨状况的人，都不会对这一问题无动于衷。"[⑥]

---

① 余箕传：《敬告留美同人》，《留美学生季报》第 5 卷第 1 期，1918 年，第 97~101 页。

② Chinese Immigration, *The Outlook*. New York: The Outlook Company, 1905, p. 1056.

③ Mrs. Harry E. Mitchell, "What Can We Do For Our Working Class?" *The Chinese Students' Monthly*, Feb. 1910, pp. 221–223.

④ "A Problem," *The Chinese Students' Monthly*, Nov. 1909, p. 5.

⑤ 所谓"公义社"，指留美学生群体成立的改良华侨的社团，例如波士顿公义社致力于改良当地的中国城，一为华工提供教育，二为华人工商会提供公益服务，三为工人子女提供国民义务学堂的教育。其国民义务学堂所提供的教育分为四类：（1）为华侨提供英文教育；（2）为华侨商人提供算数学习；（3）为华侨提供中文教育；（4）为华侨提供广东话教育。波士顿公义社自从成立之后，致力于改良华侨的居住区等一系列活动，取得了一些成效。贺楙庆：《波士顿公义社报告》，《留美学生年报》第 2 期，1913 年，第 4~5 页。

⑥ John Yiubong Lee, "Can We Help Our Countrymen in the United States?" *The Chinese Students' Monthly*, Feb. 1910, pp. 221–223.

由此可见，联合会开展的主要活动为定期召开年会、接待新来的留学生、对华人社区的教育活动。联合会通过这三类活动的开展，进而稳定学生社团的现实存在，也得以充分地使学员之间相互连接，并充分地加强留学生与在地华人群体的沟通。总的来说，留美学生联合会向着"增进学员之间的相互联系"，并同时"能够增强和提高中美两国之间的友好关系"而进行着相应的努力。① 这种对于建设公共社团的热情与期待进而促使留学生积极地寻找一系列的事实活动来达成。留美学生并未沉浸在书斋中，而是积极地寻求一系列实践来建设团体以及改良华人在美国的形象。

第三节 意识的催生：联合会创办刊物

留美中国学生联合会自创立之日起，开展的一系列具体的学生事务活动中很重要的一项就是会刊的编辑与出版。这项工作的顺利完成，既是留美生彼此之间交流的重要契机，也是不同的理念相互碰撞的重要平台创设。更重要的是，联合会会刊的编辑与出版是联合会扩大自身社团影响力、增强会员之间凝聚力的重要途径。具体说来，联合会创办的会刊主要有三份：《留美学生月刊》（*The Chinese Monthly*）、《留美学生季报》（*The Quarterly Report of Chinese Students in U. S. A*）以及《留美学生通讯录》（*The Chinese Students' Directory*）。这些刊物可谓"笔墨不虚掷"。当时国内新思潮汹涌，一系列新的思想得到传播，其中很大程度上归功于留美学生对编辑工作认真负责的态度。这一点正如潘光旦对留学生肩负起这项任务肯定的那样："动笔的留美学生们无一不是在学院作研究，即在工厂求试验，不至于鱼肉读者求知的苦心。"② 在刊物的创办初期，联合会对会刊的办刊宗旨与刊物内容做了讨论。按照联合会的创刊主旨，会刊的主要功能在于两个方面：一方面，创办会刊以作为联合会的附属

---

① C. C. Wang, "Why We Discourage the Contract of Chinese Labor for Panama," *The Chinese Students' Bulletin*, Vol. 2, No. 2, January 1907, p. 39.

② 潘光旦：《今后之季报与留美学生》，《留美学生季报》第 11 卷第 1 期，1926 年，第 4 页。

刊物为留美学生联合会的运行进行服务；另一方面在于为全体留美学生提供意见交换的平台。①

以下分别对联合会所创办的这三份刊物进行具体地检视。

首先，《留美学生月刊》创刊于 1907 年，采用英文为刊发语言（下文简称《月刊》）。《月刊》实际上一年只出 8 期，每年暑假 7～10 月休刊，这份英文刊物从 1905 年发刊，延续至 1931 年。尽管出刊时间不到 30 年，刊期数量也并不充足，但是总的来看，《月刊》作为留美学生在美国创办的一份最重要的学生英文刊物，每期刊物作者的撰写、编辑部的编辑、发行部的发行工作可谓"尽心尽责"。由于《月刊》当中的文稿一经刊出必然引起海内外众多学子的极大关注，因此《月刊》曾被评为"在美最值得订阅的留学生报刊"。② 以《月刊》所刊登的文章来看，主要是围绕留学生最关心的"中国"主题进行一系列的讨论，并以介绍美国新知识等相关文章做辅助。除了留学生对自己祖国的论述外，《月刊》还将美国各大媒体所刊登的各类中国问题进行汇编，例如关于最新美国出版的关于中国的书籍、文章、书评，此外还包括会务财务报告或是联合会捐款报告。③ 这些材料可以供留学生从当地视角更好地检视关于国家的一系列问题。④《月刊》上还专门开辟有国内新闻专栏，以便对重要事件做及时的报道和分析，也为留美生与国内家人和朋友的通信提供了重要渠道。这个栏目不但使留学生获得信息，也让他们对国内的氛围和民情有所知晓。自 1914 年起，《月刊》的发行广告甚至在《申报》上

① "The Functions of the Monthly," *The Chinese Students' Monthly*, November 1908, p. 2.

② The Chinese Students' Christian Association in North America, *Christian China*, p. 274.

③ 例如自 1917 年起，由于北方水灾严重，全美中国学生联合会即昭告全美留学生，随后各大学进行积极募捐，学生踊跃响应号召。据时任联合会总会计的张伯苓报告，联合会于 1918 年 1 月共募得 1429.50 美元。由于赈灾活动的宣传与组织得力，至该年的 5 月，捐款额即增至 3844 美元，由纽约全部转交国内。"A Report On The Flood Relief Fund Campaign," *The Chinese Students' Monthly*, March 1918, pp. 285 – 286. 《留美学界要闻：认募水灾之踊跃》，《留美学生季报》第 5 卷第 2 期，1918 年，第 169 页。

④ "Recent Literature On China," *The Chinese Students' Monthly*, March 1918, pp. 289 – 292.

得到刊登，被称为"欲研究留美学界情形及有志于英文者不可不读"，[1]
并在国内设有 15 个发行点。[2] 之后由于国共斗争延伸到美国，中国留美学
生组织在左右两派之间的对峙之后逐渐瓦解，同时由于联合会经费的紧绌，
使得《月刊》已无法"在夹缝中求生存"，联合会无奈做出停办的决定。

其次，《留美学生季报》创刊于 1911 年 7 月，初步定为年报的性质，
采用中文进行编纂，并将其定名为《留美学生年报》，后于 1914 年 3 月
更名为《留美学生季报》（下文简称《季报》）。顾名思义，《季报》为季
刊性质，一年之中共分为春、夏、秋和冬季四号。1924 年，《季报》曾
因经费问题一度停办。《季报》之所以中断创办，有的说是当事人不热
心，有的说经费上不充足，而在潘光旦看来经费一说尤占优势——在美
国创办长期刊物，第一要得到必要的广告费用，广告正是报刊的"生财
之道"，否则迟早不免歇业的。《季报》既然是用汉语出版，初版之际
"销畅又未必广，说是留学界的作物，而不得不在中国寻主顾；在中国印
刷而又不能不运回一部分在留学界及侨界散布"。如此复杂的出版流程，
必然需要大量的经费支持。但由于《季报》属于留美学生组织的自办刊
物，除了少量的广告收入之外，并无其余出版资助。由此来看，在美留
学生长期刊物的出版必然受制于经费的情况，然而进一步讨论，经费问
题不免是所谓的"好理由"，而非"真理由"。在潘光旦看来，真正的刊
物得以长期创办的主要力量必然是留美学界对于相关问题一致的讨论需
求，恰恰是留美学界对于相互交流的重要性认识不足（"全然不认为有意
见交换的必要"），才造成了《季报》的停办，否则无论是刊物编辑的人
才如何缺乏，经费如何拮据，《季报》的出版也不会有问题。相比而言，
《月刊》没有经历停办的危机。一方面是由于《月刊》的经费充足；另
一方面是由于《月刊》是专用英文创办给外国人看的，不能因其各种原
因停办而不体面，故"放弃不得"，而《季报》是用中文创办的，也是

---

① 《〈留美学生月刊〉本馆经售》，《申报》1914 年 11 月 23 日，第 5 版。
② 史戴西·比勒：《中国留美学生史》，张艳译，三联书店，2010，第 219 页。

自己人看的，"停不停办也是中国社会常有之事，是自己人之事"，并不会引起体面问题。[①]

直到1926年春季，《季报》才得以复刊。《季报》总计出版了50期。根据联合会的设定，《季报》的创刊宗旨有三个方面：（1）介绍西方的学术和思想，负有灌输西方文化的责任；（2）讨论中国的种种问题，作为留美学生思想发声的出版物；（3）描写学生生活，一方面作为留学生的"兴奋剂"；另一方面作为未来留学生的"他山之石"。[②]就《季报》刊登的文作来看，大多涉及以下方面的内容：西方学说与社会生活的介绍、留学界对于国内运动的意见或主张、如何采纳西方文化所应秉承的标准问题、留学生运动的方策问题、留学界自身生活的描写。作为留美学生界最具影响的定期出版物，这份刊物有两大重要功能：一方面在于使留学界同仁得以互通声气；另一方面又能按期将各地生活及留学生生活的印象择要刊登，大可供留美学生彼此参考。

再次，《留美学生月刊》和《留美学生季报》作为联合会定期出版的会刊，其功能在于将联合会会员的意见及看法进行刊登。与此同时，留美中国学生联合会还创办了一份名为《留美学生通讯录》的刊物。留美学生虽然通过联合会得以相互沟通，但是客观上却又分散在美国各地，为了便于联合会会员之间书信来往、会面交流等联系，联合会自1911年开始编纂《留美学生通讯录》。在每一期的《留美学生通讯录》中，主要成列留美学生联合会会史、每一届联合会职员、联合会分会以及联合会附属出版物主编，同时还分条详尽罗列当年在美留学生信息，包括名字、籍贯及出生地、在美留学院校、到美时间、所修习课程及专业、接受资助的奖学金类型（例如清华资金资助、省政府资助、洛克菲勒资金资助，或其他奖学金资助）以及最新的个人在美通信地址。在1918年之前，《留美学生通讯录》的编辑与出版是由全美中国留学生联合会总会负责，

① 潘光旦：《今后之季报与留美学生》，《留美学生季报》第11卷第1期，1926年，第1~2页。
② 留美学生联合会编辑部：《卷头语》，《留美学生季报》第3卷第1期，1916年，第1~3页。

· 061 ·

但随着赴美的中国学生数量日益增加，编写以及收集留学生个人信息的任务量明显加大。在经历了1919年的停刊之后，这份年度刊物的编写任务随之也下移到了各分会。具体的编辑出刊程序是：在当年度联合会总会的秘书长选举结果落定之后，再由所选举的这位秘书长将编辑任务下移到中部、西部、东部这三个联合会分会，待这三个分会将所属会员的个人信息收集完毕，再转交至总会整合成册，由总会整理、编辑、印刷，之后再分发给各分会会员。① 为了对联合会所创办的这三份刊物更为详细地说明，表1-1将这三份刊物做相关情况的详细陈列。

表1-1 留美中国学生联合会创办刊物一览（1904~1922）

创办时间	刊物名称	刊物情况
1904	The Dragon Student	留美中国学生联合会创办的第一份中文刊物，该年度出版第一册，中文期刊
1905	The Dragon Student	该年度出版第二册，中英双语同时出版
1907	The Chinese Students' Monthly	出版的第一份留学生英文刊物
1911	Chinese Students' Directory	东美学生联合会出版的第一份留学生通讯刊物
1912	Chinese Students' Directory of 1912	全美学生联合会出版
1913	Chinese Students' Directory of 1913	全美学生联合会出版
1914	The Chinese Students' Quarterly; Chinese Students' Directory of 1914	全美学生联合会出版
1915	Chinese Students' Directory of 1915	全美学生联合会出版
1916	Chinese Students' Directory of 1916	全美学生联合会出版
1918	Chinese Students' Directory of 1918	全美学生联合会出版
1921	Who's Who of the Chinese Students in America; The Alliance Pamphlet; A Special Handbook for the Use of Officers	
1922	The China Advocate; The Ming Doo; The Chinese Daily	

注：*The Dragon Student* 中文名为《龙子学子》，作为最早的留美学生刊物，是康奈尔大学中国留学生创办的。蔡正：《留美中国学生出版物之进步》，《留美学生季报》第6卷第1期，1919年，第25~26页。

资料来源：Chinese Students' Alliance, *The Handbook of the Chinese Students in the U. S. A.*. Chicago: Chinese Students' Alliance Compiled and Published, 1922, p. 23.

---

① "The Chinese Students' Directory," *The Chinese Students' Monthly*, March 1918, pp. 247 – 248.

第四节　联合会的发展与嬗变

相互砥砺：与其他团体的合作

成立初期，留美中国学生联合会作为留学生的组织是以学术研究为中心的。之后鉴于欧美诸国"莫不造端于学会，故其学会之繁多，创办各种学科学会，凡能自成一家者，无不有学会焉，聚聪明才智之士于一堂，集思广益于其收效之宏"，[①] 因此联合会逐渐意识到创办一些专门的学会有助于"制造专而精的学术、养成有志而深造之人才、促进民智之发"。[②] 在此情况下，学会自然成为人才养成所、专深学术的制造场、学校之优良导师、促进民智之团体。对于联合会来说，由于留美学生在美所习各有学科，为了进一步使会务活动开展得既有针对性又偏向于各自学科层面讨论的可能，自然需要建设一个"分科学会"组织，以供不同学科的留学生进行交流。

意识到这一点之后，联合会即采取联合其他团体的方式开展相关事务，纷纷组织各校的同学会、各省同乡会、各科同门会，如教育学会、工程学会、银行学会、政治学会、文学学会、经济学会、工业学会、铁路学会、农学会、化学学会等。[③] 1917 年，宋子文担任《留美学生季报》编辑的时候，曾向联合会总会提议："于会中组织一工科学实习部。"[④] 这一提议胡适也赞成。胡适与宋子文同为《留美学生季报》的编辑，也认为一个学会存在的价值除了扩展学员之间的"私谊"，又能够使学员尽可能地"随心所欲"，发展自身独有的能力，并鼓励价值取向的多元及专业化。就这些分科学会建设的宗旨而言，一方面在于砥砺留学同人之间相

---

① 张贻志：《创立国家学会刍议》，《留美学生季报》第 2 卷第 1 期，1915 年，第 25～26 页。
② 张贻志：《创立国家学会刍议》，《留美学生季报》第 2 卷第 1 期，1915 年，第 26～30 页。
③ 常道直：《留学杂评》，《醒狮》第 70 期，1926 年，第 5 页。
④ 《公牍》，《教育公报》第 9 期，1915 年，第 55 页。

互研究学问；另一方面在于联络国内外同样学科的机关会社或者将各方联络合二为一，以留学同人研究讨论之所得供国内同志之参考，以为改善之资。

另外，留美中国学生联合会还与其他联合会相互合作。抗战期间，留学生虽然身居海外，但是他们的命运却始终与祖国时刻相连。在强烈的爱国情感驱使下，留学生"除了在学习上埋头苦干以外，还为祖国向外宣传、募捐"，[①]"本会组织及发达情况与各留欧学会积极联络也"。[②]群体之间相互联系的这一意愿不仅仅是留美学生主观上表达出的意愿，留法学生也对留美学生寄予强烈的期望："纵观寰宇内外，能主持公议者，或惟有北美之一国耳，且与我国邦交素厚，当此危机存亡之秋，或不惜少为援手，留美生或奔走呼号，此诸君子匹夫之责。"[③]基于这一点，留法同人还对联合会明确提出在留美学生"诸君子或奔走呼号以伸公论"的过程中，应杜绝"只知权力不知义务；不求行其心之所安，而唯求于外观之美，求而不得而怨天尤人知念生"的流弊。[④]

除了与留欧的中国学生、学会联系外，联合会甚至在1937年联络国内的中国学生救国联合会。联合会宣称在这样的国难危急状况之下，留美学生愿意与国内各大救国会风雨同舟："我们和你们一样，也是学生的组织，我们也是在向剥夺我们一切人类应有的基本与合理的权利的敌人们竞争，我们觉得在这国家中压迫着我们的也正就是压迫着你们的同类。为此我们对于你们感到一种深切的兄弟感情，我们所有在学校里的同学都已熟悉地知道你们所遭受到的恐怖，和你们要求公民权利的争斗。我们希望在最近的将来，我们两个学生组织能够建筑起更密切的合作关系来。"[⑤]

1935年8月，留美中国学生联合会举行年会，发表抗日救国宣言；

① 孙守全：《留美学生动态》，《大公报》1941年2月6日。
② 贺楙庆：《中国学会留美支会报告》，《留美学生年报》第1卷第2期，1913年，第2~4页。
③ 留法同人：《致留美同学》，《留美学生季报》第2卷第1期，1915年，第85~86页。
④ 梅光迪：《民权主义之流弊论》，《留美学生季报》第1卷第3期，1914年，第45~49页。
⑤ 约瑟夫·兰西：《美国学生联合会来信》，《学生呼声》第1卷第2号，1936年，第35页。

之后的一年，1936 年 1 月，费城中国学生会、纽约学生抗日会、北美中国学生会等分别致电声援"一二·九"运动；同月 5 日，芝加哥中国留学生及华侨联合举行抗日救国示威游行；同月 19 日，留美学生和华侨会成立"纽约全侨抗日救国会"，① 该会发表了一份《告世界人民宣言书》，称："本会为表明中国人民对日本帝国主义者不断侵略中国之严正立场，并唤起世界各国人民之同情期间，发表一告世界各国人民英文宣言，除了由本会直接分发之外，并刊登于留美学生月刊之上，以扩大声明宣传范围。"② 这些组织纷纷指出："呜呼！国仇不忘，今日之中国，如患贫血症之人，奄奄一息，知觉毫无，倘若欲起死回生，惟有施以强心针，以引起其抵抗之力，而强心针非抗日而无疑，惟抗日这一出路，才能得以还已死之国魂，只是我们当一致团结提来，希望能发生若干力量，去救济这残破不堪的国事。"③ 在这样的背景下，1937 年 9 月 1 日在芝加哥举行第二次世界青年大会讨论了抗日战争中留美学生的责任，誓为祖国效力。④ 这个会议就抗战以来中国青年进行的种种救国工作做了汇报，控诉日军侵华暴行，激起了来自世界各国青年的义愤。大会最后签订了一项和平协议。该协议为中国留学生戴葆鎏草拟，声称："吾人赞同当环境需要而应施加压力时，须请我国当局采取必要之一致行动，以防止及中止侵略及予因外国人侵被破坏而受难者与被侵略以有效之援助，同时拒绝参加任何之侵略行动，如接济军用品或财政之协助。"⑤ 这份协约的抗日色彩如此鲜明，以至于美国青年协会的主席凯敦承认："此次会议，似专为中国开者。"⑥

---

① 李喜所、刘集林：《近代中国的留美教育》，天津古籍出版社，2000，第 145 页。

② 《纽约分会抗日救国委员会发表一告世界各国人民宣言》，《留美学生季报》第 14 卷第 2 期，1936 年，第 6 页。

③ 简侠魂：《抗日为吾国人之唯一出路》，《留美学生月刊》第 1 卷第 2 期，1936 年，第 28 页。

④ 《留美中国学生为祖国效驰驱》，《申报》1939 年 10 月 12 日，第 9 版。转引自王奇生《中国留学生的历史轨迹（1872～1949）》，湖北教育出版社，1992，第 388 页。

⑤ 李喜所主编《中国留学通史》，第 277 页。

⑥ 张伯谨：《我国出席第二次世界青年大会纪要》，《教育杂志》第 29 卷第 1 期，1939 年 1 月。

回顾以上的各类团体，虽然性质、成立时间、具体的会务活动都各不相同，但均与联合会建立了比较坚固的合作关系。之所以这些社团得以与联合会产生一种相互扶持、相互合作的坚固关系，很大程度上是因为具有相似的目标，即以开放包容的宗旨以团结各类学生群体发展世界和平事业、谋求国家的富强独立。二者相互合作组织而成的"共群体"也就因此成为一个群体之间的"合作共同体"。

分道扬镳：　联合会的解散

在留美中国学生联合会存在的 1909～1930 年这段时间，由于会务活动开展得规模较大、也甚为频繁，加之组织较得当，有一段时间各学员参与会务活动的热情曾一度高涨。同时，留美学生风气多较为自由，出版方面也颇呈蓬勃之气。但后来部分学生的参与热情逐渐减退。[1] 在联合会成立的早期，学会的成员一同经历了外敌侵略的愤慨之情，内部的凝聚力也因而前所未有的强烈。但是随着与在美留学生相关的各类学会的相继成立，联合会的发展空间也逐渐变得越来越狭小。加之成员人数的增长乏力、核心成员的逐一归国、成员之间的凝聚力逐渐减小，联合会在留美学生群体中的地位不免变得尴尬，从而失去了自身学会本应具有的活力。由于各个团体具有不同的性质以及持有不同的团体理念，于是联合会之前所秉承的"共同的理念"也随之被代替，之后学生社团的大致气象免不了弥漫着一种"散漫的气息"。[2]

---

① 美国学者叶维丽指出，由于一系列客观及主观的因素，留美中国学生在政治上从最初国家改革的"想象参与者"（imagined participants）逐渐转变成为政治上的"冷眼旁观者"（disheartened speculators），反映出了留美学生这一特殊群体自我边缘化的过程。Weli Ye, *Seeking modernity in China's name: Chinese students in the United States, 1900 - 1927*, pp. 43 - 44.

② 孟治在 1945 年回到美国，观察到各地留美同学的团体生活已经复苏，这是最令人感到快慰的事情。孟治指出，在珍珠港事变发生之后的十多年间，中国的留美学生只晓得埋头苦读，对于一切的团体生活与合作事业都袖手旁观，以至于学生的组织发生了停顿的现象，那真可以说是留美学生团结的一个黑暗时期。但是到了 1945 年之后，各地留美同学组织的单位已经超过了 40 个。孟治：《新年对于留美学界的前望》，《学建通讯》第 22 期，1945 年，第 1～2 页。

　　基于联合会所出现的这种凝聚力日渐减弱的现象，有留学生对联合会的权威提出了严厉质疑，认为在众多留学生团体中，留美学生联合会是最不具效力的组织。"留美学生团体在美国留学界学生之间，甚至是与国内较少能提供少通声气的机会，中间好像有层薄膜，于是留美学生不若法、德两国者之奕奕有生气。"①

　　联合会凝聚力的日渐减弱，或许主要是两方面原因造成的。一方面由于留学生所属院校的地域限制，散居于美国各大学，所学专业也不尽相同，如在哥伦比亚大学学文科、商科的较多，哈佛大学的留学生主要学习文科、法律科，在耶鲁大学学习的留学生主要学习林业科目，在密歇根大学学习的留学生以学习工程科为主，而在路易斯安那大学的留学生主要学习制糖业，因此，留美学生要达成全体一致的意见，是难上加难的。虽然联合会各分部每一年度都举行年会，但各学会会员"也只是各人走各人的路，中间是不相联络的"。② 另外一方面原因是美国的相关政策对中国留学生的影响。由于在美大部分留美生有经济的压力，加之美国移民当局的各种限制政策，留美学界受着移民当局的逼迫，所以留美生只有竭尽"十二分的精力以期望迅速完成学校的课业学习以尽快离开这个'排斥华人的联邦帝国'，并回到故乡去，因此学生会的团体生活与团体工作自然也就无暇顾及了"。③

　　即使留美学生年会是一个可以供全体留学生会员相互了解的重要契机，但是对联合会有着某种显而易见的分裂作用。由于年会中有选举竞争之安排，留学生坚持各自的"大学精神"而穿校服、打校旗、喊校训、唱校歌，与会代表甚至吹嘘各自的学校，难免瞧不起其他学校的联合会会员，且联合会各部之间常争权夺势。④ 另外，由于留美学生召开年会的时间限制，一旦有比较重要的事件发生，倘若征求了他们的意见，他们

---

①　受培：《留美学生与华盛顿会议》，《学生杂志》，第9卷第1号，1922年，第68～70页。

②　蒋廷黻：《知识阶级与政治》，《独立评论》第51号，1933年5月21日，第15～19页。

③　任鸿隽：《留美学界的几个问题》，《观察》第2卷第11期，1947年，第6～7页。

④　"College Spirit and the Conference," *The Chinese Students' Monthly*, Nov. 1916, pp. 11～13.

并无精力顾及，也总免不掉党同伐异，绝难得到一致的主张，美国倾向与中国倾向的同学，主义不相同，自然是不相为谋。

其实，早在联合会创办《留美学生季报》的时候，由于全体职员散居全美各处，"凡有讨论商酌诸事，只得以函件相通，觉有呼应不灵之病，办事效率极低，分工合作效率之低，且各方屡有意见冲突"。① 1918 年，一名留美学生更是在《留美学生月刊》上发表了一篇对该年东美中国留学生年会不满的讽刺文章，讽刺在年会中使用语言的不恰当。他认为使用中文比以前所有会议的总和还要多，这名留美学生揶揄道："我们的大会发言用的是中文，演讲和非正式发言使用的也是中文，杂技及戏剧也使用中文，笑话也是用中文，留学生们欢呼呐喊也是使用中文，我不得不说我们跳舞也是使用中文。"② 这种破碎、分裂的情况延续了很长时间，之后由于国共斗争延伸到美国，最终无奈于 1940 年代停止活动。

---

① 侯德榜：《民国七年留美中国学生季报干事部报告》，《留美学生季报》第 6 卷第 3 期，1919 年，第 153～158 页。

② Y. R. Chao, "My Impression of the Eastern Conference," *The Chinese Students' Monthly*, Dec. 1918, p. 144.

第二章

"帝制"或"共和"：
民族意识与自由主义的想象

今若国体改为君主立宪制，则不过牺牲一时之不宁，而国家之长治久安或可望也。
——《留美学生联合会上大总统政事堂立法院及各团体书》①

对于中国的知识分子来说，他们的人生终极关怀长久以来都是来自于人和社会，这大概也是近代中国文化，甚至是现今的中国文化的最基本特征。这恰恰是这一留学生群体所承担的最本质的角色，加之民族主义从诞生之初即有"国家建构"（nation-building）的派生形式，于是这群留学生承担起这份对于国家、对于民族艰巨的使命，使得他们对于国家国体的设定都具有一种其他社会阶层人士所不具备的"期待感"。当然，留学生身上的这种对国家国体的理想设定由于遵循了不同的理念，

---

① 《留美学生季报》第 3 卷第 1 期，1916 年。

因此也呈现不同的路径，或是出于民族保守意识，或是出于美国自由民主意识的影响，对中国应采用的国体有不同的构想。对他们而言，对国体的一系列期待一开始就是模糊的。他们或是秉承对共和国体的期待之情，或是依然留恋传统的帝制模式，他们对国体所构想出的假设也在现实冲击中不断调试，逐渐变得清晰。

第一节　拥护帝制的保守派：对革命的
"渐进式反应"

留美学生联合会创建于国内政局激烈变迁的时期，出于对国家的责任，国内政治潮流的风起云涌与每一次变革始终是留美生联合会关注的重点。由于联合会人员构成的多元性，不同的留学生对于政治变动有着不同的理解，对政治潮流变迁的态度自然也呈现多重的面向。但是大致而言，留美学生联合会或者说彼时大部分的中国留美学生在政治上是普遍持保守态度的。这体现在留美学生联合会对于帝制的留恋之情，以及对共和复杂甚至是抵触的态度。早期，当清政府开展新政之时，留美学生联合会在 1905 年发表了《论中国维新者何为急?》一文，作者在文中劝告国内政府需要警惕毫无意义的政治更替。该篇文章的作者认为，一切的政治更替均不具有实质效用。他指出："维新徒有维新之名，终无维新之实，今日我国上不知百姓之可恤，下亦不知国家之可爱，其故皆由于民之不知自争，故次年国中微有变动之气象，然而莫知其要，是以外似更张却毫无实益。"[①] 这篇文章体现了留美学生联合会成员普遍反对革新的态度，在很大程度上也代表了当时大部分留美学生的态度。1908 年 11 月，光绪帝与慈禧去世，联合会下属的哈佛大学和麻省理工学院的中国留学生更是设立了灵堂进行祭拜。这部分联合会的成员还同时发表联合声明："皇上、皇太后在'立下了不世的功业'之后'离世升天'，两校的留学生向全国人民致哀，全中国人都因

①　朱铨：《论中国维新者何为急?》，《西美留学报告》，1905，第 7～8 页。

皇恩而得享太平盛世，会永志皇恩而不忘。"① 这份声明被联合会以极大的版面刊登在《留美学生月刊》上，还配了插图。即使是辛亥之后，联合会对于固有国体的这种留恋之情似乎毫无变化。当袁世凯就任总统之后，留美学界对他的称颂与欢呼一时间成为普遍的现象，② 联合会学生立即呼吁全体学生应该支持代表"传统与帝制"的袁世凯。联合会在出版的 1905 年度《西美留学报告》中提到袁世凯时，都统一冠上了"Our Excellency"之类的字眼，用以体现出留学生对于袁世凯独特的尊重。

1914 年，毕业于耶鲁大学和普林斯顿大学、在 1914～1915 年度担任全美中国学生联合会会长的唐悦良，在绮色佳举办的东美中国学生联合会年会进行了一次慷慨激昂的英文演讲。他演讲题目是《前进过了头》（Over Progressiveness），其主旨在于批判孙中山以及当时试图牵制袁世凯的各类政党。在演说中，唐悦良指出："这些政党都只顾着自己的利益，沽名钓誉，执意煽动革命与中央政府作对，罔顾国家的利益，我们有责任和义务支持袁大总统。"这次演讲所陈述的观点得到了几乎在场所有联合会学生的赞同，甚至还获得了该年度英文演讲比赛的冠军。③ 在那次比赛中，另一位联合会学生李美步（Mabel Lee）也针对国内形势进行了演讲，题目是《中国式的爱国主义》（Chinese Patriotism）。她以袁世凯为表率的中国爱国主义为主题进行讨论，认为："袁世凯正是出于国家安全的考虑，恪守建国的原则，倘若袁世凯继续当国，恰恰证明了袁世凯的爱国心，他无疑是当代中国的华盛顿。"④ 宋子文在会后报道里说："不得不承认，李美步的演说，人人争颂，与会代表在听了她的演说之后，每个人都被李美步化了（Mabelized）。"⑤ 杨铨也评论道："李女士之文辞姿

---

① "News from Harvard," *The Chinese Students' Monthly*, January 1909, p. 161.

② 林伟：《彼岸的想象：留美中国学生的国家认同，1901～1919》，博士学位论文，北京师范大学，2012，第 103 页。

③ Yoeh Liang Tong, "Over Progressiveness," *The Chinese Students' Monthly*, November 1913, pp. 46－49.

④ Mabel Lee, "Chinese Patriotism", *Chinese Students' Monthly*, Oct. 1914, pp. 23－26.

⑤ T. V. Soong, "Eastern Conference at Amherst, Mass.," *The Chinese Students' Monthly*, Oct. 1914, p. 32.

势，无不中节感人，为近年学生会中不可多得之演说家也。"① 面对汹涌澎湃的革命浪潮，为了表达联合会对袁世凯依然无改的支持热情，哥伦比亚大学中国学生会甚至致电袁世凯，要求他继续当国。② 一年之后，联合会更是在韦斯利安大学（Wesleyan University）召开的年会邀请了当时驻美公使夏偕复。夏偕复在大会发言中一再强调全体留学生应该对袁世凯抱持特殊的尊敬之情："在我启程赴美之前，大总统袁世凯特别督促我对留美学生特别关照，并对美国退还庚子款项表示深切感谢。这意味着在袁大总统的支持之下，能够资助更多的中国学生赴美留学。"③ 究留学生对于袁世凯当政暧昧态度的原因，很大一部分是"袁世凯当政的一系列事件的变动自然会引起许多同学产生忧虑之情，因为很大一部分留学生所关心的还不止担心政治的变动可能引发国内新政事业的倒退，这部分留学生很显然更担心的是他们自己的个人前途"。④

时至 1916 学年度的 1 月，《留美学生季报》刊登《留美学生联合会上大总统政事堂立法院及各团体书》，强调国体变更的利害所在，并表达联合会拥护帝制的决心："近日谨诵大总统之申令，大总统既已手平大难，统一疆宇，揆文奋武，振衰起癈，以大有为之才，居可有为之任，斯真我苍生之福，国家富强之望。因今日国体之问题，日益加急，国内函电交驰，海外侨民疑惧，今日若果改国体，则于内政、外交固有害而无一利、有失而无一得者也。盖国体一成而不可轻变者也。若能安然扩张中央之权利，则易为功至于樊然淆乱，虽损失政府之威信，却易得民心。今若国体改为君主立宪制，则不过牺牲一时之不宁，而国家之长治久安或可望也。"⑤

---

① 杨铨：《东美中国学生会十龄纪念夏会记事》，《留美学生季报》第 1 卷第 4 期，1914 年，第 72 页。

② "Japanese Demands Arouse Indignation," *The Chinese Students' Monthly*, March 1915, p. 400.

③ "Address Chinese Students: Minister and Admiral Point Out Opportunities Here," *The New York Times*, Sep. 1, 1915, p. 16.

④ "Editorial," *The Chinese Students' Monthly*, Feb. 1909, p. 212.

⑤ 《留美学生联合会上大总统政事堂立法院及各团体书》，《留美学生季报》第 3 卷第 1 期，1916 年，第 165～170 页。

其实早在 1912 年春季，美国《瞭望》周刊就针对中国爆发的轰轰烈烈的辛亥革命发表了一篇名为《中国需要同情》（China Needs Sympathy）的社论。该文作者认为尽管中国做出了多种尝试，但是该阶段的中国政府仍然不具备能力建立一个共和式的国家，中国这种未能建立共和体制的"令人悲观"及"令人同情"的现状，究其原因大致有两方面。一方面是由于政府缺乏统摄力，这是由于国内纷乱的政治环境；另一方面是由于中国国民并不具备起码的宪政精神，因此中国革命最重要的并非只是"革这个或某个的命"，而是应该尝试着努力摆脱原先政府的旧模式。中国的首要问题也并不是建立共和，而是怎么样处理原先的"帝制"等相关的问题。① 与这一观点不谋而合的还有 1912 年出版的一本关于中国革命的专著，作者是美国学者保尔·S. 莱茵斯（Paul S. Reinsch）。他专门比较了日本、印度、中国这三个国家的民族革命特征，一针见血地指出中国辛亥革命当中首要考虑的是国民轰轰烈烈的国家主义热情与帝制的延续究竟能共存多久。他告诫留美中国学生中国的改革是一条漫漫长路，在没有处理好"帝制"问题之前，中国千万不要轻易走向共和，因为中国民众的意识大部分都非常简单，很可能被少部分民族主义运动的领导者鼓动，于是这场革命就极容易演变成为充满疯狂及仇恨的狂暴运动，一旦这场运动失控，整个世界将会经历一场"地震"或是"台风"。② 针对遥远的东方即将到来的轰轰烈烈的革命运动，《瞭望》刊登了一则对革命的评论，并配了相应的插画（图 2 - 1），用以警告中国国民对革命运动的过度热情。该评论严肃地指出这种国家政权对于运动和革命的欢呼与热情，无疑是极其容易使整个世界陷入革命带来的暴乱。但是作者笔锋一转，认为即使充满了变数及风险，但革命对于中国这样无比特殊的国家而言也是契机。

---

① "China Needs Sympathy," *The Outlook*, April 6, 1912, p. 766.

② Paul S. Reinsch, *Intellectual and Political Currents in the Far East.* Boston：Houghton Mifflin Company, 1912；"The New Books," *The Outlook*, May 9, 1912, pp. 557 - 558.

**图 2 - 1　在革命运动力的推动之下，中国的
国家政权足以撬动整个世界**

资料来源："Official Responsibility," *The Outlook*, Oct. 28, 1911, p. 460.

其实在面对这一问题时，联合会很早就亮出了自身的态度。《留美学生月刊》主编曹云祥对袁世凯的建国方案就表达了一种颇为赞赏的态度。曹氏在 1912 年 1 月《留美学生月刊》的社论中写道，他认为建国宜采用传统的帝制模式。他宣称中国的问题已经不再是保皇派或者是革命派，而是宪政和共和二者之间的选择，眼前最为关键的是谁能够确保中国的安全、和平和繁荣，而这个人无疑是袁世凯，他在中国的地位相当于意大利的建国英雄——加富尔。① 甚至在 1915 年 12 月的西美留美学生联合会投票中，2043 票中有高达 1993 票支持袁世凯对于国体改变为君主政体的计划。②

纵观曹云祥的立场，可谓十分具有代表性。因为这篇社论所表达的意见，在刊发时即得到了包括芝加哥大学、伊利诺伊大学、密歇根大学、麻省理工学院以及耶鲁大学中国同学会的支持，这些大学的学生会大都

---

① Y. S. Tao, "Editorials: Revolution and the Supreme Cause," *The Chinese Students' Monthly*, January 10, 1912, p. 204.

② "The Monarchy Problem," *The Chinese Students' Monthly*, Dec. 1915, p. 153.

对曹氏所提出的观点表示赞同，并表示支持袁世凯改变国体的决定。① 联合会甚至认为袁世凯与拿破仑有着众多的相同点，两者都有军事谋略、政治才能，都怀有称帝梦想，但可惜的是拿破仑三世改变国体以流血革命、生民涂炭结局收场，不过联合会笔锋一转，称我国情况不同，"相信我袁大总统定不负人民众望"。②

当然，联合会对于国体更张所秉持的保守态度，一方面体现在对于过去国体的某种"眷恋"，另一方面体现在对于改革的抗拒态度，这一点深刻地体现在其对辛亥革命的态度上。当辛亥革命初起，全美中国学生联合会的会长朱庭祺即刻在《留美学生月报》上发表相关文章，对即将到来的革命进行了猛烈的抨击。他采用了"叛变"（Revolt）、"起义"（Revolution）、"叛徒"（Rebels）、"革命分子"（Revolutions）等一系列的词汇，用以说明自己——而事实上几乎是彼时整个联合会对于辛亥革命的意见。③ 不难想象，这些意见大多是对革命持抗拒的态度。联合会的这种对国体变动呈现出的抗拒态度在此后延续了相当长的一段时间，直到辛亥革命胜利，联合会才开始逐渐有所松动并进而转为支持革命。1911 年 12 月 25 日，哥伦比亚大学中国同学会致电袁世凯，其主旨是敦请袁世凯支持革命。在这份电报结尾，联合会表示："国家的安危系于尊驾的决定，中国或将有其中国的华盛顿，愿尊驾垂思之，望支持革命。"④ 基于此，联合会敦促袁世凯支持革命的首要条件是望国家抛弃党派之争。1914 年《留美学生月刊》上刊登一篇名为《爱国主义胜

① 江勇振：《璞玉成璧舍我其谁：胡适 1891 ~ 1917》，第 388 页。

② 《留美学生联合会上大总统政事堂立法院及各团体书》，《留美学生季报》第 3 卷第 1 期，1916 年，第 165 ~ 170 页。

③ T. C. Chu, "Current News from China: Revolution in Wuchang," *The Chinese Students' Monthly*, November 1911, pp. 16 - 17. 类似的还有袁世凯在 1915 年 11 月 22 日在美国 *The Independent* 上发表长文，认为："吾国共和并未失败，我是中国的总统，也是共和国的总统。我无意破坏共和，我个人信仰儒家，但儒家大多没有教人具有一种忠诚的意识，只能够培育谦卑的人士，况且当今在国内对回归帝制有较高的呼声，于是我们对国家做出了相应调整。"Yuan Shih-Kai, "The Chinese Republic Will Stand," *The Independent*, Nov. 22, 1918, pp. 303 - 305.

④ "Club News: Columbia," *The Chinese Students' Monthly*, January 10, 1912, pp. 305 - 309.

过党派主义》的文章，认为"在一个民主的国家中，党派之间的竞争是必然也是必须的，但当国家面临危难时，即需一致对外而不应再分你党与我党"。① 留美学生联合会甚至致信黄兴，请求"抛党派差别与纷争，应助力袁总统以谋外交之顺利"。② 在美留学的叶恭绰1919年12月在哥伦比亚大学中国学生会发表了一场精彩的演说。针对当时国内的严峻形势，他认为现今中国南北议和已经进入关键阶段，议和的走向也是人心所向，议和的结果必定对国家命运产生积极的作用。然而更为关键的问题则是如何在议和之后止塞乱源，如何在议和之后继续巩固民国政治、经济建设的基础，如何进一步巩固民国的存立并在世界范围内将国家的建设发展起来，等等。这一系列的问题不仅仅关系到国家的命运，更是关系到全国四万万国民的重要问题，因此，国民一定要抱持某种信念，施行全新的建国理念。③

在某种程度上，联合会的这部分成员属于近代共和革命的"局外人"。当清政府依然存在的时候，联合会拥护清政府，警惕孙中山与他的革命党；当辛亥革命爆发之后，大部分留美学生联合会代表才逐渐转向支持共和；当南北对峙之局势逐渐形成，这部分人又立刻支持袁世凯；待袁世凯筹划帝制的时候，这部分留学生又转而支持帝制的复辟。④ 这种守旧且又不得不顺势而为的态度表明了联合会大部分的成员对于原有国体的留恋，以及对新兴政体的拒斥。即使在革命成功后出现过短暂的拥护，却又随即滑向了"支持帝制"一端，这更是表明了联合会在精神深处对于"共和国体"的抗拒。这一部分联合会成员对于国体更张的态度不难理解。近代以来，几乎所有的中国人都或多或少是民族主义者，如果按照历史的惯性发展下去并实行原有的民族主义，那么中国

---

① "Patriotism Overcomes Partisanship," *The Chinese Students' Monthly*, Dec. 1914, pp. 330 – 331.

② "Alliance President's Report For February and March," *The Chinese Students' Monthly*, Mar. 1915, pp. 457 – 458.

③ 《前交通部次长叶玉甫先生在美国哥伦比亚大学中国学生会演说词》，《留美学生季报》第6卷第2期，1919年，第1~6页。

④ 江勇振：《璞玉成璧舍我其谁：胡适1891~1917》，第388页。

人，尤其是以留学生为代表的中国人一定是有好处的。这种好处是源于保守思想所带来的便利，或者更确切的说是保守思想能够避免某种"不确定性"的风险。采用这样一种基于民族保守情结来对国体想象与构建，一方面避免了朝政更迭的风险，另一方面又能够让自己基于旧式政府幻灭之后所产生的愧疚心灵得到一丝微弱的弥补。这或许可以在一定程度上理解留美学生联合会对于国体更迭的主流态度。

第二节　主张共和的改革派：自由主义的归宿

尽管留美学生联合会存在较强的保守势力，但是联合会的创立一开始就作为学生群体的"公共领域"。这种"公共领域"从成立之初就必然具备一种强调公众意见和公众舆论的特质，因此联合会针对国体的变革，自然也存在不同的声音。实际上，这一派的联合会留学生认为共和国体与专制国体理应是一种平等竞争的关系，所谓的"因乎时世，各就其宜而用之"。[①] 尤其是在当时全球政潮风云急剧变化的背景下，共和国体无疑是最符合当时形势的。就在曹云祥发表那篇社论以及哥伦比亚大学中国同学会对袁世凯的致电时，关于帝制与共和的讨论在留学生群体中引发了不小的争论。尽管联合会的大部分留学生认为中国仍然需要坚持传统的国体模式，但是仍然有少部分的学生指出新的中国必须采用一种美国式自由、民主的建国方式，才能实现富强，他们对帝制的反感态度也屡现报端。[②] 1911 年，《纽约时报》刊登了一篇《年轻的中国学生对

---

① 罗志田：《昨天的与世界的：从文化到人物》，北京大学出版社，2007，第 213 页。

② H. C. Tung, "National Salvation," *The Chinese Students' Monthly*, Jan. 1920, pp. 38 – 42; J. S. Tow, "Chinese Plays Seen Through Chinese Eyes," *The Chinese Students' Monthly*, Jan. 1920, pp. 42 – 44; M. H. Chou, "Message From The President of The Alliance-To the Fellow Member of the Chinese Students' Alliance in the United States of America," *The Chinese Students Monthly*, Jan. 1920, pp. 51 – 57; B. L. Putman Weale, "The Fight For the Republic in China," *The Chinese Students Monthly*, Jan. 1920, pp. 74 – 75.

于年轻的中国之展望》的文章，文中一名哥伦比亚大学的中国学生认为：
"革命的兴起从表面上看，是由于民众对于政治的不满及清朝所实行的
'种族政策'所引起的，但倘若对其原因进行深入考察，中国当下社会的
经济因素及社会影响等方面的推动作用，才是这场革命的最终原因。"这
篇文章随后援引一名联合会留学生的话来陈述观点："我，作为一名在美
的中国留学生，有理由相信这场革命必将对国人有益，世界政治格局也
将因此进入一个新的阶段，年轻的中国即将走进和平，世界局势也将得
到稳定；年轻的中国将会主宰自身的命运，远东的一系列问题也终将解
决；年轻的中国即将惠及地球上的每一个邦国，全世界的经济也将由此
而受惠。当然，错误的、行将老去的帝制，势必无法做到这一切，因此
任何革命我们都理应欢迎，无论它的到来是早是迟。"① 所谓："共和者代
表政治之谓也，代表政治选贤与能以治其国。"② 于是，当云南独立的消
息传到彼岸时，一时间振奋了联合会中少部分拥护革命的学生的神经。
这部分留学生在《留美学生月刊》上特地以大字号刊登了一篇关于"云
南宣布独立"的文章，称："云南的独立运动，就像一剂强心针，起到了
极大的鼓舞作用。"③ 这篇文章阐明了联合会群体中仍然有一部分留学生
对于共和的拥护与对于帝制的唾弃态度。

无独有偶，哈佛大学校长埃利沃特也言道："中国恢复帝制，则我大
失所望，吾以为今则始知中国人亦有赞成是举者，可谓奇矣，我苟恢复
帝制者，则将势成孤立，外援尽失，信任全去，国体骤变朝三暮四，必

---

① "'YOUNG CHINA': Chinese Students in Columbia Tells its Aspiration," *The New York Times*, November 4, 1911. 1915 年 12 月的《留美学生月刊》开辟了一个专版，供留学生讨论相关问题，例如 "Public Opinion in China"、"President Yuan And The Revolutionists"、"The Open Door Policy"、"Our Other Duty"、"The Republican Revolt"、"Speak For Yourself"、"The End of The Monarchy"、"The Yunan Punitive Expedition"、"The Future of Canals As a Means of Transportation in China" 等文章纷纷见诸报端。*The Chinese Students' Monthly*, December 1915, pp. 379 – 383, 417 – 419.

② 任鸿隽：《共和国民必要之心理》，《留美学生季报》第 1 卷第 1 期，1914 年，第 10 页。

③ "Home News-Yunnan's Independence," *The Chinese Students' Monthly*, December 1915, p. 303.

将受到多方刁难, 四万万国民之生死存亡, 四千年文化之消长绝续, 其判决亦悉在今日, 若我英武之元首, 以有为之机而可为之, 可采大局考虑, 实幸甚也。倘若这些'大总统'能开诚布公、功成身退, 则必将成为'以位让贤、万民讴歌的尧舜之官'。"① 这一派基于美国进步观念所提出的对于国家、国体的想象, 不单局限在以留学生刊文的方式呈现, 还以话剧、舞台表演的形式来表达自己的意见。留美中国学生联合会哥伦比亚戏剧社团 1912 年 5 月 17 日在 Waldorf-Astoria 戏剧表演厅, 上演了一场名为"中国: 从帝制走向共和"(China, From Monarchy to Republic) 的话剧。该剧呈现了最后一个帝王——溥仪的生活, 将溥仪刻画成了一个只懂得骑马 (Only Plays Horse) 的少年, 由于国家失去了一个有力的领导者, 帝国走向分崩离析的命运也就不难理解了 (Trills Also in Trage-dy), 面对这样的情况, 国家势必走向共和, 即使是袁世凯也无法抗拒这股潮流。戏中将袁世凯刻画成为一个虚伪的 (Feigned) 统治者, 佯装疾病准备逃离朝廷。② 这出戏与萨义德所称的某些当代知识分子的特质不谋而合, 在于唤醒全美的留学生警惕那些不再具有改革的愿景, 从而沦为"制造同意的合谋者", 警惕这部分学生不要轻易就滑向盖尔纳 (Ernest Gellner) 所谓的"夸张式的琐碎"(Conspicuous Triviality) 的深渊。③ 革命取得胜利后, 这一派留美生的兴奋之情绪更是到达沸点, 美东各大学之中国学生会亦集会庆祝革命的胜利, 参加者有耶鲁、普林斯顿、康奈尔、哈佛、哥伦比亚、威尔斯顿、安都佛及麻省理工等校中国学生一百数十人, 且有美国人士参加。④ 1913 年在伊利诺伊大学召开的第四届中美留学生联合会会议中, 决定将该年度联合会年会的宣传册换上了革命党

① 《留美学生联合会上大总统政事堂立法院及各团体书》, 《留美学生季报》第 3 卷第 1 期, 1916 年, 第 165 ~ 170 页。

② "Chinese Act Native Drama in English: Columbia Students Ably Portray 'China, From Monarchy to Republic' at the Waldorf," *The New York Times*, May17, 1912.

③ 保罗·约翰逊: 《所谓的知识分子》, 杨正润等译, 究竟出版社, 2002, 第 15 页。

④ 《辛亥东美中国学生会摄影》, 《东方杂志》第 8 卷第 12 期, 转引自林子勋《中国留学教育史 (1847 ~ 1975)》, 第 82 页。

使用的旗帜，后来这面旗帜飘扬在该年度夏季年会活动中。值得注意的是，这面旗帜与美国国旗交相呼应（图 2 - 2），寓意留美生对革命后的新式国家充满信心，也对新的国家与美国的交谊充满信心。

图 2 - 2　1913 年第 4 届中美留学生联合会会旗

资料来源：《留美学生大会》，《教育杂志》第 10 期，1913 年，第 87 页。

值得注意的是，就在曹云祥发表对于袁世凯称赞有加的文章之后，1912 年 1 月 17 日康奈尔大学的 23 名中国留学生即写了一封公开信，矛头直指曹云祥，指出《留美学生月刊》虽然是中国留学生在美国的唯一英文刊物，但居然会出现这种把袁世凯媲美为中国的加富尔的言论，认为袁世凯事实上是 "一个小人，更是一个奸臣，他背叛了已经驾崩的皇上，使戊戌变法失败，如果不是因为袁世凯，戊戌变法可能成功，至少也可能使世界上不会发生庚子拳乱，中国也不至于会承受那巨额赔款的屈辱"。这封公开信还鼓励在美留学的中国学生在刊物上揭发这个 "遏制了中国的进步与救赎" 的奸臣，有责任去 "粉碎外界对袁世凯的盲信与崇拜"，使中国能摆脱守旧的势力，走向共和建国。① 这封公开信的起草

---

①　"Notes and Comments：Yuan Shi Kai A Traitor," *The Chinese Students' Monthly*，February 10，1912，pp. 347 - 348.

人包括当时在康奈尔大学学习的胡适与赵元任。赵元任多年之后的回忆录提到这种对革命胜利的欢欣鼓舞之情，"当时中国最令人振奋的是1911年推翻帝制的革命"。① 为了更清楚地说明对这一问题的态度，或许也是为了争取到更多的支持，胡适还给在西北大学留学的梅光迪写信，阐明自己的政治意图。梅光迪在回信中称："今晨接手片，知足下对于'某报'（《留美学生月刊》——引者）与迪有同情，迪于前三日阅该报，即向此间同人声言，谓该主笔（曹云祥）太无耻、太无胆，全不足以代表留美全体意见，同人等多亦唾弃之，谓该主笔恐开除官费，故不得不作是乞怜之语。"② 面对这一问题，时留学于哥伦比亚大学的朱进也撰文表达了自己的观点。他认为国家在改弦更张时，"旧党之过全在持消极之观念而乏积极之精神，顾目前之义气而忘国家后日之祸福，国家的方针亟宜明定，力图开放活泼进取，宜取开放进取之主义"。③ 留美生张宏祥更是在《留美学生季报》上特意作一文，明确提出自己对于共和与帝制的迎拒态度。他认为："留学界革新思潮之责，当于新得上求进步，不可于旧失上起恋情——连年帝制复辟种种复旧之举，皆不于新得上求进步，而于旧失上起恋情有以致之。此不权量轻重之过也，吾国人恒喜举见闻所及外人，一二不仁不义之事，目为蛮夷通俗，一二而概全体之过也。"④

就以上各方观点来看，胡、梅、朱、张四人虽然与曹氏几乎属于同一时期的留美学生，但对于国家究竟该采取怎样的国体这一问题却有着截然不同的意见及看法。究其原因，或许主要在于曹云祥是上海圣约翰大学毕业留美的学生，刚从耶鲁大学毕业进哈佛商学院攻读硕士学位。这一特殊的学习经历自然与胡、梅以及当时很多非教会学校出身的留学生不同，二者对于同一问题的看法自然不同。但是更深层次的原因或许

---

① 赵元任：《从家乡到美国：赵元任早年回忆》，学林出版社，1997，第118页。

② 江勇振：《璞玉成璧舍我其谁：胡适1891~1917》，第390页。

③ 朱进：《论国家方针宜取开放进取之主义》，《留美学生季报》第1卷第4期，1914年，第57~63页。

④ 张宏祥：《留学界革新思潮之责》，《留美学生季报》第4卷第4期，1917年，第1~10页。

是曹氏所抱持的相对保守的民族主义观点与胡适当时所推崇的以西方自由主义准则为基调的思维模式产生了不小的抵触，于是造成了两派的分道扬镳。当然，胡适、梅光迪等留学生对于历史进程发展乃至是国体进一步变革所持的肯定态度，更是表现在 1939 年"双十节"的当天胡适发表的言论中。胡适在纽约世界展会"中国日"活动的演讲中纪念了辛亥革命 28 周年，充满深情地赞扬了辛亥革命的远大且深刻的意义："他是一种种族革命，更是一场政治革命，无疑对中国现代化进程产生了深远影响。最为重要的是，辛亥革命力主共和，这场深刻的革命也给予了知识阶层近二三十年来的自由，这正是中国知识和社会运动最为显著的特征。"①

尽管联合会当中的成员对国体的变更持有不同的态度，但随着袁世凯的去世，对国家共和的期待逐渐成为联合会的主流意见。这种主流意见与其说是对于"局势已逝"的依附，不如说是来自于联合会会员内心深处的对于自由与民主的信仰。例如 1916 年联合会在《留美学生月刊》6 月刊的头版刊登了袁世凯去世的消息，对这位大总统的评价采取了一种骑墙的态度："他是一位对国家充满希望的人，但也怀有自私的野心；他受尽世人的评说，但也陷入自我的盲目——正所谓伟人也有失败的时候。"② 几乎同时，《留美学生季报》也刊登了一篇关于袁氏去世、担忧时局的文章。"袁氏既败，余以其余孽未除。一袁氏去而百袁氏复来，皖徐蠢动、粤海烽烟、鲸浪鲸波、再接再厉。今七省联盟十三省联盟之说，又见告矣。今国事愈趋愈坏，令人哭笑不得，天下皆被其祸。"③ 任鸿隽早在 1914 年即指出："以数千年专制之老大帝国，一跃而入于世界完美高尚共和政治之林，此吾华胥民族所引为殊荣。吾国共和国民必要之心理：一曰信仰国家之心——今视其国情以为如扁舟泛洪放乎于中流或浮或沉，要于水势趋向，无可质疑者也，吾人于专制之毒，既已饱尝四千年矣，今

---

① *The Chinese Christian Student.* Vol. 30，No. 2，Nov. 1939，pp. 1 – 4.

② "The Passing of Yuan Shih-Kai，" *The Chinese Students' Monthly*，June 1916，p. 533.

③ 《太平洋主人读书杂记：愚者千虑》，《留美学生季报》第 3 卷第 4 期，1916 年，第 114 页。

国体已大定，已无君主出现之余地，君主立宪亦不可深论；二曰共和政治之奋斗心——共和者代表政治之谓也、代表政治者选贤与能以治其国，不若夫专制之世，时君近小人而远君子，奔竞之风炽、廉耻之道丧。三曰权利之义务心——今视国民之举行选举，乃为行立宪国家所当有事以维持政府于不敝，则又当视选举权利为之义务。倘若未能保持共和精神，小则足致一时之败绩，大则足召亡国之大祸，拿破仑之往事其前车也。"① 可见，这种对于共和国体的期待之情，几乎席卷了整个留美生联合会。

战——人类之大不幸，天地万物生，飞禽走兽草木虫鱼各恃其爪牙羽鳞，互相残害是宇宙间生存竞争、弱肉强食之现象。② 战争在留美中国学生的眼中无疑是荼毒生灵的灾难。1918 年欧战结束后，留美学生针对国家未来所应走的道路发表态度。陶孟和在《新青年》上发表了一篇名为《欧战以后的政治》的文章，明确提出了自己对帝制的摒弃态度，以及对共和的欢迎之情。在文章中，陶氏认为欧战这个人类史上"空前绝后"的大战争必须给我们带来一些教训，最大的教训就是倘若一个国家需要独立，则需警惕"独裁政治"。倘若论及这种"独裁的政治"，则首先以"帝制"为代表，这是由于国家"背弃共和法律"的成本太高，高到足以将全国及国家民众的权利当孤注掷出去，这种"独裁的政治"也是扰乱世界的根源。假若一个国家还义无反顾地坚持独裁政治，最终的下场势必如俄、德、奥三国一样：俄皇已经被枪毙，德奥两国皇帝也已经被迫退位了。③ 1920 年的《留美学生月刊》也刊登了一名留美学生在十五次年会上的演讲文稿："我们坚信我们的国家能够实现复兴，但这需要充足的时间中国实现真正的民主制度，即使是美国也需要数年的时间才能完成这个目标。"④ 诚然，在专制时代，民可使由之，不可使知之。

① 任鸿隽：《共和国民必要之心理》，《留美学生季报》第 1 卷第 1 期，1914 年，第 5～14 页。
② 朱进：《欧战感言》，《留美学生季报》第 2 卷第 1 期，1915 年，第 11～16 页。
③ 陶履恭：《关于欧战的演说三篇：欧战以后的政治》，《新青年》第 5 卷第 5 号，1918 年11 月，第 7～9 页。
④ Hon Quo Tai-Chi, "China's Fight For Democracy," *The Chinese Students' Monthly*, Jan. 1920, pp. 32～37.

这是由于承袭了中国专制的余毒，倘若立即实行民主政体，国家施政结果必然异于帝制，因此人民也就有了参政的实权。[①] 可以说，这部分联合会学生对于革命的认可态度跃然纸上，对于共和的期望与信心也十分高涨。

第三节　"有限的保守"与"保守的改革"

19、20 世纪之交，一股民族主义潮流率先崛起于欧洲，进而在全世界范围内发展成了一种越来越强大的政治和社会力量，甚至左右了很多国家的国内政治和国际政治的发展。[②] 虽然此时世界潮流的底色是汹涌的民族主义，但与此背道而驰的全球化进程却又突飞猛起，使得民族意识与自由意识两者相互影响。在中国，两种意识的交织也同样存在。因此也可以说，19 世纪和 20 世纪是近代中国民族主义与全球化进程相互交融的时代。这个时代呈现一种特殊的现象，中华民族爱国心的情感融合与扩张，与全球化自由民主的历史进程交融在一起，两者相互缠绕，形成了复杂的关系。在某些特殊的时期，两者甚至呈现出一种相互冲突的局面。在两者冲突的过程中，民族主义在中国长期是一个明确的和处于中心位置的现代性主题。这种极为强烈的中华民族意识，在当代世界的空间调整中必然包括国内及国外两个方面，涉及在国内及国外的每一个中国人，自然也包括留学生群体。由于身份的复杂性，20 世纪初期美国的自由及民主的意识或多或少投射在留美学生群体身上，因此留美学生身上的这种民族意识又呈现类似于多棱镜的现象，交织在留美中国学生联合会中。

纵观以上两派对于国体更迭截然不同的看法，可见中国留美学生联合会虽然在一个短暂的时期中，一方面支持民主共和的理念，另一方面

---

① 李建勋：《日本谋吞中国之毒计》，《留美学生季报》第 7 卷第 1 期，1920 年，第 7～10 页。

② 张玉龙：《蒋廷黻留美时期政治思想略论》，《东南学术》2007 年第 11 期。

也留恋逝去的保守政权, 但倘若将两派不同的观点进行力量较量, 不难看出留美中国学生联合会总的倾向依然是支持作为一个统一的政治实体的中国民族主义。也因为这部分学生群体比国内的同胞对自身身为一个中国人更为果敢自决, 因此旅居海外的经验使得他们自身的民族意识更为强烈。这种民族意识与爱国热情密切地挂上了钩, 这一点也在 1911 ~ 1912 年度《留美学生月刊》上得到体现。在该年度的封面上就有一句以拉丁语为联合会格言的"爱国至上"(Patriae Amore Ducamur), 可见这种民族意识的觉醒与升腾。①

正是由于这种激烈的民族意识的升腾与激荡, 引发了国内各方不同的意见。有人认为宜立即施行武人政治; 也有人认为宜立即执行官僚政治; 还有人认为宜立即采用统一的地方分权制管理等, 这是因为"国势至此, 断无再容吾人内讧之发生余地。凡愿谋国者, 均纷纷对国家建设诸问题政谈"。② 尤其是清末"革命"与"改良"争论时, 留美学生联合会大部分属于保守派, 多赞成温和改良派的主张, 支持以改良为手段的立宪运动。这体现在他们始终以相对于局势"慢半拍"的节奏对政治进行着某种程度的附和, 因此这部分留美学生既是民族主义派, 也是民族保守主义派。倘若更进一步追究这种特殊情绪, 造成留美生产生这种情绪的原因或许是这部分留美学生大多接受了清政府的资助, 从主观或情感上需要维护一个稳定的中国, 因此一开始就对革命有所排斥。③ 但随着政治潮流的风起云涌与历史潮流的不可逆, 这部分保守留美学生的思想观念不得不再向前"进半步", 这是一种客观的被迫, 也在某种程度上是一种主观的主动之体现。随着国内政潮风云激变, 这部分留美生不再反对共和及革命, 逐渐认同新建立的政权。很显然, 这部分留学生的态度更趋向于民族主义。由于与现实的联系原因, 联合会的这部分学生因而形成了一种对国体设想"有限的保守"态势, 即对帝制不再流露出强烈

---

① Front Cover, *The Chinese Students' Monthly*, Nov. 1911 to May 1912.
② 张贻志:《今后国家建设之大问题》,《留美学生季报》第 3 卷第 3 期, 1916 年, 第 1 ~ 27 页。
③ 叶维丽:《为中国寻找现代之路: 中国留学生在美国 (1900 ~ 1927)》, 第 35 页。

的依恋感情。这种对于国体某种"松动的理念"在联合会每年的年会中体现得尤为突出。由于联合会年会的主题演讲一定程度上代表着留学生最为关心的议题，因此在1917年的留美学生夏季年会，联合会邀请了美国威斯康星大学的伊利博士（Dr. Richard T. Ely）做了一场名为"民主国首领之模仿"的讲演。讲演中指出现今中国已"入于民主政体之时代，国之一切问题皆须取决于人民，世界诸大国中之建设共和政府，当以贵国为最迟，而亦以贵国为最幸"。

而令人玩味的是，那些对于改革持赞成态度的联合会成员，虽然对于陈旧的、迂腐的国家形式嗤之以鼻，却又在理智方面回避令人热血沸腾的、高昂的革命言辞，这显然与政治立场颇为激进的留日或者留欧的学生有着极大的不同，因此这部分留美生往往被冠上"爱国情绪及民族主义情感不强烈"的称呼，也往往被称为力倡民主与共和的自由派群体。① 假如对这部分群体进行更为细致的考察，就会发现其实他们并不在于回避政治或是附和革命，而是在于不认同"过激"的政治，② 因而呈现出一种"保守的改革"趋向。这种趋向一方面摆脱了民族主义意识中过于激进的、口号式的模式，也超越了西化派过于虚无、过于乐观的主义，在一定程度上同时对两种思想采取了一种理性的选取方式。当然，造成联合会留美学生倾向于保守的改革的原因，一方面是来源于自由主义当中偏向于理性层面的考虑，以及温和折中的思想特性；另一方面或许也是受到了当时美国学术与知识界所盛行的保守的政治文化的影响。③

纵观以上对于共和抑或是帝制相关问题的讨论，联合会留学生所阐述的不同看法，正体现了近代中国不可避免的一种意识现状，即"近代搅扰着留学生思维中枢神经的关键问题，正是民族意识与政治的纠缠，在这两者的纠缠之间衍生而出的民族主义与自由意识的藩篱，将近

---

① 《留美中国学生近况之演说纪》，《申报》1922年6月15日，第13版。
② 叶维丽：《为中国寻找现代之路：中国留学生在美国（1900~1927）》，第21页。
③ 叶维丽：《为中国寻找现代之路：中国留学生在美国（1900~1927）》，第35页。

代留学生划分成了两个阵营"。① 在如此背景下，对于留美学生而言，一方面是逐渐膨胀的民族意识和爱国热情；另一方面却是超越国家与民族的界限，通融自由意识与世界主义的精神意向。如何使两者能够和谐共容，这显然是近代留美学生所面临的根本挑战之一。

细究这两派基于不同理念而对国家政体所持有的不同看法的深层次原因，正是联合会的学员组成的多样性所致。不论是对革命、保皇，抑或是守旧，联合会会员的政治立场并非铁板一块。在各种时势的相互且复杂的作用之下，联合会所产生的各种政见也呈现出博弈和转化的现象，从而营造出一种动态的结构，并非"你中无我，我中无你"般泾渭分明。事实上，正是由于"有限的保守"的民族主义派对于实时政潮变迁的极强的包容力，与"保守的改革"的自由主义派对于激进的谨慎，两者意识才得以相互兼容于联合会当中。实际上，尽管联合会中的两派留学生对帝制与共和采取的态度不尽相同，但两者似乎都对现实、对彼此做出了"似有若无的退让"。这种退让在某种程度上可以理解为"理念的可适性转变"。这种"可适性的转变"也是个体对自身生存现状的积极动态调试下所不可避免的一种有益尝试。中国学生所具备的这两种思想的弹性特质，也为美国的媒体观察到。

1934 年 6 月 13 日，《纽约时报》详细介绍了一部刚出版的关于中国现状的著作，这部著作名为《中国式遗嘱：谭世华自传》（ A Chinese Testament： The Autobiography of Tan Shih-Hua）。文章在回顾了主人公那多舛的一生之后，将笔调直接对准了主人公与国家命运的联系（Ideas Mean Death to Country）。"在中国，一个平凡人假若具有某种'理想'，那么这种'理想'就主宰了他的最终命运。这一'理想'在当下或许是爱国的，然而到下一刻却变成了'叛国的'；这一'理想'在当下或许是拥护帝制的，而到了下一刻却又变成了拥护共和与民主的——一切仅仅取

---

① 任剑涛：《建国之惑：留学精英与现代政治的误解》，中国政法大学出版社，2012，第 19 页。

决于城头变换的大王旗。因为'民族意识'与'自由主义'的交锋随处可见，民众的这种'变节'也随之改变得如此迅速。"① 当然，无论留学生选择了哪种意识，无疑是基于自身价值观、基于自身现实需求所做出的选择，在某种程度上既具有现实逻辑又富有理想。但倘若将两者置于天平之上衡量，恐怕前者不可避免地胜过于后者，这也体现出留学生这种意识选择对现实的某种"适切性"。

---

① John Chamberlain, "Book of the Times: A Chinese Testament: The Autobiography of Tan Shih-Hua," *The New York Times*, June 13, 1934, p. 14.

第三章

来自巴黎的警钟："二十一条"下的
民族士气与自由主义

> 你心里爱他莫说不爱他，且有人爱他你如何待他；要见你爱他
> 且等人害他，倘有人害他你如何对他。
>
> ——《思祖国也》[1]

1918 年 11 月，第一次世界大战宣告结束。次年 1 月，战胜国集团为了解决战争的遗留问题，以及奠定战后和平，在凡尔赛宫召开了巴黎和会。当英、法、美三个战胜国围坐长桌为了剩余的利益而争论不休的时候，以曾是留美学生顾维钧为代表的中国外交团将一份争取中国国家主权的合约方案向大会提出，却遭到了无情的驳回。这种不顾中国国家尊严的蔑视与欺辱，无疑深深地伤害了中华民族的自尊心。由于海内外所具有的一种民族士气及民族自尊气概的鼓舞，6 月 28 日，中国代表团拒

---

① 《思祖国也》，《留美学生季报》第 4 卷第 3 期，1917 年，第 90 页。

绝出席协约签字仪式，这一举动向全世界宣告了中华民族对这一耻辱条约的愤慨之情。在这一危急关头，联合会中的留美学生密切关注国内外局势，通过或演说宣讲，或刊发评论，或组建相关事务委员会的方式，表达对这一事情的态度。综合来说，联合会当中的很大一部分留学生感到愤慨，主张采用抵抗的方式来应对这一危机；另一小部分学生则建议采取一种"自助内观"的方式来重塑国威。不难看出，联合会的这两派无疑分别是基于民族意识与自由主义的相关理念，来建构这一关键时刻下的对日方式。

第一节　战与不战：联合会对山东问题的关注

1919 年，在美的中国留学生接近 2000 人。[①] 这些留美学生虽然身处大洋彼岸，但是对于国际形势的了解却不比国内迟缓，他们通过一系列美国的权威报纸或是杂志了解国际信息。[②] 当充满耻辱性质的"二十一条"的消息传到美国时，立即激起了留美中国学生的义愤。为了更好地探讨巴黎和会以及华盛顿会议的相关问题，联合会提高了会务相关活动的频次，这一变化深深为中国学生所感受到。当时担任《留美学生季报》主编的蔡正就评论道："自巴黎和会后，中国留学生，近来会务甚发达，各会务皆按合同志积极进行，吾对于各会务有厚望焉。"[③] 外敌对祖国的入侵，与新式知识分子观念当中的"民族自决"极端冲突。中国虽为战胜国，但是在山东问题上却依然没有得到相应的权利。这种世界强国在利益分配时全然不顾及中国的做法，更是刺激了中国"民族主义的神经"。面对这个棘手的山东问题，同时基于这种天然的"民族意识"，国

---

① 根据留美中国学生联合会在 1918 年秋季的统计，彼时在美国的中国留学生接近 2000 名。参见《留美学生学业统计表》，《留美学生季报》第 5 卷第 3 期，1918 年，第 182 页。

② "Japan Makes Big Demands on China," *The New York Times*, January 27, 1915; Noriko Kawamura, *Turnulence in the Pacific: Japanese-U. S. Relations during World War I.* Westport: Praeger Publishers, 2000, pp. 36 – 40.

③ 《留学界近讯》，《留美学生季报》第 6 卷第 1 期，1919 年，第 131 页。

内即有两派存在：武力宣战派和中立派。

　　大致而言，武力宣战派大多从民族自卫的前提出发，提醒国人"吾人之大病在于善忘甲午以来所受之伤痛深矣，当时虽震动，过则漠然于心，我退而敌进是以有此不可收拾之隐患"，在此情况之下宜"急起图之"，秉承"不战亦亡，战亦未必亡，等亡矣。与其不战而亡、屈于霸道强权而亡，不若殉人道公理而亡"。① 他们认为今日中国倘若因为山东问题而对日宣战，则有利于获得附加于战争之上的好处，例如将来中国战后可列席各国的和议会议，并能够乘机提出恰当的处理山东问题的要求。据于此，时任留美学生联合会会长的黄凤华博士还代表全体留美中国学生致书美国参议院，称由于中国与美国素来友谊深厚，此次和会对日本劫掠中国之处置实为遗憾，恳请美方主持公道而对日宣战。② 而中立派则建议对日采取一种自由的、中立的态度。持相同观点的联合会会员认为："吾国人闻亡国之声久矣，吾国处亡国之地位亦久矣，国家存亡之关键以战为孤注一掷谈何容易？"③ 这一派的联合会留学生认为假如我国在这场战争中胜利的话，不但没有任何好处，反而会后患无穷。这是因为日本在华经营者大多"和蔼谦善、守本地习俗，与华人少恶感"，倘若对全体日本人宣战的话，势必会伤及少数对华友善的日人。当然，联合会也明确指出之所以采取这样较为"温和"的对日态度，并不是说不去保卫自身的利益，而是应该采用最为恰当的、自助的方式以取得对日的最终胜利。④ 以上这两派对于日本截然不同的态度，在联合会的各项会议中得到激烈的讨论，也在国人对待日货态度上体现得尤为突出。

　　早有学者指出，近代中国社会的抵制日货运动是近代中国民族主义

---

①　任鸿隽：《救亡论》，《留美学生季报》第 2 卷第 2 期，1915 年，第 4 页。

②　黄凤华：《会长黄凤华博士代表留美中国学生总会致美国上议院书》，《留美学生季报》第 6 卷第 1 期，1919 年，第 2～11 页。

③　任鸿隽：《救亡论》，《留美学生季报》第 2 卷第 2 期，1915 年，第 5 页。

④　杜威著、唐庆诒译《中国武力派主义》，《留美学生季报》第 7 卷第 1 期，1920 年，第 20～23 页。原文发表于《共和杂志》1920 年 9 月 10 日。

兴起与发展的标志性事件。① 由于中国是日本商品最大的销售市场，有数量众多的国内民众以及在美留学生一致认为："倘若能将抵制日货和运动长久坚持下去，那么日本必定会惊讶于我同胞之团结。"② 于是自 1919 年 5 月 4 日起，在国内掀起了全国范围轰轰烈烈的抵制日货运动。全国最大的日报上醒目地刊登了相关的文章，呼吁全国人民一致抵制日货："从今以后，我国民立誓，永久不用日货，就可以使日本受到经济上极大的创痛，对于这次抵货的觉悟，千万要时时刻刻去注意，不要使千辛万苦的抵货运动功亏一篑。"③ 诚然，在这一部分留美学生看来，抵制日货具有重大意义，也是极其重要的。这是由于这一抵制行为在民族主义斗争的形式下，他们得到一种异常的团结力量。通过这样一股激烈的抗日共同情绪，有利于得到几乎全美的留学生的一致支持，从而能够得到异常强大的团结力量。这一看法在实际中得到验证。例如抵制日货这一轰轰烈烈的活动得到了诸如中国少年会、妇女协进会的一致支持，尤其是一切华侨团体对于抵制运动尤为热衷。"这种对于民族斗争的热忱，有助于摒弃我国对于国民民族精神培育'守株待兔'的被动形式。"

主张中立的联合会留学生则从自由主义的角度提出了不同的观点。他们直接在一份面向全体留学生刊发的关于山东问题宣传册中，援引了杜威先生对于抗日态度的观点：倘若国内抵制日货的风潮愈演愈烈，其结果只能是对国内更为不利，因为现今手握日本货的商人不是日本人，而是自己的同胞——中国人。④ 这一观点是从杜威根据在华两年多经历撰写的《从内部视角看山东问题》（Shantung As Seen From Within）一文所节选出来的，大致能够代表这一派联合会留学生的对日观点。其实，杜威对联合会学生的影响远不止此。早在 4 月 27 日，杜威在美国权威周刊《新共和》（*The New*

① Shih-sham Tsai, "Reaction to Exclusion: The Boycott of 1905 and Chinese National Awakening," *Historian*, Vol. 39, No. 1, November 1976, pp. 95 – 110；王立新：《美国对华政策与中国民族主义运动》，中国社会科学出版社，2000。

② "Boycott of Japanese Goods," *The Chinese Students' Monthly*, June 1915, p. 588.

③ 寄萍：《高君珊欧美归来话国难》，《申报》1921 年 12 月 6 日，第 10 页。

④ John Dewey, "Shantung As Seen From Within," *China Against Japan*, Nov. 3, 1919, pp. 56 – 58.

Republic）上发表了一篇题为《中国真正之危机》（The Real Chinese Crises）的文章。文中讨论了中国政府的衰弱、中国民族主义的激进以及中美、中日关系，尤其强调了中国今日的危机在于对日偏激的抵制，而当今中国轰轰烈烈的全民族的排外运动虽说“并无明显的错误”，却分明受了“种族的成见而蒙蔽双眼”，同时失却了“冷静之头脑、辨别之能力”。[①]

　　或许是为了更进一步强调自由派对于日本的中立态度，联合会中这一派成员注意到国人为了山东问题所爆发的群情激愤，再次发表一文，痛斥盲目抗拒日货的弊端：“排斥日货是否为一种正当手段？其结果为邻国如何蒙受之损失、如何一呼而集、一轰而散？徒以示弱于世界受外人‘热力不过五分钟’之讥讪，岂国民爱国之热力，仅不过五分钟！排斥日货为有限度之排斥，而不为完全之排斥，排斥其不可排斥而不排斥其可排斥。”[②] 这无疑是走入了“欲救燃眉之急不得不舍本、急则治标的迷乱之途”。[③] 对这一观点持相同意见的还有郭秉文。早在1909年8月美东中国留学生联合会举行第四次年会当中，时在俄亥俄州伍斯特学院（College of Wooster）求学的郭秉文以《祈求真正的爱国主义》（A Plea for True Patritism）为名的演讲获得头等奖。郭秉文援引华盛顿和林肯作为崇高和富有牺牲精神的爱国者的代表，将他们视作受到全世界尊重的伟大人物，提醒在场的众多联合会留学生需要提防一种危险的精神：“不要对其他国家抱有敌视和抵制的怨恨，排外情绪将会是一个莫大的错误。”在他看来，盲目地排外与抵制外货无疑是一种愚昧、矫揉造作的极端情感宣泄。[④] 针对当时国内轰轰烈烈的抵制日货运动，美国《瞭望》杂志甚至还刊登了一幅漫画，警告中国民众轰轰烈烈的抵制日货运动甚至殃及美货，都将对中国毫无益处，一切的抵制活动既暴力又无知，倘若中国的国民采取这种对日的态度，则无疑是一种极端“盲目的行为”。

---

① 杜威：《中国真正之危机》，《东方杂志》第24卷第13期，1927年，第40~42页。

② 夏邦辅：《余之排斥日货观》，《留美学生季报》第6卷第3期，1919年，第11~15页。

③ 蔡星五：《论急则治标》，《留美学生季报》第3卷第2期，1916年，第63~65页。

④ Ping-Wen Kuo, "A Plea for True Patritism," *The Chinese Students' Monthly*, Dec. 1909, p. 104.

　　几乎全体联合会的留学生都意识到了山东问题的紧迫性。为了进一步唤醒留美学生自卫的民族士气，联合会随后刊登了一系列关于山东问题的文章。文章呼吁："自甲午庚子之役至青岛事起，青岛吾土，德人乘我之危掠为己有而终不能保。吾国今日毫无民气矣，吾民之咽声吞气者已垂垂数十年。凡一国民愈爱国则愈谨慎，吾国今日爱国之国民能咽声吞气于今日，因此国人宜创设一专门保全协会以筹还青岛，此后吾国必能士气扬声于将来。"① 在此背景下，留美同学利用雷客维尔（Lakeville）年会之机，联合发起了关于华盛顿会议的讨论会议。在该次会议中，留学生一致认为"中国今日之地位，实在是千钧一发，此次华盛顿会议关乎于中国的命运"。为了更好地组织学生讨论华盛顿会议，随即筹办了一个"在美留学生联合会华盛顿事务委员会"（The Chinese Students Alliance for the Alliance Work on the Washington Conference）。该委员会有 6 个子委员会，以辅助联合会开展各方面关于华盛顿会议的事务。这 6 个委员会为：（1）中文宣传部（The Chinese Publicity Committee）；（2）英文宣传部（The English Publicity Committee）；（3）财务支持部（The Financial Drive Committee）；（4）外联部（The Friendly Relation Committee）；（5）报刊部（The Newspaper Committee）；（6）发言部（The Speakers' Committee）。② 在该次会议中，当即举出鲍明衿、张铮、张彭春、罗家伦、陈之迈、吴之椿、蒋廷黻、段锡朋、向哲濬、李美步、雷国能等联合会成员为委员，会长为鲍明衿。③

　　这个"在美留学生联合会华盛顿事务委员会"的成立宗旨在该会1922 年的会务报告中得到提出。这个委员会的宗旨在于："力求在华盛顿会议中获得国家应得的切身利益和中国的主权权利；以华盛顿会议作为契机锻炼国人及全体留学生的合作能力；所有需要解决的事务的方法及计划都需要概述充分；华盛顿会议倘若需要进一步解决，则应给予联合

---

① 《论中国之民气》，《留美学生季报》第 1 卷第 4 期，1914 年，第 2~3 页。
② Chinese Students' Alliance, *The Handbook of the Chinese Students in the U. S. A.*, pp. 29 – 31.
③ 受培：《留美学生与华盛顿会议》，《学生杂志》第 9 卷第 1 号，1922 年，第 56~58 页。

会的学生一切必要的权力，以便在华盛顿会议中给与国家任何必要的支持措施；将留美学生在会议中所做的任何努力通过媒体告知国家以及在世界其他地方密切关心中国命运的人士。"①

除了组成华盛顿会议的 11 人委员会之外，联合会还配合当时可能即将爆发中日战争的需要，同时出版了四本关于华盛顿会议的期刊，这些期刊主要关于四个方面的内容：向全体留学生介绍华盛顿会议、介绍山东问题、华盛顿会议的解决过程及最终方案、中国与世界和平。② 在山东问题上，尽管联合会已经取得了不少的工作成效，但是为了更好地推进该委员会的会务工作，也为了更好地、更迅速地推进世界上其他国家对"中国问题"的关注，联合会面临的首要问题则是筹集必要的资金。于是留美学生联合会下设的这一"华盛顿事务委员会"随即开始面向全美中国留学生筹款，得到在美各大学留学的中国学生的广泛支持。③ 哈佛等校的中国学生会甚至还召开了关于"二十一条"的特别会议，可见留学生界对于"二十一条"的抵制情绪之高，意志之坚决。④

其实，联合会之所以对日采取如此"激进"的抗争方式，正是出于民族忧虑意识，并对日长期以来所持有的警惕情绪。早在 1918 年秋，联合会成员张贻祖偶然间读到该年 5 月《留美学生月刊》中韩国留学生 Henry Chung 所写的《高丽亡国泪》一文，"怆然神伤"，随即反观我国与韩国这一国家的关系，认识到只要韩国落入日本的"巢穴"，可谓是"唇亡齿寒"。他认为今日韩国已被日本占领，可谓是"唇既云亡，则齿

---

① The Conference Daily for Eighteenth Annual Conference of Eastern Section of Chinese Students Alliance in U. S. A. Compliments of Conference Committee, Sep. 1922, p. 36.

② The Chinese Students' Alliance in the United States of America, Report of the President of the Chinese Students' Alliance for the Alliance Work on the Washington Conference and the Committee, April 1922.

③ The Chinese Students' Alliance in the United States of America, Report of the President of the Chinese Students' Alliance for the Alliance Work on the Washington Conference and the Committee, April 1922.

④ "Mediaeval Japan," *The Chinese Students' Monthly*, March 1915, p. 327.

自亦必蒙祸"。① 为了避免"韩人蒙亡国之祸，高丽国遭不测之灾"的悲剧在中国上演，联合会随即委托伊利诺伊大学出版了一本名叫《抵抗日本》（*China Against Japan*）的小册子，作为留美学生抗日宣传手册，详列了山东胶东半岛的地理位置，德日侵占历史，美国、日本及中国三边关系。在手册中，一名就读于威斯康星大学的留学生 F. C. SZE 撰写的《日本，世界和平的威胁者?》一文，更是指出了中国需要立刻警惕"日本门罗主义"。② 由此可见，当山东问题爆发之时，在外患的逼迫之下，出于对自身民族存亡的隐忧，联合会的学生或是组织别的学生撰写文章，或是在留美学生群体中散发宣传手册，或是在"二十一条"交涉期间数次通电国内各媒体与政府，抑或是组建相应的事务委员会，表达了对抵制日本无理要求的坚决立场，也表达了大洋彼岸的这群学子对山东问题的密切关注。

第二节　武力派的拒日不让：力争民族士气

如前所述，随着1919年中国在巴黎和会上的失败，一种激烈的民族意识迅速扩展到了整个知识群体，尤其是青年学生。留美学生虽然身处大洋彼岸，这种强烈的民族士气丝毫不减。面对日本的无理行径，几乎全体联合会的留学生主张中国应该立即拾起武器对日作战，舍此别无他途，所谓："皮之不存毛将焉附，其外侮之烈，而尚武精神之发扬，犹以睡狮初醒之一吼也。"③ 如今，倘若胶州湾割让给日本，这个向来称为中国圣地之山东全省之经济命脉遂从此断送。因此，联合会学生认为中国政府更应竭力抗争，山东全省三千万居民誓死不认，倘若不战而和，则

---

① Henry Chung 原著，张贻祖、陈端合译《高丽亡国泪》，《留美学生季报》第5卷第3期，1918年，第131～136页。

② F. C. SZE, "Is Japan A Burning Menace to the World's Peace?" *China Against Japan*, Nov. 3, 1919, pp. 24 – 31.

③ 王毓祥：《尚武问题之讨论》，《留美学生季报》第4卷第1期，1917年，第40～53页。

势必与"民族自决"大义背道而驰。联合会指出所谓"国基稳固"对民族生命极为重要，犹如自保之于个人生命，民族自保则为民族图存之天性。[①] 为了鼓舞中国对日作战的士气，1915 年的《留美学生月刊》以极大的版面刊登了一份号召国内外学生联合抗日的文章。

> 我们中许多人都生于 1894 年前后的这一段时期。在这段时期当中，我们国家遭遇到了什么？没有人告诉你这在中国是个什么年头吗？这是中日为朝鲜半岛开战的一年，我们民族所受的一切屈辱都是在我们发出第一声婴儿啼哭时发生的，你难道没有意识到你是在国将不国时出生的吗？你难道没有意识到你一直生活在国将不国的时代吗？同学们，让我们试着聆听我们的祖国，她正奄奄一息地呜咽道：我的年华早已逝去，只剩下衰老的身躯，我的衰老与孱弱情状在 1894 更加令人沮丧；我在 1875 被日本击败，我在 1898 年被人烧杀抢掠，我的命运在 1900 年几乎终结。可是现今我却依然顽强地存活下来了。我亲爱的留学生们，一旦你们意识到我们是一个衰败民族的子民，你们就本能地想知道如何才能救中国，我亲爱的同学们，快！快！快！快拾起武器来拯救我，惟有武力抗击外敌，才是唯一拯救我的途径。[②]

这篇文章名为《中华兴》（Chung-Hwa Sing），在《留美学生月刊》上连续登载，联合会甚至在 1915 年 6 月号的头条社论中以大字号呼唤道："勿忘！"[③] 以此警示全体留学生勿忘这一国耻。然而，令人感到讽刺的是，这些基于民族的呼喊却并未起到任何作用，中国的局势更加败坏。三年之后，中国在山东问题上再次与日本陷入对垒的僵局，中日之间的战争一触即发。

---

① 前国务卿兰辛氏原著、矢实译述《辟民族"自决"说》，《留美学生季报》第 8 卷第 4 期，1921 年，第 5~21 页。

② "Chung-Hwa Sing", *The Chinese Students' Monthly*, November 1915, p. 39.

③ "Lest We Forget," *The Chinese Students' Monthly*, June 1915, p. 535.

实际上，细究联合会以上所提倡的武力抗日的主张，必定涉及民族精神的自存，而面对强大的日本，究竟什么才是"真正的民族精神"？基于此，联合会给出了答案。"留美学生其责任甚为重大，极力反对与日本政府所订之密约，特警告政府勿订立违反全体人民之此等条约"，① "我们有义务不让日本的'二十一条'计谋重施，日本之所以敢对我国虎视眈眈是因为我国没有一个强大的政府，我的留学生兄弟姐妹们，我们还有什么理由继续退让下去？"② 联合会在 1922 年中日关于胶济铁路赔款陷入僵局时也纷纷行动起来，通过广泛散发电报的方式，向整个留学生界及各分会发布相关信息，并表明联合会的意见，大多对山东局势持悲观看法。③ 例如自 1922 年末起，联合会即发表了一系列留学生关于山东问题的声明："山东会谈陷入僵局""日本债务施压并试图控制我国""拒绝英美诸国斡旋""会谈即将结束""吾在外之留学生抵制日本，保卫北京"。④ 据此，联合会断定中日必将有一战。之所以中日之间会有一战，这并不是因为中国人民好战，而是因为日本对于中国土地的野心在作祟，威胁到了中国的民族存续。有学生认为日本自维新以来，"进步甚速，徒以地狭民贫，日以抱侵略主义，扩张其领土，时思攫他人之土地以自益，日人常称雄亚细亚，握太平洋海权并吞亚洲列邦，驱逐欧美人势力，先夺我琉球，继而图我朝鲜，可见日人之一般野心，而我中国地大物博不可辱之"。⑤ 更有学生认为"今年全国留学生联合会之爱国举动，实国家前途之一线曙光。留学生虽身居美洲，然怀祖国受父老兄弟之重托，在日本谋吞中国之毒计时，恨不能即日返国共策进行"。⑥ 鉴于中国当时的

---

① 《世界大事记：留美学生反对协约》，《兴华》第 15 卷第 28 期，1919 年，第 32 页。

② "A Plea For True Patriotism," *The Chinese Students' Monthly*, Nov. 1915, pp. 39 – 43.

③ "Chinese Pessimistic Over Shantung Issue: Students in Washington Express Fear That New Peking Cabinet Will Yield to Tokio," *The New York Times*, January 9, 1922.

④ "Chinese Ask Help on Shantung Clash: Appeal to Hughes and Balfour When a Deadlock Is Reached With Japanese," *The New York Times*, Jan. 7, 1922. pp. 1, 6.

⑤ 吴永珊：《中日战争私议》，《留美学生季报》第 2 卷第 3 期，1915 年，第 63 ~ 85 页。

⑥ 李建勋：《日本谋吞中国之毒计》，《留美学生季报》第 7 卷第 1 期，1920 年，第 7 ~ 10 页。

危机，联合会学生更是纷纷要求海外学子做出巨大牺牲，立即放弃原定的学习计划，救国！从军！①

联合会还向全体留美学生发布了"北美洲中国学生会抗日救国宣言"。该抗日救国宣言号召国人最应当做的就是施行自卫，自卫的基本要求为抵抗；抵抗的基本要求即是集中力量，因此力倡集中全国力量抗敌，否则国家山河必将最终拱手让人。联合会在这份救国宣言中还指出，自国际关系上而言，国人一直以来都有两大误解。

> 国人初则误认为所谓门户开放主义——为列强保全中国领土之政策而痴心望助；其二则认为列强绝不援手，而甘心降日。殊不知近代外交原则有三：一为但求己利不顾公义；二为结援强悍鄙薄怯弱；三为因时察势互相利用。因此，现今欲列强为公义而战保全中国领土，是为第一原则，我既怯弱为鼠而思结援于人是为第二原则。自内政言之，自来善为政者，莫不以对外而统一之谋略。嗟乎，日祸如火燎原不能自卫，唯有待亡。②

因此，这次的中国留美学生代表大会的所有决议，宗旨是为了呼吁国内各方集中力量抗日，誓死捍卫国家尊严。为了这一目标，在美留学生显然义不容辞，"誓效前驱"。③ 随后，哥伦比亚大学全体中国留学生即电国内："日苛求，请坚拒！宁战死，勿奴死！"留美学生更是摆出明确态度："山东问题二十一条，关系中国人民生命，及世界和平，山东一切权力，必须无条件归还，誓不承认，上海学生的示威之举，甚为钦佩，务实并希望吾国政府坚持力争，留美学生联合会愿为后盾。"④ 伊利诺伊州中国留学生同时公电国内，呼吁："全国男女贫富，务望一律奋发，起

---

① 《留学生亦应回国从军》，《中央日报》1920 年 10 月 21 日。
② "Declaration of the Chinese Students' Alliance," *The Chinese Students' Monthly*, Nov. 1917, p. 16.
③ "Declaration of the Chinese Students' Alliance," *The Chinese Students' Monthly*, Feb. 1918, pp. 21 – 22.
④ 《国民大会散会后电文一则》，《申报》1921 年 12 月 20 日，第 6 版。

而卫国。"联合会还通过《留美学生月刊》发声："请拒日不让!"① 1918年夏，波士顿留美中国学生会公电国内，义正词严地指出：中国与日本政府所签订的密约，是侵害中国的政治及经济独立，中国政府被迫以土地转让日方，中国留美学生会极力反对这一条例，并警告政府倘若与日本签订条约，即为违反了全国全体人民的福祉。②

留学生虽远居海外，面临国家无端蒙辱，必共赴国难。面对如此困难的局势，留学生所能做的一言以蔽之，即是"我们的责任很简单：回国从军，保全国土!"③ 无独有偶，联合会决定以笔和剧本唤起留学生的报国意识。1921年春，纽约哥伦比亚大学的校内剧场上演了一出名为《木兰从军》的话剧。该剧编剧由南开大学毕业随后留学哥伦比亚大学的张彭春担任，主角为哈佛大学戏剧科毕业生沈洪及哥伦比亚大学音乐系学生李华女士。这出话剧虽取名为《木兰从军》，但却分明是在表达留学生对时局的密切关注，以及中国留学生在"二十一条"公开之后的担忧及决心，最重要的是公开表明了留学生为国从军的志向。④ 留美学生随之产生的极具感染力、向心力的救国志向，正是对"二十一条"谈判远距离想象构建出来的。这也正如本尼迪克特·安德森认为的近现代的民族主义并不是一个自然演化的过程，而是一个通过人为的想象建构起来的，而这种想象构建得以使国民产生一种归属感，这种归属感在根本上也推动着民族意识的发展。⑤

或许是受到民族自尊心的激励，留美学生将这种对日"自卫式"的民族反应泛化到了民族铁路的自卫权上，其力争国威的对象也不仅仅局限于日本一国。在留学生看来，收回铁路权是攸关国家主权存亡的大事件，对于国内铁路权的占有与否完全关乎一国的尊严。粤汉铁路权的成

---

① Chow Tse-tsung, *The May Fourth Movement*: *Intellectual Revolution in Modern China*. Cambridge: Harvard University Press, 1960, pp. 26 – 28.

② 《美国波士顿留美中国学生会公电》，《申报》1918年7月8日，第3版。

③ "Our Duty," *Chinese Students' Monthly*, March 1915, p. 331.

④ 《纽约华人演剧助振兴吾国》，《申报》1921年3月6日，第18版。

⑤ 本尼迪克特·安德森：《想象的共同体：民族主义的起源与散布》，第12、58页。

功收回极大地鼓舞了留美中国学生的爱国热情，在留美学生界的各类出版物上时常可见有关收回铁路权运动进展的报道。当然，《留美学生月刊》《留美学生季报》也十分关注收回铁路权运动的进展。1907年底，江、浙两省的民众掀起了轰轰烈烈的收回苏杭甬铁路权的运动，留美中国学生联合会也对这一铁路案发表意见："外务部令江浙铁路公司，承借英债，民心愤激，举国震骇，我联合会建议政府可按照国际公法，一味拒绝，万不容英人借由此议在中国干涉尺寸路权，或索取分文赔偿。"[1]于是，正在耶鲁大学攻读经济学的马寅初在1910年4月的《留美学生月刊》上发表了《致官派学生的呼吁》，号召留美学生发扬民族爱国精神，积极参与捐款筹资活动。他在文中写道："为了收回我们失去的主权，我们官派留学生必须紧随其他民众的脚步，唯有如此，我们才能够建设我们自己的工业。"[2]正是由于在"二十一条"的签订方面，"英人袒护日人，以保持其同盟国之友谊"，于是只能求助于美国"本良心之主张、谋根本之解决，主张正义"。[3]留美学生对于美国具有一种极为特殊的情感，他们一方面期待中国能够自强，另一方面也期待美国能"站出来"为中国"说点话"。

即使是在世界上能有一个国家（意指美国）肯站出来"说点话"，但联合会也清醒地意识到中国与其他亚洲国家相比，由于天生的国力衰弱，加之后天的武力"营养不足"，面对这一颇令人既遗憾又尴尬的问题，恐怕美国也只会袖手旁观。事实上，中国与日本两个国家，固然同为亚洲的国家，但是这两个国家，甚至是这两个国家的留学生在美洲却遭到不同的待遇，其中的缘由恐怕可以追溯到中美关系与日美关系的区别。大致来说，日美关系在早前与中美关系区别不大，但自从日本"一

---

[1] 《苏杭铁路案对外之解决》，《东方杂志》，第5卷第2期，转引自林子勋《中国留学教育史（1847～1975）》，第81页。

[2] Yin-Chu Ma, "An Appeal to the Government Students," *The Chinese Students' Monthly*, April 1910, p. 359.

[3] 《美国赞成提出二十一条》，《申报》1922年1月16日，第10版。

战"胜利之后，遂而成为世界所瞩目的国家，因此美国政府对于日本与对待中国逐渐有所区别，但凡有政治方面的交涉，美国也大多采用慎重的态度。"日本不独为东方最强之国，并且为世界最强国之一，已为世界所公认，因此于世界舞台所得之权利比他国为多。"① 而反观中国情况，"中国却无能力而发达，二三十年内必借外助，必受指道。因此美于中国利害淡然相视，观今总统威尔逊君对外政策所持稳重态度，于欧洲战争非有妨害美国利益之处，不肯赞一辞，于亚洲之事更不欲干涉，因此中国受第三国挟制，以至于以干戈相见，美亦不出一臂之力"。② 于是，随着"二十一条"谈判的延续，留美学生对于他国能够挺身而出说句"公道话"的期待随之幻灭。

第三节　联合会的中立派：倡自强的救国方式

"民族主义都是以暴力、抗议为开端的，而自由主义则是以自助、自强为开端的。"③ 不同民族之间的对抗是一种特殊的情绪，越是在文明不开化、文化程度低的地方，这种情绪越是强大、越是激烈。基于此，联合会认为留学生最好的爱国方式，并不是口号喊得震天响，也不是行动要做到最激烈，而应根据现实情况，调整自身爱国的方式，调整自身面对危机的应对方式。虽说力倡对日武力的学生在联合会群体当中占据不少比例，但是在整个联合会当中依然存在着与之对立的中立派。这一派的留学生群体大致主张对日实行中立态度，针对日益严重的山东问题，他们甚至在联合会中发表了一系列学生阅读材料，提倡中国采用一种自强的、和平的对日方式。例如在 1922 年联合会发布的《留美中国学生手册》中，联合会指出："联合会针对山东问题，尽管有很大一部分联合会成员认为应武力对日而不让，但我们当中仍然有学生认为不应该站在中

---

① 易鼎新：《中美邦交论》，《留美学生季报》第 2 卷第 2 期，1915 年，第 59 页。
② 易鼎新：《中美邦交论》，《留美学生季报》第 2 卷第 2 期，1915 年，第 53～61 页。
③ 参见胡适 1927 年 2 月 26 日在纽约对外政策协会的演讲，收入 Forward or Backward in China? Peking Leader, 1927, p. 8。

国或者日本的任何一方，我们的宗旨是为了两国人民的福祉。因此，联合会借此声明对山东青岛问题采取一种中立的态度，这就是说，我们联合会的态度并非是仅为党派所驱使的，也不是政府所驱使的，而是一个无比纯粹的爱国行为，凡是有利于两国之间的爱国情绪都理应得到毫无保留的鼓励与广泛的提倡。"①

　　或许是由于这一理念的过分冷静、过于和平中立，在轰轰烈烈的武力派呼声当中显得尤为"不合群"，因此联合会这一"尤显特别"的态度随即引发了各类讨论。首先是基于"国家观念"这一核心理念，留美学生纷纷发表意见。他们列举欧美诸国的建国历程，积极鼓励全体国民开始行动，不仅仅从"著作文字"方面对国家进行拯救，还需要留学生从行动上来贯彻执行。例如联合会留美生倪章祺说道："爱国的文字固然可以振作吾国今日之民气，爱国的演说亦然。但反观吾国民国今日动乱之耻，外报所谓中国北京人民仍寂静，言外之意乃似谓国家观念何在?"② 所谓国家观念，并非是报纸杂志之上的几句口号或者演说词，作为留学生，他认为更应该"奋起而行"："今日之国家大势，即不得谓为事之宜，宜因时更新也，宜因势利导，振作人心，夫国之不存，家将焉附? 累卵覆巢之下，安有完卵? 若至国破种衰，则不得谓之扬名显亲也明甚。于是旧曰杀身成仁、曰见义不为无勇也；曰爱公道、爱真理、讲人道为人类之尽责任之意也，吾将行之。"在分析完欧美诸国的建国历程之后，再次反观我国，认为当下我国在对日问题上未免失之偏颇。这一派留学生指出国人最应该施行的策略并非是对日作战，而是应实行一种自助的救国方式。③

　　这种自强的救国方式，在这部分学生看来首先必须坦然承认"弱国无外交"这一深刻的事实。他们认为一个国家一旦受侮，是因为国弱，

---

① Chinese Students' Alliance, *The Handbook of the Chinese Students in the U. S. A.*, pp. 27 – 29.
② 倪章祺：《读春季季报社会问题之感想》，《留美学生季报》第 6 卷第 3 期，1919 年，第 38～43 页。
③ 倪章祺：《读春季季报社会问题之感想》，《留美学生季报》第 6 卷第 3 期，1919 年，第 38～43 页。

国弱则不自强，不自强则将希望寄托于他人身上。此种救国的方式必定亡国，例如中国现今受到日本欺辱，与本国自身不够强有相当的关系，"不以全力自存，而但求人之存我，羞也"。[1] 如今山东问题却背弃了世间公道，"此吾人所当痛自觉悟而每念不忘者也"。1920年，留美中国学生会致信国内各社团领导，说明日本用战书逼迫我国承认"二十一条"这个无理的要求，野心早已昭然若揭，但是反观国际公法，公法的发声力度大多基于国家武力的强弱。所谓"强权即公理""弱国无外交"。他们援引人类发展历程中提出抗议种种不公正的待遇，无疑需要一种"平心静气"的讲道理方式。

> 自柏拉图到犹太人，再到英国的历史，均可见"强有力的人的意志变成了一个新公理的基础"，即是在美国南北战争之时，北方兵强力足将南方战败，这是说明权力下移的过程，有助于一国民主的达成。近代伦理史中一个最为紧要的现象，即是人民情感的陆续变更——凡是已造成的制度与文化，人民就渐渐信以为合理的、自然的现象。在一个新公理与一个旧公理之间，并没有一个绝对的公正评断标准，"强权"这两个字，并非只指武力而言，大声的宣传、不讲理的论断，也算是"强权"的一种表现形式。有理无理的大声疾呼，不是获得胜利的武器，也不是平心静气的辩论，更不是理智的思考的结果，二十世纪的资本家、主张战乱的政治家们，甚至是一切的社会改造家，哪一个不是如此呢?[2]

中国过去在世界上的地位是相当荣光的，但近代中国在世界体系中却处于边缘的地位。当留美学生面对自己国家地位沦落的这一现实时，他们该如何处理心中对于自身民族的情感？是该愤慨，还是面对强大的日本而自卑？是该怨天尤人，还是应该卧薪尝胆？当曾经亚洲的"中央

---

[1] 《自由主义者的信念：辟妥协？骑墙？中间路线？》，《大公报》1948年1月10日。

[2] 雷海宗：《强权即公理说》，《留美学生季报》第11卷第1期，1924年，第85~92页。

帝国"沦落到了"从头迈步"的现实,中国又该如何调整心态重振国威?很显然,中国此时面临两条路:一条路是不但恢复以前的地位并且比从前更荣光,一条是不但同现在这样不幸并且所处的地位一天一天地沉沦下去。[①] 留美学生又该采用一种什么样的情绪和态度来面对这一复杂情势呢?中国将来的地位是如何全在留美学生手中?他们须如何发奋才能使中国图强?对于以上这一系列问题,联合会的留学生或是通过刊文,或是通过充满深情的演说,给出了自己的解答。联合会中的这部分留学生告诫全体留学生:我们只有承认"强权即公理",奋起而自强,才是对日最好的策略。因为"如果我们除了毁灭以外,没有任何一得,则所有拼命一搏的说法,都只是莽夫言勇!"[②] 他们进一步指出现今的留美学生最该意识到的是,"依靠我们势力的强弱,最强的人或团体,任何事都可作,不必依靠战争获得自我独立,也是由于强有力的人——特别是强有力的国家,则处处亨通、凡事可做;而无力的人与无力的国家则无公理可讲,自然也不配谈公理,为了争夺自己的那份利益,于是只有挥舞拳头,也只能以暴力代替讲道理"。[③]

其实,这一观点在 1919 年叶恭绰在哥伦比亚大学做演讲时即已提出。在对哥大留学生的演说中,他认为"吾国今年因各种现象不佳,国人大多灰心绝望",这种心理无疑将是一种"亡国的心理",因为灰心绝望与"捣乱卖国者阙罪为均","今日救国为第一大义,惟有求己,此有两义:第一为己国之己;第二为自己之己。今日吾国人颇有以他国对我态度之如何,以定国命存亡之趋势,不知今日立国世界固必须视各国待我之何若以定夺各项方针——我不自振而徒窥他人之颜色,此即为消失独立精神"。[④] 留美山东同学会书记孔繁露发表对山东问题的评论,称:

① 庄泽宣:《中国在世界上的地位》,《留美学生季报》第 7 卷第 1 期,1920 年,第 23～27 页。

② "A Plea for Patriotic Sanity: An Open Letter to All Chinese Students," *The Chinese Students' Monthly*, Mar. 1915, p. 400.

③ 雷海宗:《强权即公理说》,《留美学生季报》第 11 卷第 1 期,1924 年,第 85～92 页。

④ 《前交通部次长叶玉甫先生在美国哥伦比亚大学中国学生会演说词》,《留美学生季报》第 6 卷第 2 期,1919 年,第 1～6 页。

"由于山东问题得不到解决，世界和平也无望，请华盛顿各国代表主持公道，令日本无条件恢复山东原状。"① 诸如此类的一系列报道及联合会学生激荡的爱国热情为中美各界留下深刻印象。美国方面通过各大报刊媒体，表达了对留美学生对于国家命运、民族前途肩负责任的赞赏。1923年夏天，《纽约时报》刊登了一篇名为《中国人对国家命运满怀信心》的文章。文中认为："正是由于大批在美国接受教育的、爱国的精英纷纷归国，他们将对政府及国家重建承担重要义务，这有助于使国家从困难及绝望中复苏过来。"② 杜威认为，只要留学生知道中国非从内部改革不可，文化上的革命越有进步，将来政治上的改革必有实现的一天，虽然现今国家"四面楚歌"，正是如此，留学生更是一定不能退让。③ 国内也有人撰文指出："中国留美学生联合会对于祖国情形极为热心，学生会对于此次君之赴法，极表感忱，缘此次世界和平会议为拥护功利、崇尚自由之神圣团体，我国今有专使列席，为伸张国权之预备。愿此行将造福于世界，中国留学界之全体极所乐闻，敢表同情，注意邦交也。"④ 但是，对日宣战并不是唯一的方法，合约上日本不签字则欧美各国看得非常要紧，宁可割友邦之土地主权买他签字，合约上中国不签字则无人求我签字，在此种情状下除了中国外交专员的"非常卖力、非常能干"，中国必须用最敏捷方法练兵备战，中国南北宜立即消弭内乱之外，还应认清楚"先有强权方可昌言公理；国愈强愈可保障和平；友邦不可靠，唯自助者天助之"。⑤

基于此种观点，联合会成员纷纷提出各项"自助的抗日救国"方式。例如林和民1917年在《留美学生季报》发表了《敬告我国学界之青年》

---

① 孔繁露：《留美山东同学会书记为华盛顿会议事报告书》，《南开周刊》第46期，1922年，第23～26页。

② Fletcher S. Brockman, "Despite Nation's Ills, Chinese Optimistic Over Their Future," *The New York Times*, July 15, 1923, p. 5.

③ 杜威著、庄泽宣译《杜威再论中国学生革命》，《留美学生季报》第7卷第3期，1920年，第149～153页。

④ 稻孙：《留美学生会之爱国热》，《青年进步》第23期，1919年，第90页。

⑤ 蔡正：《同胞应有之觉悟》，《留美学生季报》第6卷第3期，1919年，第1～2页。

一文。他认为："中国之弱而如日本强索之事，敢于明目张胆无理索要最大原因在于三：其一在吾人无坚固之政府，是故欲御外患，吾人必先有一坚固之政府。其二在于教育。其三在于吾国之政治家与教育家必当注意于国民之实业，如开矿、筑路制造以及立专门学校等攻守之器械。"① 甚至在 1920 年，《留美学生季报》刊登了《铁路与国家强弱之关系》一文，明确提出"民智之开塞、工商业之发达、国家防御之强势、民生之富强皆与铁路相关"。② 这一点胡适 1938 年在北美基督教中国学生会夏令营致辞中也曾指出。"中国在战争中损失巨大的根本原因，是我们在教育、科学、工业技术及军事准备方面的全方位落后。"③ 正是由于"他国之蔑视我国，孰有甚于此者，此而可忍孰不可忍哉，鉴于此，我国必须一为外交上之醒悟；二为民气之发展，自强之道在于团结坚固之团体，一致对外；三为实业上之振兴，倘若我国民能维持此三者更伸张之，则我国之前途无可忧也。对于山东问题，我国民宜坚持到底，万不可虎头蛇尾、有始无终……万不可屈己以求人也，我苟求他国之援助，是显我之弱点，且他国日前既弃我而不顾。今山东问题之奋发，不过一时之怒潮耳，不足以持久也。我国民闻此其可以自醒矣"。④《留美学生季报》也于同年刊登了《敬告我国学界之青年》一文，文中言道："中国之薄弱不能自卫，自 1900 年义和团之起至 1904 年日俄关于关东之战，至日本无理之强索，实为明目张胆，夫诸青年独诞生于国家方灭亡之时，毋使日本强索之事，再来去复，使我民族精神之发扬而能如英美民族之精神，吾将亦曰'大中国主义'，'大中国者为中国人之中国'，使我中国而有国魂如德国民族之有国魂也，念我以往之羞辱，观我目前之忧患，汝曹

---

① 林和民：《敬告我国学界之青年》，《留美学生季报》第 3 卷第 2 期，1916 年，第 67 ~ 75 页。

② 李子先：《铁路与国家强弱之关系》，《留美学生季报》第 7 卷第 1 期，1920 年，第 98 ~ 101 页。

③ *The Chinese Christian Student*, Vol. 29, No. 2, Dec. 1938, pp. 3 - 4.

④ 屠汝冻：《山东问题与我国之将来》，《留美学生季报》第 7 卷第 1 期，1920 年，第 14 ~ 19 页。

安能不卧薪尝胆以答呼号也哉乎？"①

　　以上可见，"卧薪尝胆"可谓是这一派留学生所倡导的对日主旨的核心。另外还有一部分联合会学生认为今日之中国社会，是个最大的矛盾集合体，时代的、地域的、阶级的、主义的一切矛盾，毕集于中国之一身，在这个状态之下，国家无所谓"国是"，民众无所谓"共信"，人人不知该向哪里去？中国的民众，素来缺乏政治意识并缺乏运用这种政治意识去督促政府高效运作的能力，一旦失去了这种政治意识，极容易造成军人武力的滥用，各级官员利欲熏心，为了打破这种局面，此时的留美知识分子往往需要承担起一种责任。留学生应该以先觉的精神，努力唤醒民众的政治意识，并走为民族的自由独立而斗争的路途，尤其是现在抗日救国的浪潮已经遍布全中国，在海外的学生，应如何奋起挣扎，去完成这伟大神圣的救国使命？这部分学生同时提出留美学生的使命：我们一方面最直接且最大的任务，是促进侨胞积极切实努力于一切救国工作，现在我们已渐渐地和侨胞打成一片，共同努力抗日工作了；另一方面我们应注意国际宣传，我们随时随地与外国人接触，也就是随时随地可以作口头宣传以及文字宣传，以便帮助外交，使当今局势有一种新的进展，例如《留美学生月刊》《留美学生季报》的如期问世，这是统一抗日救国的力量，在国际上所做的一种强烈的呼号的具体表现。②

　　当然，联合会为国效力之方"实属不少"，但由于学生们忙于学业，尚未形成正式讨论，最紧要的任务即是：首先，需要对联合会的组织进行完善，只有属于留学生群体的联合会得以完善，才能为救国贡献力量——人民为国则国强，会员为会则会恒。其次，如何能够更好地为国效力？联合会也认为需要整顿驻美华侨以提升华侨演说、识字水平，并提升华侨之交际能力。再次，需要大力增加中美人民的交谊。最后，由于我国国民性的现实弱点在于守旧、在于自足而夜郎自大，因此应播种

---

① 林和民：《敬告我国学界之青年》，《留美学生季报》第 3 卷第 2 期，1916 年，第 67 ~ 75 页。
② 郑启愚：《留美学生所负抗日救国之实际的责任》，《留美学生月刊》第 1 卷第 2 期，1936 年，第 29 页。

为国效力之心,并鼓励吾国国民进取之心,以使人晓吾之文明。[①] 至于中国之于世界地位,"非自吾人自视之位置,而为他人之所视,他人之所视则于贫也弱也无学也之外,有一较深之评论焉,曰其国民能力值薄弱也,种姓之下劣也,进化之不可期冀也。国人亦知倡瓜吾国之议,之所以持以为口实着为何物乎?夫至明言瓜分吾国则吾国之弱而无力,为人砧上鱼肉已不待言"。[②] 很显然,"中国者全世界之中国矣"与"世界者全中国人之世界"是两种不同的观念。前者在于承认中国可以由他人侵犯、由他人渔利、由他人瓜分;而后者在于赞成中国作为世界范围内的一分子,中国对于世界负一分子的责任,亦有一分子的权利。[③] 1920 年秋季,留美学生联合会发表了《留美中国学生会为国效力策》,认为虽然现实中由于旅居异邦,不能直接领导国内民众运动,但是并不能因此而放弃了救国的责任,尤其是在这个关键时刻,更需要做一些能够增进国家胜利的实际事情,例如研究自然科学的,应加紧工作以便战争发生时候能够在国防上做出种种贡献;研究社会科学的留学生,应该抓紧研究关于日本的问题,譬如日本的外交形势、日本的经济力量、日本的政治及军事现状、探讨国际情形等情况,以便吾国更好地作战。[④]

实际上,倡导对日作战的武力派恰恰是基于一种强烈的民族意识,这种意识与其说是更为关心中国在面临"山东危机"时所采取的一种自保的态度,莫若说是一种隐藏了的排外倾向及盲目情绪。这种情绪与倾向极有可能走到"救国"的对立面,也可以说这种激烈的民族意识很容易与一触即发的民粹意识相互连接。两者一旦连接,中国近代的发展就极容易陷入一种"混乱而暴力的漩涡",这也就是学者朱学勤指出的民族

---

① 胡继雄:《中国学生会为国效力策》,《留美学生季报》第 7 卷第 2 期,1920 年,第 127 ~ 132 页。

② 任鸿隽:《中国于世界之位置》,《留美学生季报》第 2 卷第 1 期,1915 年,第 17 ~ 20 页。

③ 杨锦森:《论中国留美学生》,《东方杂志》第 8 卷第 12 期,1912 年,第 30 ~ 35 页。

④ 郑启愚:《留美学生所负抗日救国之实际的责任》,《留美学生月刊》第 12 期,1921 年,第 38 页。

主义与民粹一旦联合，中国现代化也就离"病灶"不远了。① 另外，主张"自助的""自强的"对日态度，与其说是一种"怒其不争"而"自发的努力"，不如说这种基于自由的、自主的对日态度，客观上从政治、经济、文化等各层面肯定自己国家的价值，也关心在深刻的民族危机之时，如何重建民族的自信心，寻找民族文化的独特性、差异性及本源性的价值之所在。

这两者对日态度虽然倾向不同，但是从理论上来说，两者之间却可以相互融合与相互转换。当然，这一切不仅仅限于近代中国，同时也是一个现代性的问题。基于民族士气而主张武力抗日的派别并不是基于自由主义的"自助内观"的对日派的对立面，但是就整个留美学生联合会的客观实际来看，前者的影响依然胜于后者。其中的缘由大概可以从两个方面得到解释：一方面，由于近代中国所遭受到的一切不公正待遇、国际舞台上所受到的一切侮辱，产生了一种对于外侮的特殊反应，类似于尊严的"条件性反射"的抗拒，大多以武力、抗议、暴力为主，因此与其说是联合会学生对于两者所选择的态度的不对等，莫若说是当时政治的环境甚至是中国历史的惯性选择了以武力为主的对日态度；另一方面，或许是由于但凡武力、暴力、抗议等模式相较于平静的、自助式的、内发的对待外辱的态度要显得更为激烈、更为"引人瞩目"、更具有势力，自然得到更多的"垂青"。

---

① 朱学勤：《五四以来的两个精神"病灶"》，《战略与管理》1999 年第 4 期。

第四章

以爱国的名义：激进与冷静的方式之争

> 己欲立而立人，己欲达而达人。我为国家一份子，我身既修救
> 国之道，必尽我天职以爱国。
>
> ——朱进（1914）[1]

相同的国家，国人对她的热爱方式各有不同，自然爱国的情感表达方式也不尽相同。纵观联合会中的留学生，或是基于温和的、调和的、折中的自由主义改造路径的理智爱国方式，或是基于高涨的民族精神而采用一种"应激－防卫型"抵抗方式，均体现着他们对于爱国的不同方式。众所周知，民族意识在19至20世纪之间最为重要的一个派生形式即是使"国家主义"得以增生。基于这一理念，联合会中的很大一部分留学生（更为明确的是清华毕业的赴美留学生）组成了一个全新的协会——"大江会"。大江会高擎着"中国国家主义"的旗帜，在联合会中显得尤为引人注目。

---

[1] 朱进：《责任心》，《留美学生季报》第1卷第1期，1914年，第151～154页。

但同时，联合会当中同样存在一部分留学生，他们认同自由理念当中"万国之上犹有人类在"的"世界共同"的观点，反对大江会过于将国家与国家之间割裂开来的态度。这一派留学生倾向于强调普世价值，并坚持以国民个人为出发点，并以个人为爱国的最终归宿，并不提倡国家主权具有至高无上的、不可比拟的含义。正是由于联合会深具"公共领域"的性质，强调学生群体公众意见与公共舆论的形成，因此这两类截然不同的爱国方式与爱国观点，才同时得以在联合会当中共生、共存、共融。

第一节　两种爱国方式之间的鸿沟

近代以来中华民族危机日益加剧，自清朝覆灭到袁世凯复辟帝制，再到"二十一条"交涉的失败，甚至是巴黎和约引起的国人激愤，凡此种种事件一次次拷问着国人一个问题。近半个世纪以来，"西力东渐之势，若河决下流；东亚旧邦之命，若一发引千钧"，① 究竟该如何在这一艰难的历史时刻挽救民族，实现国家独立？在这样危难的时刻，留学生又该如何爱这个国家？采用哪一种方式恰当地爱这一个行将日下的国家？对于以上种种问题的解答，显然成为定义近代留学生责任的前提，也成为当时所有中国人及政治思潮的最大主题。

对于国家命运的担当精神，潘光旦认为这是每一个知识分子的使命："今日中国，政治动荡不已，战争连绵不断，百姓生活水深火热，社会问题层出不穷，国家民族的命运危若累卵，稍有良知的知识分子有几个能够只埋头于自己的专业，做到'两耳不闻窗外事'？"② 究竟该以什么样的方式来爱国，已成了摆在留学生面前的一道最重要的、最亟待解答的命题。国之不存，家将焉附？覆巢之下安有完卵？若至国破种衰

---

① 汤兆丰：《留美一年间所感》，《留美学生季报》第 2 卷第 1 期，1915 年，第 97～103 页。

② 《论学人论政》，《潘光旦文集》第 5 卷，北京大学出版社，1993，第 500～501 页。

为亡国奴，则不得扬名显亲也，诚然，"爱国的文字可以振作民气，爱国的演说亦然"。① 联合会中的留学生也通过各项活动与各项讨论对这一问题进行探索，几乎每一次联合会召开的年会无一不是与"讨论国家问题"联系在一起，则"将来学底大成，能为国家之用"；学生之间的往复谈论也往往涉及宗教的派别、中西双方的异同、学术与政治之间的关系、学生与国家未来命运的联系等方面。用联合会的宗旨来说，即是"振兴国势、保全种族，均为诸位留学生君平日之志气，所厚自期许者甚众"。②

例如在 1904 年的夏季美西留学生会年会中，一个相当重要的环节即开展学生演讲活动，由 9 位联合会中的留学生就三个主题展开演讲。这些演讲也都是紧扣"爱国精神"的。这次年会演讲的初赛题目为：（1）我们留学生该怎么展示我们的爱国之心？（2）中国人毫不弱于他国国民，为什么我们的国家命运却和他国完全不同？（3）造成如今国力衰弱的根本原因究竟是什么？初赛之后，6 位同学进入决赛，演讲的决赛主题为："为了拯救国家，我们急需做些什么？"演讲时间每人 20 分钟。③ 除去联合会定期召集相关主题的演讲之外，其实早在 1911 年 8 月，全美中国学生联合会就已经筹建了一个救国组织——"爱国会"，胡适曾被选为这个"爱国会"的主笔之一。④ 虽然"爱国会"这一组织的寿命不长，但是在当时却有利于激发留学生的爱国热情。⑤ 同时，胡适在 1911 年 7 月发起组织了一个中文演说会。他在当年的 8 月 6 日第三次的演说会中，演讲的

---

① 倪章祺：《读春季季报社会问题之感想》，《留美学生季报》第 6 卷第 3 期，1919 年，第 38～43 页。

② Chinese Students' Alliance, *Pacific Coast Students' Annual Bulletin of 1908*, p. 57.

③ Chee S. Lowe, The Oratorical Contest, Report of Chinese Students in America, Original from University of California, pp. 10–14.

④ 《胡适日记全集》第一辑，联经出版事业股份有限公司，2005，第 171～172 页。

⑤ "Ex-Treasurer of the Alliance, S. D. Lee's Full Report for the Fiscal Year, 1912–1913," *The Chinese Students' Monthly*, Dec. 1913, p. 161.

题目是"祖国"。① 一般而言，就爱国的方式以及留学生该如何爱国的这些种种问题，联合会的学生大致分为两个不同阵营：理智且冷静的爱国派与狂热且激情的爱国派。

对于理智派的爱国者来说，可谓在数量上并不占优势，持这一派观点的尤以胡适为代表。胡适一直提醒现在的知识分子最应当以一种温和的方式去爱国，因为对于我们这样的国家"你爱她无疑就是害了她"。② 当然，这要求知识分子需要警惕一种"立即见效"的思想，并且积极提倡一种"缓慢渐进"的改造方法，以上这一切的构想无疑是基于一种自由主义的理念而提出的。正是由于自由主义显示出一种温和的、调和的、折中的改造路径，因此以胡适为代表的理智爱国派学生也延展着对于爱国方式的构想。以胡适为代表的留学生认为近代中国何以久乱而不治，究其原因就是没有一个文化、社会、思想和政治的重心，一言以蔽之即是"我们中国这六七十年的历史所以一事无成，中国的民族自救运动之所以失败，都只因为我们把六七十年的光阴抛掷在寻求建立一个社会重心而终不可得，因此不得不采用一种温和渐进的方式去爱国"。③ 九一八事变一周年之际，他在《惨痛的回忆与反省》《全国震惊以后》两文中，向国人提出："我们应该自己反省：为什么我们这样不中用？为什么我们的民族自救运动到于今时还是失败的？"④ "对于此，我们应该深刻地反省我们为什么这样的不中用？为什么只是这样做劲风里的枯叶，利斧下的朽木，做人刀俎上的鱼肉？"⑤ 以胡适为主的这一留美学生群体对于爱国的意见，显然更偏向于"去尖锐的爱国主义，存民族认同感"模式，采用一种自由、自主、内敛、温和的爱国方式。这或许是由于"留美学生恰恰知道正是民族主义导致了欧洲的战争，于是留美学生对高涨的民族

---

① 《胡适日记全集》第一辑，第170页。
② 胡适：《他》，《新青年》第2卷第6号，1917年2月。
③ 胡适：《惨痛的回忆与反省》，《独立评论》第18号，1932年。转引自罗志田《民族主义与近代中国思想》，东大图书股份有限公司，1998，第153页。
④ 胡适：《惨痛的回忆与反省》，《独立评论》第18号，1932年9月18日。
⑤ 胡适：《全国震惊以后》，《独立评论》第41号，1933年3月12日。

主义情绪的热情终有所收敛"的原因，遂进而向自由主义的理念靠近了一步。①

理智且冷静的爱国派，除了提倡留学生应将激烈的爱国思绪进行冷却，还力求留学生将爱国主义与世界国际主义相互结合。这一派的爱国者指出热爱一个国家并不仅仅意味着爱自己的国家，更是爱全世界的人民。早在1908年的留美学生年会中，周诒春即在年会上发表了题为《忠诚于忠诚》的演讲，这篇演讲获得了当年演讲比赛冠军。在演讲中，周诒春提出了"爱国主义"与"国际主义"可以兼容的思想。他指出，世界上不应存在强国欺负弱国的现象，所有国家有必要因为爱好和平这一共同原则而走到一起来，因而爱国主义能够从一个共同的国家进而延伸到全体人类的福祉。他对在座的留学生听众说："等到你持续而有良知地坚持这一原则，中国的希望也就更加光明，亚洲的未来就更有前途，世界的发展也就有了保障。"② 周诒春所提出的这一观点在当时可谓是高瞻远瞩。

与周诒春持几乎相同观点的当然还有前面所述几乎持类似观点的胡适。在留学美国的七年时间里，胡适主要形成了自己的世界大同主义思想。为了清晰地说明自己的观点，胡适在1913年初做了一个关于"世界观念"的演讲。在该演讲中，胡适就对这一观念下了一个定义："世界主义者，爱国主义而糅以人道主义者也。"③ 他曾经说道："我在康乃尔和哥伦比亚作学生时代生活经验的一部分，便是我同来自世界各国留学生的交往。"④ 以在康奈尔大学为例，1911年夏至1914年，由于社交圈子、文化视野及"智慧天地"进一步扩大，他对当时中国的爱国方式提出了批评。他批评道："今之挟狭义的国家主义者，往往高谈爱

---

① 史戴西·比勒：《中国留美学生史》，第223页。

② Y. C. Tsur, "Loyalty to Loyalty," *The Chinese Students' Monthly*, Nov. 1908, pp. 41 – 44.

③ 曹伯言整理《胡适日记全编》第1卷，安徽教育出版社，2001，第200页。

④ 唐德刚译《胡适口述自传》，《胡适作品集》第34册，远流出版公司，1986，第127页。

国，而不知国之何以当爱；高谈民族主义，而不知民族主义究作何解。"① 意识到这一点，胡适随后逐渐将"爱国"与"爱世界"乃至"爱人类"结合在一起，于是一种超越了国家界限的"世界主义"观念及立场开始萌生。"爱国是大好事，惟当知国家权利之上更有一大目的在——旨在全体世界人民的福祉；在小家的范围之外更有一更大之团体在——旨在全球范围的福祉。"这一"天下共同"的理念与葛得宏·斯密斯（Goldwin Smith）所谓"万国之上犹有人类在"（Above all Nations is Humanity）不谋而合。② 胡适对这一理念不仅仅停留在演说的表达层面，更是"起而行"践行于自身的行动之中。留学美国期间，胡适热衷参与各类超越国家主义的学会，并在这些场合中多次发表关于大同主义的演说，如"大同主义哲学""大同主义之沿革""大同主义之我见""世界和平及种族界限""大同主义"等。③ 胡适的这种以西方自由主义准则为主的思想，与他在康奈尔大学学习时候，他的政治学教授安吉尔的新和平思想充分糅合，提出了"我之自由，以他人之自由为界"为基础，来构建其"所不欲施诸同国同种之人者，亦勿施诸异国异种之人也"。④

这种大同的思想在 1922 年美国纽约出版的一本关于中国文化小册子中也深有体现。这本册子选取了几位较为出色的留学生对中国的文化改革分别进行五个方面的论述：（1）刘廷芳论述中国的复兴运动；（2）胡适论述中国的白话文运动；（3）朱友渔论述儒家"天道思想"及佛教思想；（4）西方宗教思想在中国；（5）诚静怡论述华人教会。该著作以这几位留美学生的独特视角，对中国民国时期所展开的一系列文化变革进行了重要回顾，故该著作命名为《中国人眼中的当今中国》（*China Today*

---

① 《日记（1915～1917）》，《胡适全集》第 28 卷，第 528 页。

② 《胡适留学日记二》，《胡适作品集》第 35 册，第 183 页。

③ 桑兵：《世界主义与民族主义——孙中山对新文化派的回应》，《近代史研究》2003 年第 2 期。

④ 曹伯言整理《胡适日记全编》第 1 卷，第 512 页。

through Chinese Eyes）。① 这部著作通篇洋溢着一种"世界大同的思想"。这几位留美学生虽然采用不同的角度对中国当时的文化进行分析，但是其根本宗旨在于使读者明白"惟当知国家之上更有一大目的在，更有一更大之团体在，更有一世界在"。②

但是，联合会也提醒各位留学生除了应该注重世界主义的思想，还应该注重保存自己国家独特的特性。对于世界主义的过度关注所带来的负面效应，也为联合会留学生所深刻认识到。孙恒作为联合会的成员，提出了世界团体的存在应意在拾他人之长补己之短，一言以蔽之效法西洋文明不应该以牺牲自己国家的特质、短时期取代旧有之文明为代价。他指出：

> 反观近岁西洋各国对于吾国之态度，凡欧美各国所称为西洋文明之主人翁者，其视东洋文明，无不以为劣等文明而直言不讳也，吾数千年来苟安因循、固步自封，卒以成今日之残局也。彼自称白皙民族，天所独佑，自往古以还，凡科学美术上种种发达而足以造福于人类者莫不出于其辈之手。西洋文明之优胜于我国旧文明，凡留学欧美稍久稍得彼国内容者，皆能言之矣。一国文明之进步无穷，不仅在能守先圣先皇之遗业，发挥而光大之，而尤赖在能吸收他国之文明，而增益其所有，务使吾之文明合于世界趋势，而无故步自封。吾国之所谓变法改新者，旋举而旋废，盖亦由千年积毒已深，新制度之移植，一不得善人而理之，即群起阻挠，不详其制度之得失及如何改良，而惟以推倒为目的，一返其昔日之本面目，循此而不变，则吾国之进步终系昙花幻影，亦惟他日俯首就伏、受制于人而已。③

---

① T. T. Lew, Hu Shih, Y. Y. Tsu, C. Y. Cheng, *China Today through Chinese Eyes*. New York: George H. Doran Company Press, 1922, pp. 17 – 19.

② T. T. Lew, Hu Shih, Y. Y. Tsu, C. Y. Cheng, *China Today through Chinese Eyes*.

③ 孙恒：《中国与西洋文明》，《留美学生季报》第 1 卷第 4 期，1914 年，第 91～96 页。

基于联合会会员孙恒提出的这一观点，梅光迪提出国人应该保存自身固有国粹，梅光迪指出这种保存国家特质的重要性不容置疑："今日之欧战论者，多将罪归于民权主义之流弊。吾国之醉心于欧化者，闻之已可以醒悟矣，吾国之旧文明固多缺点，西方之新文明亦非善无憾者，言治术者，能慎择而审取之，截长以补短则得矣。"① 这一观点也受到汪懋祖的肯定。汪懋祖与梅光迪初并未相识，通过联合会的一系列活动相识交慕之后，汪、梅二氏则"各道其平生而恨相识甚晚矣，吾与梅君是道也，非党也；为道也，非势利也，盖精神上有若不可叛离之天故之合"。两人之间对于如何保存国家特质的观点也保持着默契。1919 年的夏季，梅光迪甚至曾赴纽约与汪懋祖相聚，两人相谈之后无不"愤然叹息，谓今日之国民昏聩自大，故当利用'辱'；今日之国民气息仅存，故当利用'慰'，如慈母之若赤子般"。② 文辞中无不体现出对仅存的国民特质的重视，也体现出海外学子对祖国的深刻情谊。在国将不国的危难时刻，留美学生对祖国满怀深情，对国家的真实处境表示同情、理解，甚至是对国家所遭受的创伤进行抚慰。留学生在美国多有俊秀之才，只是美国化太重，预测将来之中国当不免带有浓重的美国色彩而失去自身的中国特性，不能自创世界。③ 这一点在 1922 年的"双十国庆日"上，也得到哥伦比亚大学孟禄教授的再次强调。1922 年，耶鲁中国学生分会举行了一场隆重的国庆纪念会，邀请到刚从中国访问归来的哥大教授孟禄先生。在演讲中，孟禄博士敦促在场各位留学生应当意识到自己国家文化的重要性，因为留学生的重大责任就是保存国家的固有文化，并使之发扬光大。留学生不应该好高骛远，而应从实事做起，诸如做一些关于农业、教育、工程相关的实在事业，才能完成这项自救的重大

---

① 梅光迪：《论民权主义之流弊论》，《留美学生季报》第 3 卷第 3 期，1916 年，第 45～49 页。

② 汪懋祖：《送梅君光迪归圜桥序》，《留美学生季报》第 6 卷第 1 期，1919 年，第 196～197 页。

③ 崇植：《由留美学生中观察而得的新教训》，《学生杂志》第 9 卷第 7 号，1922 年，第 251～254 页。

任务。①

　　以上由孟禄博士所提倡的这一理念，意在指出留学生需要采取一种脚踏实地、切实笃定的方式，来改造我们的国家。这样的观念无异等同于"以小我撬动大我"的改造理念。或许受到了先生的启示，胡适将这一理念进一步扩展到了国家的政治改革层面。胡适曾在一篇题为《独立》的文章中，强调了人人爱国的事实，大力主张中国人以独立的精神践行人生义务及爱国责任："先讲自己一个人，再讲一国，努力造一新国家，不要观望不前，不要你我推诿，不要靠天，不要靠人，因为一人能独立，你也独立，我也独立，那个祖国自然也独立了。列位，来！来！来！来独立，独立，祖国独立，祖国万岁！"② 这种从"做好小我"以"塑造大我、建造大国"的意识也曾在联合会的年会当中得到提倡。1914 年，就读于哥伦比亚大学巴纳德学院（Barnard College）的女留学生李美步在《留美学生月刊》刊登了一篇名为"中国式的爱国主义"的文章。该文曾获 1913～1914 年度第九届全美中国学生联合会演讲一等奖。李美步提出："威尔逊总统曾说：'在美国，最好的爱国方式不仅仅是热爱国家，而是热爱你手边正在进行的工作，因为做好自己的本职工作、做好我们自己就能使祖国获益。'同样，我们也认为，在中国，最好的爱国方式也是做好我们手中的事，做好我们自己的主人。"③ 在下一年的《东方杂志》就评论这位留美女学生的演讲："李美步女士之文采姿势，无不中节感人，近年学生会中不可多得之演说家也，自有英文演说赛会以来，女子得奖者，李女士为第一人。"④

　　就在李美步的这篇文章刊登了两个月之后，胡适为了回应这一观点，另做一文，针对留学生究竟该采取一种什么样的爱国方式这一问题，做

---

① "Yale Students' World," *The Chinese Students' Monthly*, Dec. 1922, pp. 58 – 59.

② 《胡适全集》第 21 卷，第 111 页。

③ Miss Mabel Lee, "Chinese Patriotism," *The Chinese Students' Monthly*, June 1914, pp. 23 – 26.

④ 《内外时报：东美中国学生会十龄纪念记事》，《东方杂志》第 12 卷第 3 期，1915 年，第 26～28 页。

了进一步反思。胡适在 1915 年年初作于绮色佳小镇的一篇名为《致全美中国留学生的公开信：爱国切莫过了头》的文章中，更进一步提出了个人看法。他要求大家保持爱国的冷静，并对很多同学过于激愤的情绪作了批评。

> 假如说我们必须战斗，否则就被征服这个道理是对的话，那么我们则不免陷入了一种爱国的非理智陷阱当中。在这个陷阱中，我们极容易兴奋、紧张，由于不理智的爱国情绪的冲动，而失去理智。我的朋友们，我们的祖国只有 120000 名勉强受过训练的士兵，我们没有任何海军装备，最大的舰艇仅仅是一艘 4300 吨排量的三等巡洋帆，试问我们该如何面对具有一百万精良兵力的日本？很显然，纸上论战是最空洞的课程，在这个最关键的时刻，同学们，我认为我们最该去做的事就是让我们冷静下来，尽我们这类留学生最该尽的职责——去学习！①

彼时的胡适虽担任过《留美学生季报》及《留美学生月刊》的编委，之所以提出这样的建议，很明显地将自己从广泛的留学生圈子中区别出来，这显然与他对于"世界主义运动"（Cosmopolitan Movement）理念的认同有着不少关系。这一观点与陈衡哲所提倡的"平和的爱国"不谋而合。陈衡哲建议联合会的同学应该及时调整自己的爱国情绪："爱国心虽有好处，但万万不能敌它的害处。我还不如劝人家快看的把爱国心来消灭了罢。'平和'是一个温静清高的女子，'争战'是一个很可怕的刽子手，大家大概还是喜欢'平和'罢。美国的历史大家洛宾生先生（J. H. Robinson）说爱国心有两个界说，一个就是爱自己的国家——这是很好的；还有一个就是恨别人的国家——这就是戕贼人类的根源了。我还不如劝大家快快把爱国心来消灭了罢。英国的路氏先生（罗素——引

---

① Suh Hu, "A Plea for Patriotic Sanity: A Open Letter to All Chinese Students," *The Chinese Students' Monthly*, Jan. 1915, pp. 425 - 426.

者）说真正有爱国心的人，必定不赞成争战，他必定尽力地叫他国里的
学术文化胜过别国，到了那步地位，不用枪支，他国家的荣光自然大了。
因此争战自然没有立脚的地方，我们已经看到了平和正面的人，又应该
怎样的为他尽力呢？"① 当然，陈衡哲所提出的这一观点也为联合会当中
的其他留学生肯定。一名联合会成员更做一文，指出留学生的爱国方式
最重要的是"必须是具有智慧的、且无条件的"。② 纵观以上留学生所提
出的关于爱国方式的观点，可见能够代表爱国冷静派的态度。

以上可见，胡适、陈衡哲等人提出的这种看似冷静的爱国方式，是一
种基于民族自尊审慎且理性的爱国方式，也是基于自身的一种冷静反观的
方式，从而寻求一种较为恰当的爱国方式的建议。这种方式在很大程度上
是可以理解的。但是出人意料的是，胡适的这个观点在联合会中却引起了
不小的反响，其中有认同、有批评，甚至有不少刺耳的反对之声。联合会
学生代表有的认为吾国今后之预备应"储金、军备"；另一部分认为需要振
兴我国工商业，并鼓励国民自治；还有人认为需要大力发展学术，无论哪
种治国方案，都需要秉承一种"责任心"——窃恐五分钟之热度，知自责
亦背于今世立国之本义也。③ 胡适所代表的这一部分留学生甚至与全美中国
学生联合会领袖之间在政治态度上产生了分野。就胡适所代表的留学生而
言，他们大多数都认为一个没有自信的国家，要么是极度的自大，要么是
极度的自卑。越是自卑的人，越是对外界敏感，国家也是如此，越是积难
重重、危若累卵的国家，越是对外界任何一点小刺激都会有较大的反应。

不过，这种以周、胡为代表的世界主义在留学界不受欢迎，他们的某
些看法也令留美同学大为反感。联合会一度抨击这种基于自由主义的"世
界主义意识"，在反抗外强侵略时主张不争主义，往往使之"陷入十分麻烦

---

① 陈衡哲：《平和与争战》，《留美学生季报》第 4 卷第 1 期，1917 年，第 53 ~ 61 页。
② Y. C. Yang, "Making Patriotism Count Most," *The Chinese Students' Monthly*, Dec. 1917, pp. 107 – 111.
③ 彭丕昕：《吾国今后之预备》，《留美学生季报》第 2 卷第 4 期，1915 年，第 9 ~ 15 页。

的地位", 甚至极为容易被曲解为"消极的不抵抗"主义。① 在这些负面评价中,《留美学生月刊》 主编邝熙坤 (也作邝熙堃, H. K. Kwong) 就针对胡适的爱国观点提出了反对意见, 甚至针锋相对地与胡适打上了笔墨官司。"胡先生因为我们留学生在对日问题上表现出的热情而谴责我们爱国过了头, 称我们为丧失理智的爱国 (Not Patriotic Sanity), 那我请问胡适先生难道不是'丧失理智的不爱国'(Unpatriotic Insanity) 吗? 我们留学生是有血肉及情感的个体, 而非如木头般毫无感情, 我们做不到在这个关键时刻仍然装聋作哑。胡适先生称我们是亡命的英雄主义, 那我请问什么又叫做懦夫呢? 我们这些留学生现在埋首书斋, 是为了什么? 还不是为了救国, 所以, 道理很简单:国家若要强大, 势必要有牺牲, 留学生为了国家的尊严与荣誉而战, 付出任何牺牲都不足辞。"② 胡适受到的批评远不止于此, 他陆续收到了不少留学生寄来的与他打笔墨官司的信件。在这些来信的留学生中, 有人认为胡适所谓的"镇静"和"安心读书"是"木石心肠""闭目塞听""不爱国";③ 有人更是将胡适冠以"亲日博士、亲美博士"④ 之名;⑤ 甚至有人直言胡适为"大病、令人生厌, 在于好立异以为高"。⑥ 对胡适批评或指摘的此类说法层出不穷, 由于在情感上符合彼时"民族主义式"爱国的内在理路及情感需求, 这些说法也往往得到大部分留美学生的拥护。按照本尼迪克特·安德森对于"民族主义"的定义,"民族意识"是一种古老而"自然"的力量, 无可选择、生来如此的"宿命", 使人们在"民族意识"的形象之前感受到的是一种

---

① 胡适:《我的信仰》, 欧阳哲生编《胡适文集》第 1 卷, 第 17 页。

② H. K. Kwong, "What is Patriotic Sanity? A Reply to Suh Hu," *The Chinese Students' Monthly*, March 1915, pp. 427 – 430.

③ 胡适:《胡适口述自传》, 唐德刚译注, 广西师范大学出版社, 2005, 第 87 页。

④ "博士"为当时留学生称呼胡适之名, 见任鸿隽在《送胡适之往科仑比亚大学》一文中:"今日我见君, 博士名久宣, 手中三寸纸, 蟹行密如结。"《留美学生季报》第 2 卷第 4 期, 1915 年, 第 65 页。

⑤ 胡适致韦莲司信函 (1915 年 2 月 25 日), 周质平编译《不思量自难忘——胡适给韦莲司的信》, 安徽教育出版社, 2001, 第 39 页。

⑥ 《日记 (1915 ~ 1917)》,《胡适全集》第 28 卷, 第 112 页。

无私的大我与群体生命的存在，"民族"在人们心中所发出的最剧烈的感情，则是一种无私而尊贵的自我牺牲之情。[①] 自然为了国家的大我而自我牺牲这一爱国方式，也显得符合激昂的情感诉求与近代国家现实背景下的民族诉求。

事实上，究竟采取何种姿态、何种情绪爱国，这种情感的底色往往也都是基于倡导民族自强、重塑国家尊严的目标。只是在胡适看来，"国家之事，病根深矣，非一朝一夕之故，亦非一言两语所能尽，吾辈远去祖国，爱莫能助"。[②] 爱国是一种真实的责任感，并不是需要采用一种叫嚣的、武力的方式。综观理智冷静的爱国派对爱国所提出的一系列意见，和激烈的爱国派相比，很显然多了某种程度的柔和感。这种柔和与其说是冲动的对立派，不如说在一部分激进的人士看来恰恰是一种"隔岸观火"的无力感，或者说是反观自身借由自身的、自发的努力而采取的一种爱国的方式。值得注意的是，这种爱国方式摒弃了一种暴力的、冲动的、激烈的爱国情绪。即使如此，但倘若问到为什么大部分留学生对于自己的国家大多存在一种统一而有趣的疑问："我们的国家，无论错与对，为什么我们依然热爱着她？"追根究底，中国近代的民族主义是一种情感性的关联。[③] 这种情感性关联投射于由故土转移到新大陆的留学生身上，则体现为一种轻微程度的"不安感"。[④] 这种不安感在留学生身上外化为刚强的、武力的、冲动的爱国情绪，而摒弃了理智的视角。

---

① 本尼迪克特·安德森：《想象的共同体：民族主义的起源与散布》，第 12 页。

② 《日记（1915～1917）》，《胡适全集》第 28 卷，第 70 页。

③ 本尼迪克特·安德森认为：这种情感性的关联在于"羞耻感"，这种无处不在的"羞耻感"使得国民在让自己感到耻辱的客体之间，存在着一种无法割舍的联系，这也是一种非常亲密情感的另类表现形式，这是一种异常人性化的关联，也是近代国民需要承受的特别情感。转引自本尼迪克特·安德森于 2015 年 3 月 19 日在清华大学讲学的讲稿，演讲题目为"民族主义研究中的新困惑"。

④ 本尼迪克特·安德森认为，这些移居的群体通常会尽力想表现出自己的爱国情怀，尽管没有人会想再回到祖国，比如他认为在俄勒冈州的美籍华人声援北京政府攻占台湾，以表达自己超高的爱国热情。转引自本尼迪克特·安德森于 2015 年 3 月 19 日在清华大学讲学的讲稿，演讲题目为"民族主义研究中的新困惑"。

第二节　另一面"国家主义"的旗帜：
大江会的民族精神

联合会作为近代海外地区结构较为完整、功能较为健全的留学生学会，具有极强的包容性，这很大部分是与联合会所倡导的"万国之上犹有人类在"（Humanity Above the Nation）的"世界共同"理念有极大的关系。这种理念实际上也与自由主义有着深切的关系。具体来说，由于自由主义普遍强调普世价值，高度认可"自由""民主""公正"等价值观念及民主政体，主要坚持以个人为出发点并以之为最终归宿，反对个人与国家、国家与国家之间的割裂，对国家的主权也并不绝对地要求，也不提倡国家主权具有无可比拟的、至上崇高的含义，同时力图发展出关于个人、国家与社会的基本理论体系。① 同时也由于自由主义采取公共社会与公共领域却又相互融通的方式，一方面得以使共同体的人们得到彼此的共识或者"交叠共识"；另一方面在与他者领域又能够使彼此相互连接融通，② 即是与联合会的"共同主义"不谋而合。即便如此，在面对爱国的方式上，依然有其他的团体基于不同的价值观念与意识，提倡一种与联合会截然不同的爱国方式，其中以基于民族主义价值观而成立的大江会为代表。

1924 年，一批以清华留美学生为主体的学生在美留学期间于芝加哥组织成立了"大江会"。③ 这个学会的核心成员以清华留学生为代表，有罗隆基、闻一多、梁实秋、潘光旦、何浩若等留美学生。尽管在该年度的这次芝加哥会议上，各留学生的意见并不完全相同，但有几项看法是一致的，这便是："第一，鉴于当时国家的危急处境，不愿侈谈世界大同

① 李强：《自由主义》，第 8 页。
② 胡伟希：《20 世纪中国三大社会思潮及其当代转型》，高瑞泉主编《民族主义及其他》，第 139 页。
③ 梁实秋：《谈闻一多》，传记文学出版社，1967，第 23 页。

或国际主义的崇高理想，而宜积极提倡国家主义。第二，鉴于国内军阀之专横恣肆，应厉行自由民主之体制，拥护人权。第三，鉴于国内经济落后，人民贫困，主张由国家倡导从农业社会进而为工业社会，反对以阶级斗争为出发点的共产主义。"① 实际上，"大江会"的前身是清华1921级和1922级留美学生中逐渐形成的两个通信团体，以便能够以书信的形式相互报告消息，并讨论彼此所关心的国家问题。② 学会名称中的"大江"指的是长江，意喻着中华民族的伟大。大江会宗旨在于提倡"文化国家主义"。一方面，大江学会的主要宗旨在于提倡"国家主义"，提倡中华人民谋中华政治的自由发展，中华经济的自由扶持以及中华文化的自由演进。但是反观现状，大江会认为现今国人并不具备国家精神，究其根源则有二：其一，由于国民有天下主义而无国家主义；其二，国民有个人主义而无国家主义。③ 因此，大江会提出任何国家必须重视国家观念的培育，这是由于倘若一个国家的国家观念不发达，必然被帝国侵略主义所消灭，任何国家倘若不托名于国家主义之下，也必然被帝国侵略主义所淘汰，我中华民族爱和平、爱人道，我中华民族主亲善，也更主正义。为人道而奋斗，我们不惜杀身以成仁；为正义而拒争，我们不惜舍身而取义。先国家而后一切，舍国家外愿牺牲一切，以求中华民族之自由独立与统一。④ 大江会将这面"国家主义"的旗帜扛了起来，其实也即在国与国之间画上了一条隐形的界限。这种把国家看成一家一姓，或一族一种的私物，相信这个国家是你的，那个国家是我的，牺牲你的国，不等于牺牲我的国——这一思想是在近代中国民族意识生长中绝难避免的。⑤

---

① 闻黎明：《闻一多参加大江会始末》，《江淮文史》2013年第2期。

② 闻黎明：《闻一多与"大江会"——试析20年代留美学生的国家主义观》，《近代史研究》1996年第4期。

③ 《中国目前变乱之原因》，《大江季刊》第1卷第2期，1925年，第7～18页。

④ 转引自闻黎明、侯菊坤编《闻一多年谱长编》，湖北人民出版社，1994，第225页。

⑤ 杨奎松：《孙中山与日本关系再研究——兼谈近代中国革命党国家观念的形成与转变》，http：//www.crntt.com/crn-webapp/mag/docDetail.jsp? coluid＝0&docid＝102573969。

　　另一方面，大江会更进一步提出，这种国家主义必须有一个非常重要的先决条件，也就是说需要冠上"文化"的色彩。在大江会成员的理念当中，帝国侵略主义谓白种人文化远胜于黄种人文化；谓西方文化远胜于东方文化；谓欧美文化远胜于中国文化，于是鼓吹白人文化，宣传之、威迫之、利诱之，以期中国文化之毁灭，欧美文化之传播。文化乃国家之精神团结力也，文化摧残则国家灭亡矣，故求文化之保存及发扬，即国家生命之保存与发扬也，文化之自由演进，即国家生命之自由演进也。① 因此，为了更好地宣传大江会秉承的主要理念，该协会在成立之后的很短时间内，即出版了会刊《大江季刊》。该刊物原本计划以季度为周期出版，但实际上只出版了第 1 卷第 1 期及第 2 期之后就停刊了。《大江季刊》开始的定位是通过刊登政治学说研究、政治评论、近代民族史、哲学研究等方面的论述宣扬其理念，同时通过发表剧本、小说、诗歌及文学评论文章以多种方式阐述其秉承的"国家主义理念"。《大江季刊》的主要撰稿人有闻一多、梁实秋、潘光旦、吴文藻等人。《大江季刊》的创刊号上发表了"大江会宣言"，宣言共分为四个部分，即帝国侵略主义与国家主义、中国目前变乱的原因、大江的国家主义、大江会的宗旨。"大江会宣言"用一种慷慨激昂的论调向全体留美学生宣称："我们现在誓用'积极合作'的方法，我们觉得'己国无和平的国民，不配谈世界和平主义'，我们现在誓奉国家主义，取'国治而后天下平'的路径，以达到国际主义。"② 大江会所提出的这一理念仿佛"横空出世"一般，极具"感染力"与"号召力"，可谓与联合会部分成员提出的爱国观点相当不同，自然引起了联合会成员的极大关注。

　　相较于联合会开放且包容的特性，大江会更近乎一个政治组织，这个政治组织高擎着"中国国家主义"的旗帜，大声疾呼"国家主义"才

---

① 《大江会宣言：大江会章程》，《大江季刊》第 1 卷第 2 期，1925 年，第 181~184 页。
② 罗隆基：《致施滉》（1924 年 2 月 24 日），转引自闻黎明、侯菊坤编《闻一多年谱长编》，第 226 页。

是救中国唯一的良方，开展了一系列会务活动。这显然与联合会倡导的"万国之上犹有人类在"的"世界共同"理念相冲突。同时，由于大江会的成员以清华学生为主，因而具有某种特殊的"凝结性"，这种"会中更有一小会"的现象在一定程度上减弱了联合会的凝聚力。大江会成立之初，即将批评的矛头对准了联合会。大江会严厉批评了一些中国留美学生（特别是留美学生联合会中的一些中国学生），他们认为这部分学生"懒散和堕落"、不顾自己国家的"盲目西化"的情绪十分严重，① 同时，大江会更为严厉地点出了，联合会的存在完全无助于弘扬学校之间的"合作精神"，也无法为中国留学生群体注入"新的志趣和精神"。可以说大江会对联合会的存在完全是一个"威胁"。可见大江会企图扛起与联合会不一样的理念旗帜，立志在全体留美学生群体中闯出属于大江会的"一片天"。② 由于大江会与联合会之间"存在着基本价值观念的不同，自然所体现出的一系列行为也因而发生冲突"，③ 但是由于清华成员众多，少部分成员既是联合会的成员，同时也加入了大江会，有的甚至还是大江会的骨干。

因此，联合会与专注于"国家主义"的大江会理念相互冲突。大江会力倡但凡一国必"托名于国家主义之下，才能实现一国之自由"的理念，与联合会所代表的"世界共同"理念大相径庭。大江会与联合会这两者之间自然从一开始就失去了双方合作的基础，自然也衍生出提倡不同的爱国方式。值得注意的是，即使是大江会与联合会这两个学生组织有截然不同的创会理念，但事实上，这两会却在一定范围内得以共存。具体来说，大江会扛起的这样一面"国家主义"的大旗，声称："我们的国家主义并不寄期望于一个强有力的中央政府，而是寻求一条提高中国

① 《大江会宣言：大江的宗旨》，《大江季刊》第 1 卷第 2 期，1925 年，第 24～28 页。

② 《大江会宣言：大江的宗旨》，《大江季刊》第 1 卷第 2 期，1925 年，第 27 页。

③ 伯顿·克拉克：《高等教育系统——学术组织的跨国研究》，王承绪等译，杭州大学出版社，1994，第 272 页。

人国民意识的途径。"① 这条途径是需要知识分子等精英唤醒民众、教育民众而达成的，强调一种国家政权主导的民族意识的兴起向民众自动自发的方式转变的必要性，却出人意料地在留美学生年会中得以体现。在1925 年留美学生夏季年会中，在大江会会员的努力下，"民族主义"成了主导各个分会夏季聚会的主题，一些大江会的会员还被选为地区学生会的负责人，例如清华的留美生罗隆基即被选为当年的全美留学生会主席。值得一提的是，罗隆基在当年度同样被选举为大江会的会长。可见，大江会与联合会在理念上似乎水火不相容、分歧巨大，但是大江会的某些理念依然在联合会中得以存在，或许是两方面的原因。其一，由于联合会作为全美范围的最大的中国留学生自治团体，自然具备了对不同意见的高度包容性；其二，或许是由于大江会所提出的"国家主义"论调在彼时较为"独树一帜、夺人眼球"，其较为激进的观点也比较符合当时众多留学生所秉承的"力争民族士气"的理念。② 加之大江会的主要创始人、负责人大多为"清华派"，具有较大的号召力，自然在整个留美学生群体，尤其是清华赴美留学的学生群体中有不小的吸引力。大江会在成立初期，会员约有三五十人，多是经历过"五四"洗礼的 1921 级、1922 级、1923 级的清华学生。③

实际上，有的学者提出民族主义在历史上的最主要的功能，恰恰是有利于"国家增生"，通俗来讲即是民族意识能够强有力地促进创建现代化国家，并加强现代化国家创建的步伐。④ 基于此，也可以说民族意识最本质的内在需求即是与国家共生、共存的，也可以说民族意识本质上即是孕育一种强烈的"国家主义"的温床。倘若论及中国的"国家主义"，19 世纪末 20 世纪初，中国具有一种近代意义的"国家意识"的萌生，以

---

① 《大江会宣言：大江的国家主义》，《大江季刊》第 1 卷第 2 期，1925 年，第 18～24 页。
② 群体核心人的导向作用可知，群体核心人往往作为组织的领袖，其引导作用是很强的，群体核心人的导向与公共组织冲突相关，也往往处于冲突的焦点。转引自陈国权《组织行为学》，第 74 页。
③ 《谈闻一多》，《梁实秋文集》第二卷，鹭江出版社，2002，第 519～520 页。
④ 时殷弘：《民族主义与国家增生的类型及伦理道德思考》，《战略与管理》1994 年第 5 期。

及纠缠其间的民族与民族主义。① 对于这一点的说明，1939 年时任中国驻美国大使的胡适有着最为独到的见解。他接受纽约时报采访时明确指出："中国现已将'封建主义'远远地抛在了 21 世纪之前，在此之前中国人长期生活在一个只有一种法律、一个教育体制的帝国。我们理应承担起国家建造的任务，提倡和平而非提倡战争。对于'国家意识'而言，在国家的发展历程中从未缺席，反之，这一种意识却是时刻深植于中国民族、文化及历史信念之中，也伴随着一切与他国或他国文化相接触的过程中。而与此相对的是，'国家主义'对于民众而言，却是一个全新的词汇，在过去的几十年中政府一直致力于从贫瘠到富强，而正也是这最近十年，国家也才初步完成了统一、有了现代化的机构及相对稳定和效率的政府。"② 在近代外部力量对照之下，"国家问题"首次成为近代中国所需要面对的最为重要的一个问题。中国以一种难以称为被动亦难以称为主动的方式，开始以一种"国家意识"来思考这一问题。但是在这一过程中，需要警惕中了"国家主义的毒"，需要警惕过分扛着"国家主义的旗帜"而不自知。这是由于"现在在我们民族地位未达到自由平等之前，民族主义对外的态度，在表面上看，虽然似乎与国家主义相同，但是国家主义的政策却是侵略的、抢夺的，而民族主义对外的目的，是保存己力，恢复固有之国际地位，其作用完全和国家主义不同，就如抵抗日本帝国主义和英帝国主义，也是不得已的一种应有举动，我国反抗帝国主义之侵略，并不是予日本以致命之伤，所以民族主义力量之发展，与外国民族并没有妨害的。因此我们可以得到最简单的答案：'我们的民族主义，虽是利己的，仍然不害人；但是国家主义只顾自己国家的利益，却是利己害人的'"。③

---

① 列文森在《儒教中国及其现代命运》（第 87 页）中明确提出"近代中国思想史的大部分时期，是一个使'天下'成为'国家'的过程"。杜赞奇认为列文森是关于这一问题"最为清楚系统的阐述者"。参见 Prasenjit Duara, *Rescuing History from the Nation*: *Questioning Narratives of Modern China*, Chicago: University of Chicago Press, 1995, p. 56.

② S. J. Woolf, "A Scholar Pleads for China," *The New York Times*, June 11, 1939, pp. 9, 14.

③ 孙科:《民族主义与国家主义》,《民国日报》1929 年 3 月 8 日。

很显然，胡适与其他留美学生所提出的这类意识可谓具有相当的深意。同为留美学生的吴文藻对"国家主义"所抱持的审慎态度与这种观念不谋而合，他认为："吾国历年来政治学教科书，咸以国家为一种政治组织，但严格来说，此界说非实谓之国家而言，实指所谓之政邦，而政邦乃一狭义之政治名称，国家乃是有组织之社会，是一广义之政治名称，国家应有一种感情的寄托，又有一种特有的灵魂。"① 在这种情况之下，"国家便是用武力造成的；民族是由天然力造成的，此种自然力即是王道，用王道造成的团体，便是民族；用武力造成的后果则是霸道，用霸道造成的团体便是国家"。② 基于此，联合会甚至在《留美学生月刊》专门开辟了重要版面来讨论"国家主义"。联合会认为国家主义包装之下的意识形态宣传，很大程度上是基于民族意识，这种意识的宣传往往容易出现过于宏大的叙事，而掩盖住具体的问题，这种情绪能够掀起民族主义的情感，但缺乏理性的基础。且中国长久以来的纷争，也大多是由于对于民族意见的分歧所产生的，"而如此可怕，以至于最坚强的信念也会在它面前感到恐惧"。③

以上可见，"国家主义"的本质不仅仅停留在一个简单的名词之上，更有可能掀起一场令人望之却步的暴力运动，其根本就是是否恰当且正确地利用中国传统以具有"民族意识"。因此，对"国家主义"持远远观望态度的还有梁启超。"一战"之后，梁启超在访欧旅途中根据个人的观察，提出在这一种现状之下，我们要建设一种"世界主义的国家"，怎么才能够叫作"世界主义的国家"呢？梁启超认为这就涉及在爱自己的国家之中也需要具备一种"大爱精神"。梁氏认为："国是要爱的，但不能拿顽固偏狭的旧思想当做是爱国，因为今世国家，不是这样能够发达

---

① 吴文藻：《民族与国家》，《留美学生季报》第 11 卷第 3 期，1927 年，第 15～39 页。

② 吴文藻认为造成民族的原因有五：(1) 相同的血统；(2) 类似的生活形态；(3) 语言；(4) 宗教；(5) 风俗习惯。而造成国家的三种要素有：(1) 领土；(2) 人民；(3) 主权。吴文藻：《民族与国家》，《留美学生季报》第 11 卷第 3 期，1927 年，第 15～39 页。

③ H. H. Hsieh, "Leadership in a Democracy," *Chinese Students' Monthly*, June 1919, pp. 483 – 485.

出来。我们的爱国，一面不能知有国家而不知有个人；一面不能知有国家不知有世界。"① 纵观梁启超的治学生涯，虽毕生致力于探索民族的前途、研究国家命运的走向，但他也指出中国需要警惕将狭隘的"国家之小范围的爱"凌驾于更大范围的"世界关怀"之上的歧途。在此种看法之下，他并不反对个人具有某种强烈的"民族精神"，更不提倡要放弃对国家命运的关切思考，而是主张这一观念必须采用一种超越"民族与国家"的态度，这种态度以一言以概括："是故人道主义，以博爱平等自由为质：博爱者，由人类之良心而生者也。能博爱，则己欲自由，必不夺人之自由；己欲求尊崇于我者之平等，必亦求卑于我者之平等。"② 由此可见，无论是中华民族、国民或是世界公民，都是思想上的虚拟概念，这些概念的作用是使一部分人拥有某种共同的认同感，从而遵守同一个行为体系。"世界公民"是作为一种"价值体系"的存在，本身在于"社群""团体"作为一类意识形态的约束开始变得薄弱之初发展起来的。基于这一点，联合会与大江会宗旨上的分歧也就不难明白。宾夕法尼亚大学留学生杨锦森 1912 年在《东方杂志》发表《论中国留美学生》一文。他指出中国留美诸位少年不可以其爱国心过热遂而忘却了世界的观念，断不可"惟其祖国谋利，而置世界大同于弗顾，求进之过，不可与世隔绝"。中国当今应当与友邦联络交谊而互换知识，盖真能爱国之人，决不可自囿于国家思想，"当知世界各国之民，其为人则等也，余深望留美学生能以公平为心，而以人与人、国与国互负之责任互有权利为念也"。③ 对于杨锦森所代表的联合会所秉持的这一理念，以汉娜·阿伦特的名言可以概括："我这一生中从来没有爱过任何一个民族、任何一个集体——不爱德意志、不爱法西斯、不爱美利坚、不爱工人阶级，我所知道、我所爱的、我所信仰的唯一一种爱，就是不做区别地爱'人'。"

---

① 梁启超：《欧游心影录》，中华书局，2014，第 31 页。
② 世界社编辑《旅欧教育运动》，法国都尔：中华印字局，1916，第 19 页。
③ 杨锦森：《论中国留美学生》，《东方杂志》第 8 卷第 12 号，1912 年，第 30～35 页。

第三节 殊途同归：刚与柔的辩证法

"多难可以兴邦，无敌国外患者国将恒亡。"[1] 近代的种种国难，虽然对民族存亡提出挑战，却是民族复兴的深刻动力，也是再造国家的重要时刻，更是民族新生之路的开端。中国自辛亥革命起，基本上处于一个政治权威的真空期，封建的皇帝被打倒了，传统的伦理道德、纲常秩序、价值信仰再没有了往日的威慑力。随着威慑力的逐渐散失，政治权威从而出现失落的状态，达到即将崩溃的边缘。台上幕落场暗，幕后忙忙碌碌地更换布景，而幕前的观众却已经不耐烦地跳将起来。他们发现，这是一出无剧本、无导演、无监制，亦无固定演员的戏。这些历史的弄潮儿于是纷纷登台，各显身手，思想的自由度、学术的自由度反而空前大增。[2] 因此，在留学生群体中，随着各类新思潮的涌现，这一群体呈现出了一种百家争鸣的热闹情形。由于留美学生群体的地域特殊性，西方的自由思想成为他们身上除去民族主义之外体现最为强烈的一种意识。前者的作用体现在留美学生倡导对中国的自救式爱国方式，后者的作用体现在留美学生对中国的同情之心之上。

这一观点在学者张灏那里显然走得更远。张灏先生认为这两种意识不仅仅直接融合在留美学生联合会，相反，正是由于联合会的存在，才使得两种意识得以在学生群体层面之上"生根发芽"。也就是说，在对本国的态度之上虽然呈现出这样或那样错综复杂的情感，但是由于联合会类似于这些情感共存的"储存器"，奇迹般地将彼此相互冲突的情感予以调和。他在论及近代各种主义兴起的重要条件时，认为最为重要的是学人自由结成的社团，其次则是新型的"精英型报刊"（Elite Press）的大规模出现，才使得包括民族主义、

---

[1] 中国社会科学院近代史研究所编《孙中山全集》第九卷，中华书局，1986，第 188 ~ 189 页。

[2] 叶曙明：《重返五四现场：1919，一个国家的青春记忆》，九州出版社，2015，第 343 ~ 344 页。

自由主义在内的各种新思想具备了广泛传播的温床与集散管道。① 换句话说，能够深切地讨论对国家的不同的情感，是类似于联合会这样的社团能运行及发展的最重要的"链接纽带"，也类似于是这一学生社团所存在的"精神内核"，才能使这个分散于全美、略微松散的学生组织得以凝聚起来。基于这一点，无论是不同的思想投射于留学生团体之上或是留学生团体的"承载作用"，对两类意识的深入分析都是有必要的。② 民族意识与自由主义两者之间所存在的这种特殊的关系，表面上看是有矛盾的，实则却出自相同的思想。③

一方面，近代的民族主义是每一个中国人未能绕过的显命题，正如胡适所言："当今民族主义已经获得了压倒性的势力，国家这个东西成为当今中国人要考虑的第一要务，在现在当下的中国里是没有一种力量能够阻止这种大势的。"④ 透过中国近代的历史来看，民族士气正切合当时中国之所需，在内忧外患的逼迫下，无论是国人的精神塑造还是民族国家的建立都亟须民族主义来"帮帮忙"，因此整个社会不能失去民族士气的存在。当然，民族意识往往与民族的历史遭遇息息相关，民族意识的形成也与民族在世界中所处的地位有着密切联系。基于此，民族主义情绪也通常有两个来源：第一类的民族意识来自于外部的压迫及侵袭，属于一种应激性的自我防卫心理。对于一个群体而言，越是受到外部打击，就越是向内部寻求支持，由此，一个民族、一个群体之间容易生成这种具有血统凝聚特质的向心力。第二种民族意识则来源于自身的优越感，这是由于优越而衍生出的群体自豪感、认同感。通常而言，一个群体越是出类拔萃，越是鹤立鸡群，这种民族意识就越强烈。最倡导民族主义的往往是社会精英人士，因为中国未来的好坏与他们的前途息息相关。他们需要将国家的命运与自己的前途联系起来，用"民族"与"国家"抱团取暖，需要用民族自豪感来

① 张灏：《中国近代思想上的转型时代》，《二十一世纪》1999 年 4 月号，第 29～31 页。
② 《民族存亡与歧途》，《申报》1933 年 3 月 31 日，第 10 版。
③ 蒋廷黻：《民族主义不够》，《大公报》1935 年 9 月 15 日。
④ 室伏高信：《胡适再见记》，《独立评论》第 213 号，1936 年 8 月 9 日。

提升自己的认知。对于中国倍受屈辱的现状来讲，这种民族主义恐怕更倾向于第一种来源。因此，中国人的民族主义的真正意义，正是在于"这种主义是以民族间的自由平等为宗旨，以民族自决为达到目的的手段。第一步以积极的奋斗，求中华民族的解放和独立，脱除一切帝国主义的侵略与压迫；第二步是努力求中华民国内部五族的平等；第三步进而发挥济弱扶贫的精神，辅助弱小民族，使其均能够达到'国际地位的平等'以促进世界大同之实现，发扬出中华民族'治国平天下'的理想"。[①]

另一方面，由于中国很长时期内是一个半专制、半封闭的帝制国家，按照历史的规律，这种国家发展的下一步自然是应该建立一个民主国家。虽然当时立国之精神已经基本具备，但是就组织架构而言，尚待用自由、民主的方式来完成。[②] 加之"全世界之交通，非徒以国家为单位，为国际间之交谊而已，与一切人类各立于世界一份子之地位，通力合作，增进世界之文化"[③] 的理念逐渐为联合会所认识，于是，联合会当中所存在的民族主义与自由民主意识之间产生了某种衔接。但又因为中国特殊的历史环境，这两者又存在着难以填平的沟壑。事实上，"一个民族的特性，犹之宗教，是主观的；民族性是心理的。民族性乃一种心理状态；民族性是精神上之产业；政邦性是可以强制之义务，民族性乃一种情感态度、乃一种思想态度、乃一种生活态度、乃一种团体意识之外表也。此种团体意识寄托于一定的家乡邦土之上，具有某种特殊的强度，某种特殊的密度"。[④] 自然，两者之间因此具有了某种不可言说的奇妙关系。

正是由于民族士气及对西方国家模式的追求之心，使得留美学生一方面采用激昂的民族士气以爱国，一方面也有一种基于意识深处的"不安全感"，力倡一种内敛自救的爱国方式。[⑤] 于是，对于不同情感，两者

---

① 松节：《民族主义的意志》，《民众日刊》第 15 期，1928 年，第 9～11 页。

② 蒋廷黻：《民族主义不够》，《大公报》1935 年 9 月 15 日。

③ 世界社编辑《旅欧教育运动》，第 26 页。

④ 吴文藻：《民族与国家》，《留美学生季报》第 11 卷第 3 期，1927 年，第 15～39 页。

⑤ 世界社编辑《旅欧教育运动》，第 26 页。

自然具有了某种不可言说的奇妙关系。当然，对于联合会当中对爱国的情感看似冲突，实则并不矛盾，这或许是由于对于一个面临危亡的国家而言，最重要的任务大致等于"自救"，之后再进行"自治"。前者属于自卫型的武器，后者属于自立的条件。首先要"自救"才能言及"自治"。因此可以说，轰轰烈烈的民族情感是胜过自由意识的，因此在整个留学生联合会当中，激昂的、热烈的爱国情绪始终是占据上风的。

对于联合会大多数留学生所提倡的"民族精神"而言，我们首先最有必要的就是询问民族的精神何在。基于这一点，联合会承认普世价值的存在，但由于地域、国家与种群的不同，普世价值发展的表现形式也无法统一，因此地域、国家与族群之间的竞争无法消除。① 顺着这一思路，联合会给出了自身的理解，认为所谓的民族精神"一属于智识的；一属于道德的。属于智识的一方面就是我们民族固有的宝贝，即格物、致知、诚意、正心、修身、齐家、治国、平天下，这样一个人的内部推到平天下的特质是应该保存的。至于道德的方面则是中国从前的忠、孝、仁、爱、信、义、礼，可惜群众都不注意及此或且反道而行。"②

作为一个新兴的民族国家，此时的中国正面临着从清末到民国政治转型的艰难。而彼岸的留美学生在这一时期的政治态度和行为，一方面反映了中国人身上所具有的深厚的对国家眷恋的情愫，另一方面也对中国未来走向的含义提供了具体的、小范围的实例。③ 潘光旦运用自己学业所长，将遗传学的那套理论用来论述民族复兴之途所在。他在《东方杂志》上发表的一篇文章中提出："一个民族的形成，实际上和一个个人或一个家族没有多大分别，谁都离不开三个因素，生物的遗传、地理的环境、历史的文化。这三个因素要是一个民族真是上了年纪的话，它的前途当然是不会很大，但假如一个民族知识发育不全，也只是元气上受了些磨折的话，那末前途便还是可以大有作为的。我们要复兴民族

---

① H. H. Hsieh, "Leadership in a Democracy," *Chinese Students' Monthly*, June 1919, pp. 483 – 485.

② 颂民:《民族主义的精神》,《民国日报》1927 年 4 月 9 日。

③ 叶维丽:《为中国寻找现代之路：中国留学生在美国（1900~1927）》,第 13 页。

还是一样地有把握，目前所最可以危惧的是大家不了解民族演化的道理，不承认淘汰作用和民族品质的关系，看不见实力或元气有暂时不及人家与不足以应付当前危局之处，从而于不知不觉之间继续地加以剥蚀与斲丧，则假借了文化建设之名而行斲丧民族元气之实，祸变的推移，那就真不知伊于胡底了！"①

就实际来说，民国时期全美中国学生联合会虽然远离政治，对于政治也似乎"没有丝毫的目的"，然而在彼时日益变迁的政治之中，这种对于民族主义的实践，却真真切切地落在留美学生肩上。由于留学生远在太平洋彼岸，不能直接参加国内的各项运动，只能够隔岸观火；但是留美学生却是心肠热烈、眼睛却冷静，所以看得最清切。联合会希望将具体的、小范围的实例推广到国家范围。② 联合会的这一思想显然与福泽谕吉所喻指的不谋而合："人人强大则国家强大；人人独立则国家独立。"③无疑，这就体现了自由主义的最核心的理念，即强调个体，以个体的发展为最初的出发点及最终的归宿。

两种爱国方式同时存在于留美学生联合会中，是一种偶然也是一种必然，是理念的冲突也是理念的融合，这无疑是基于联合会包容性质所能够实现的现象。留美学生联合会作为北美洲中国学生联合会是彼时全美同学共同的组织，深具开放性与共同责任性，它的组织与成功，全靠全体留学生的努力。④ 除此之外，联合会作为一个"公共领域"，在这个领域中，像公共意见这样的事物能够形成。⑤ 这一点早为留美学生所认可。联合会的留学生对于这一现实的深切意识，或通过演说，或通过刊发相关的文章来说明。一位署名为陈业勋的留学生在《留东学报》中指出，因为现阶段的中国整个社会问题与教育问题依然没有得到解决，正

---

① 潘光旦：《民族复兴的一个先决问题》，《东方杂志》第 31 卷第 18 期，1934 年，第 84~89 页。
② 叶维丽：《为中国寻找现代之路：中国留学生在美国（1900~1927）》，第 13 页。
③ 福泽谕吉：《劝学篇·论人与人平等》，商务印书馆，1989，第 13 页。
④ "The Efforts of Chinese Students in Pittsburgh," *Chinese Students' Monthly*, May 1921, pp. 73 – 74.
⑤ 哈贝马斯：《公共领域》，汪晖、陈燕谷主编《文化与公共性》，第 125 页。

是因为这些最根本的问题没有解决，因此如果我们这批留学生，无论是留学西洋，或是留学东洋的留学生，倘若还是置出路问题于幻梦，则不免有自杀的危险。因此，我们这批留学生"必须做些什么"。当然，这意味着留学生不但要置身社会，努力社会改造的事业、努力中国改造的事业，最为关键的，决定我们的目标能否实现的最重要因素则是，"除了埋头做学理的探讨之外，还须要参与与自己相适应的团体生活，共同在学术上、文化上努力，以便联络感情、砥砺学行，于我们的现在及将来，是最为迫切的需要"。[①] 基于这一点，联合会所营造的团体意识乃一种类似心理，一旦形成群体的意识，便产生公共利益观念。倘若一个民族共同处于患难时代，这种公共意识就表现为这一团体共同拥抱某种理想生活的态度与趋向。

[①]　陈业勋：《再谈"关于留学教育问题"》，《留东学报》第 1 卷第 2 期，1935 年，第 122 ~ 129 页。

第五章

新式教育的构想：自由主义的
理想与民族主义的现实

> 但求能以一张苦口，一支秃笔，从事于社会教育，以为百年树
> 人之计，如是而已。

——胡适[1]

近代中国的早期由于西风东渐，自由主义的教育理念在晚清已经开始萌芽，但由于专制体制的限制，民主尚未开始觉醒，自由主义的教育理念并未发展壮大。直到 20 世纪初，国内的知识分子或翻译书籍，或邀请国外学者来华演讲，大力介绍自由主义；国外的中国留学生更是直接受了自由主义教育的欧风美雨之惠。无论是国内还是国外的知识分子，大多都具有一种"借思想文化以解决问题的思想逻辑，即是一种强调先进行思想和文化改革然后才能实现社会政治改造的研究问题的基本设

---

[1] 《胡适留学日记》，《胡适全集》第 28 卷。

定"。① 这是一种自由主义所提倡的教育意义的本质体现。

　　倘若将"自由主义"限定在"教育层面"，那么则体现为一种对于教育理念的无限执着与追逐，对教育始终保有热忱的乐观，是一种崇尚自由、推崇独立、实践平等、发展个性的教育。② 事实上，这种理念旨在追求教育与个体的互动发展，崇尚人性的善良。基于此，联合会的一部分留学生积极地或提出或实践自由主义的教育理念。此外，源于近代中国备受屈辱而形成的"应激－自卫型"的民族忧患意识，③ 联合会的另一部分学生源于对本民族最切实的心理体认，尤其是对本国社会现实的一种恰当的意识，④ 指出了这种基于自由主义构想的教育模式的不成熟之处，以及现实中的难为之处。

第一节　自由主义的教育理想："筑新学"的提出

　　为了拯救帝国衰亡的命运，清朝统治者首先想到的即是向"新式教育"发出救亡图存的吁求。无论是"变器不变道"的教育改革或是"兴学养才以变法百事""变科举、兴学堂"的教育革新，背后均有一个共同的理念："教育为立国之本，国运之盛衰系之，国步之消长视之。"⑤ 随着武昌的一声枪声，这一帝国却终究被历史车轮碾压成灰烬。中国的未来在何方？中国的景况已经濒临"九死一生之境"。正是由于"中国处此过渡时代，国民乏独立之思想，国内外士大夫抱教育救国之义"，⑥ "国将衰，则问诊于教育"，这一现实逻辑不断地往后延伸。数十年后以留美学

---

① 林毓生：《中国意识的危机》，第 43 页。
② 胡金木：《近代中国自由主义教育理念的发展及其命运》，《陕西师范大学学报》2015 年第 4 期。
③ 萧功秦：《中国民族主义的历史与前景》，李世涛主编《知识分子立场：民族主义与转型期中国的命运》，第 474 页。
④ 德拉诺瓦：《民族与民族主义》，第 47 页。
⑤ 《致伍秩庸先生书》，《郑观应集》下册，上海人民出版社，1988，270 页。
⑥ 蒋梦麟：《建设新国家之教育观念》，《留美学生季报》第 2 卷第 1 期，1915 年，第 1 页。

生为主体的留学生主动肩负起这一"救亡重任"，不可避免地承担起运用西方文明"药剂"，医治中国"顽疾"的历史责任，以期根据国内动态及社会走向西寻"三千年未有之大变"的变革种子。他们致力于通过建设新式教育以"吾先觉而后使人觉"的方式激发国人之良知，"苟切实从教育入手，未尝不可使吾国转危为安"，① 再通过更大范围的"国人的良知"的"自我启迪"来完成整个社会的转型，因此对教育的重塑无疑是拯救国家于危亡之中的重要途径。② 以上是将教育置于国家的大背景之下的价值考察。

对个人而言，教育究竟是一种什么样的地位？这一问题恐怕是每一位以教育学研究为志业的学者需要面对的首要问题。这不仅仅关涉赖以为生的学科研究处境，还关涉自身作为个体研究者的学术命运。对于这一问题，曾是哥伦比亚大学"中国教育研究会"主要成员的欧元怀在《教育危言》中就指出："教育的事业是国家的根本，国家急需翻身的时候，尤为重要。"在绝大部分的学者看来，杜威毫无疑问也是强调教育学科重要性的代表人物。20世纪杜威访华期间，就提出了教育学在当时中国的重要性，以及国人学习教育学的重要性。他在访华演讲中指出教育学对于国家及社会的重要性所在："教育是新进的学问，凡是开垦者，都要摸着进行。教育学是政治团体与国家的最大而最重要的事业，费钱也多，用人也多，而以结果来论，可以毫不犹豫地称为各种公共事业中最根本的事业。"③ 留美归国后曾任燕京大学教育学系系主任的周学章对教育学地位的这一判断深深认同。他曾在燕京大学出版的《教育学报》中语重心长地指出教育学人研究教育学科与国家兴亡的紧密联系："在国家危难的今日，我们学教育的人，渐渐感觉所负责任一天比一天的加重，

----

① 《蔡元培全集》第3卷，中华书局，1984，第26页。
② 勃兰特：《中国之将来》，王毓祥译，《留美学生季报》第2卷第3期，1915年，第43~62页。
③ 杜威：《哲学与教育学》，黄钰生译，《南开大学周刊》第113期，1931年，第1~7页。

救国工作一天比一天的紧急，因此就感到研究教育学科的必要。"① 由此可见教育事业的发展在近代中国整体社会层面处于非常重要的地位。

留美学生联合会成员也持同样的观点，认为教育作为拯救国家于危亡的重要途径在近代国家重建中起到非常重要的作用。倘若再细致对中国近代教育本质效用进行考察，同时基于留美学生个体的角色设定，教育的革新则是向外寻求一种良方的过程，也即留学。为了清楚地说明留学对于中国的巨大影响，1926 年美国《独立日报》（*The Independent*）刊登了一篇对中国留美学生的报道文章，文章中有一幅生动的漫画（图 5-1）。漫画中的这名中国留学生双脚被象征中国传统、迷信、固有文化及习俗的铁链紧紧束缚，艰难地跪在荒野中，由于失去思想的自由而表情痛苦不堪。作者的笔锋突然一转，描述了这名留学生归国之后，由于接受了新式的西方教育，心中充满了自由与勇气，遂下定决心摆脱中国旧社会的传统、迷信、风俗的束缚，也挣脱了铁链的束缚，全情地拥抱西方的新式文明。这篇文章以及所附上的漫画与其说体现了留学生在留学过程中的新旧冲突，不如说生动地体现了留学生通过留学从而获得的对自身的改造、对国家的改造成果。

图 5-1 留美学生对于传统束缚的挣扎

资料来源："Strife over Siberian Railroads," *The Independent*, May 5, 1926, p. 217.

---

① 周学章：《卷头语》，《教育学报》（北平），1936 年第 1 期，第 1~2 页。

很显然，受过自由主义教育的留学生认为"留学，已成为了近代社会改造的重要命题"。① 基于此，联合会中的这部分留学生对于教育充满信心，也针对留学教育提出了自己的观点。这部分留学生明确地指出留学运动对于中国的现代转型所发挥的积极作用，主要体现在两个方面：一方面，留学运动促进了中国人形成了现代世界的真实视境，推动了中国人告别传统的"天下"观，逐渐形成了现代的"世界观"；另一方面，留学运动促进了中国人现代知识体系的形成，这一知识体系主要是由自然科学技术与社会科学两个部分组成的。② 在寻找自然科学及社会科学对于国家复兴价值的过程中，联合会明确指出倘若探究留学之根本，其作为可以拯救国家于危亡之中的一种可能，"外寻"过程的特性必定要回归到"向内寻"，同时需要以一种"独立之姿态"完成。作为《留美学生季报》的忠实读者与主力作者，胡适1914年在还未改版的该刊上发表了首篇关于教育理念的文稿——《非留学篇》，阐明了自己对留学的一些认识。

> 留学者，救急之计而非久远之图也；一国之派遣留学，当以输入新思想为己国造一新文明为目的。长久之计乃在振兴国内之高等教育，是故当以国内高等教育为主，而以留学为宾；当以留学为振兴国内高等教育之预备，而不当以国内高等教育为留学之预备。③

不应将国内教育与留学教育本末倒置的这一观点得到同样具有留美学生身份的侯德榜的呼应。侯氏在1917年发表于《留美学生季报》的《论留学之缺点与留学之正当方法》一文中阐述道："中国每居挫败地位国家濒危者屡矣，由是为求自存思作留学之计，但我国留学对于本国缺乏国民教育、留学之学问难直接应用于中国、留学非为人欢迎之举其结

---

① 舒新城：《近代中国留学史》，中华书局，1927，第2页。
② 任剑涛：《建国之惑：留学精英与现代政治的误解》，第4~6页。
③ 胡适：《非留学篇》，《留美学生年报》1914年第3期，第4~29页.

果究不足恃、留学乃一不经济且寡效率之举。留学须试做过渡之资，乃求人之事，非为长久之计，可偶为之不可恒为之，可不为即不宜为之，留学者须以不留学为目的。"① 即点明了留学无疑需要以本国的独立精神为基础，再援引他国的助力，才能够称为"正确的留学方法"。在强调注重本国精神方面，刘树杞也曾在 1918 年发表了对留学的看法，其中有较为精辟的分析。值得注意的是，此时的刘树杞正是《留美学生季报》的主要撰稿人，他的这一见地，可以说大致能够代表联合会对于留学的主要看法。

> 留学生远别桑梓求学异地，尤当以不失祖国精神为一之要旨。盖一国之立，必有一国之精神。截他国之长以补己国之短，固我辈留学生之责任若徒炫于外人之所长而极力摹写之，至于祖国之精神则扫地弃之而不惜，其弊也。夫人必有己身之呼吸而后可以吸取外界之养料。国必有己国之精神，非然者舍己耘人喧宾夺主。当日留学生之责任尤当保守本国之精神而引，数典忘祖为大戒也。②

从时间上来看，这三篇关于留学作为一种特殊的教育革新途径对于"塑造吾之新国"的文稿，公开发表的时间分别相差三年与一年余，作者虽为三位不同时期的留美生，也代表了三个时期联合会对于教育的主要态度，但其中的向度逻辑却呈现出某种一致性。留学生秉祥从"留学与救国"的角度入手也提出自身的看法："看罢！现在的政府中高级官员，大学中高等教授，社会上高等流氓（名流盖流氓之别名）已经多半是留学生出身了，可惜国家依然被人欺凌着，文化依然是这般幼稚，社会上种种事业依然被外国佞人所操纵，留学生对于国家的贡献在哪里呢？——坐汽车、住洋房、着西装，总而言之无非是提高了中国社会的

---

① 侯德榜：《论留学之缺点与留学之正当方法》，《留美学生季报》第 6 卷第 1 期，1919 年，第 53～61 页。
② 刘树杞：《论中美两国之异同得失及我国留美学生之责任》，《留美学生季报》第 5 卷第 2 期，1918 年，第 27～33 页。

物质享受欲，招摇撞骗，自欺欺人而已。派送留学生决不是国家的根本大计，只是文化落后者万不得已的救急办法。"① 他认为留学之目的近期之图在于输入新文明，但其远期之愿望却在于国之自立，也在于一国之独立精神的创立，"留学生没有这样伟大的抱负、这样坚韧的努力，就不配做中国文化复兴中某一部分底开山祖宗，也决不能上了学问的大道。中国民族只有凭借自身的努力、自身内在的势力，绝无悲观，才能挽救中国今日之厄运"②。只有基于这一点，一切教育改良才能于新式国家的构建产生正向作用。循着这一逻辑论及独立之姿态，在发表《非留学篇》的 33 年后，胡适 1947 年 9 月发表了《争取学术独立的十年计划》，其中对于今后中国该如何改造教育再次申明了个人期望。

> 今后中国的大学教育应该朝着研究院的方向发展，凡能训练研究工作的人才的，凡有教授与研究生做独立的学术研究的，才是真正的大学。在十年之内，集中国家的最大力量，培植五个到十个成绩最好的大学，使他们尽力发展他们的研究工作，使他们成为国家学术独立的根据地。③

可见，胡适一直寄厚望于教育。其这一理念在写给好友许怡荪的信中更加明显："适近来别无奢望，但求归国后能以一张苦口，一支秃笔，从事于社会教育，以为百年树人之计，如是而已。"④ 不仅如此，他非常希望青年学生学习法国科学家巴斯德的精神："在国家蒙奇辱大难的时候，终不肯抛弃他的显微镜与实验室。"⑤ 胡适提出的这一观点，正与傅斯年的观点不谋而合："大学教育不能置一般之教育系统中，而应有其独

---

① 秉祥：《从留学讲到救国》，《再生》第 1 卷第 9 期，1933 年，第 1 页。
② 秉祥：《从留学讲到救国》，《再生》第 1 卷第 9 期，1933 年，第 14 页。
③ 胡适：《争取学术独立的十年计划》，《教育通讯》1947 年第 6 期，第 1~2 页。
④ 《胡适留学日记》，《胡适全集》第 28 卷，第 135 页。
⑤ 《赠予今年的大学毕业生》，《胡适全集》第 4 卷，第 37 页。

立之意义。"① 为了更好地说明自己对于教育独立的观点，傅斯年进一步解释道："教育如无相当的独立，是办不好的。中国的教育厅长、特别是市教育局长可以随便更换，这犹可说他们是政务官，然而厅长、局长竟能随便更换校长，一年数换，于是乎教员也是一年数换了。服务教育界者，朝不保夕，他们又焉得安心教书？又焉得不奔竞、不结党营私？所以争睹的责任，第一是确定教育经费之独立，中央的及地方的；第二是严格审定校长、教员、教授的资格，审定之后，保障他们的地位；第三，教育部设置有力量的视学。"②

以上的文章大多是载于联合会会刊上的，从发刊人来看，都是对教育秉承着理想的留学生，字里行间无不透露着对"国家学术独立"的希冀，这也是自由主义启蒙的种子散布在教育领域的一种体现。教育在中国本土的发展中，所产生的内在动力和内在变化体现为一种教育的"内源性生长"。③ 当然，这种内源性的生长在于强调，需要注意教育的独立性。这无疑与胡适所力倡的教育救国不应受其政潮所影响的理念一脉相承。④ 这一点与舒新城的观点也不谋而合。舒氏认为："教育为改进国家最重要的工具，谁也不能不承认。可是一国有一国的立国精神，也有其民族特性，此精神与特性自然不是完整无瑕。因时代之上种种关系当然有借助他山之必要，但借助是了解自己与他人底缺点与他人的优点，对症施药的举动不是盲目撷取的行为，所以以后的留学政策当以研求学术改进本国文化为唯一的目的。"⑤

同样在留学期间，胡适好友任鸿隽也作为《留美学生季报》最为得力的写手，在创刊初期就力倡通过创立"科学实业"救国的主张，并连续刊文陈述这一理念。他曾于 1914 年《留美学生季报》第 2、3 卷发表

---

① 傅斯年：《改革高等教育中几个问题》，《独立评论》第 14 号，1932 年 8 月。
② 傅斯年：《教育改革中几个具体事件》，《独立评论》第 10 号，1932 年 7 月 24 日。
③ 杨东平：《艰难的日出：中国现代教育的 20 世纪》，文汇出版社，2005，第 324 页。
④ 顾明远：《教育大辞典》，上海教育出版社，1991，第 54 页。
⑤ 舒新城：《近代中国留学史》，第 269 页。

《建立学界论》与《建立学界再论》两篇极具重要性及代表性的文章，指出"中国倘若一日没有建立起学界则犹如暗夜之中无烛以昭之"，建立学界有助于国内承平之效、增国人向学之诚。① 以及在三年之后的1917年发表的《实业学生与实业》《实业教育观》二文，提出实业教育于教育上之重要地位、实业教育之意义及范围、实业教育学校的分类与系统（职前实业教育、初等实业教育、中等实业教育、职业学校、半工学校、补习学校、高等专门学校）、实业教育之要点、我国实业教育之问题。② 杨铨于1915年发表的《介绍〈科学〉与国人书》、③ 蓝兆乾发表的《科学救国论》、④ 徐宗漱的《科学研究与中国》、⑤ 邹秉文于1915年在当年度东美学生年会中的演说辞《科学与科学社》都表达了"科学实业报国"的观点。⑥ 纵观这些由留美学生所撰写并发表于留美学生联合会麾下的一系列刊物之上的文作，均对国内学界及实业教育提出了极为鲜明的主张，自然也得到了所有联合会成员的热烈反馈。基于这一观点，1918年第六次中美留学生联合会年会召开时，陆费执在年会演讲中即以《中国宜速组织科学学会》为题明确提出中国对科学实业的发展必须重视的观点，其中指出中国科学幼稚在于缺乏高深研究的学会，派遣留学生非治本之道，只有科学发达才能对国内学术、世界学会有推动作用。⑦

---

① 任鸿隽：《建立学界再论》，《留美学生季刊》第1卷第3期，1914年，第27~33页。

② 任鸿隽：《实业教育观》，《留美学生季报》第4卷第4期，1917年，第11~23页。

③ 杨铨：《介绍〈科学〉与国人书》，《留美学生季报》第2卷第1期，1915年，第81~83页。文中从"科学与人生""科学与人之价值""科学与救国"三方面论述了《科学》杂志的诞生之于国家的重要性，及以新知识饷国人的重要性。

④ 蓝兆乾：《科学救国论》，《留美学生季报》第2卷第2期，1915年，第63~73页；《科学救国论（二）》，《留美学生季报》第3卷第2期，1916年，第1~7页。

⑤ 徐宗漱：《科学研究与中国》，《留美学生季报》第11卷第3期，1927年，第41~70页。

⑥ 邹秉文：《科学与科学社》，《留美学生季报》第2卷第4期，1915年，第31~37页。文中主要提出"今日救国最重要乃科学之发达"，科学何以能够发达，必先有科学发明，科学发明何以有发明，必先有人研究科学，故研究科学的人多发明，科学才有进步，而科学之发达必有一科学社。文中提出如下观点：科学社资助科学研究；科学社发表科学著作；科学社开导明智。

⑦ 陆费执：《中国宜速组织科学学会》，《留美学生季报》第5卷第1期，1918年，第93~96页。

　　对教育采用自由主义派留学生提出的观点，将教育必须以一种独立的精神来创立的这一观点一针见血地指出来了，这也是联合会大部分秉承自由理念的会员所认同的观点。基于此，同样作为联合会主要成员的潘光旦更进一步指出，教育除了需要做到独立，更需要的是还要符合"教育不应过度迎合大众"的这一要求。潘光旦认为，教育从根本上来讲应是中国"士"的教育，之所以是"士"的教育，是因为这个社会上不是人人都有可能成为"士"的，因此教育也不必对每一个人无意义地迎合。①之后，他更是从自留学以来一直崇尚并修读的"优生学"角度来进一步阐释他的这一教育理念。他认为倘若过分强调教育普及，而不知道凡是教育必先顾及受教育者的遗传与环境，必须区别其社会地位与程度，不懂得因材施教，是不可能有好结果的，弄得不好，教育普及"其患且甚于教育不普及，此孔子所以有'民可使由而不可使知'之言也"。②当然，潘光旦也提出理想的教育条件。理想的教育首先需要承认的就是普及教育是近代社会进步的一大条件，但倘若知识只满足于教"引车卖浆倒粪之流"几个字，而非将辨别价值的原则深入地传授给受教育者，是很难推动民族文化程度的提升以及促进社会问题的解决。这是由于倘若在政治比较清明、民生比较充裕的社会里，例如今日的美国，无聊的读物虽多，影响也虽大，但决不至于牵动社会的治安，但在政治混沌、民生凋敝的社会里，例如中国，简单地让一般工农认得几个字，势必会助长各种无聊甚至有害的读物泛滥起来，反而会导致"淫滥浅陋之病"，③因此，倘若教育过度迎合大众，不但得不到教育应有的效果，反而会帮助那些政治野心家增加大批可供蛊惑宣传的对象，对教育使用不当的结果所造成恶劣的影响，自然是不言而喻了。④

　　新式教育的构建，除了应保持必要的独立特性、不应过度迎合大众

---

① 《国难与教育的忏悔》、《政学罪言（中篇）》，《潘光旦文集》第6卷。
② 潘光旦：《谈职业教育》，《学灯》1927年5月8日。参见《潘光旦文集》第2卷，第17~18页。
③ 《近年来的知识介绍》，《潘光旦文集》第2卷，第9页。
④ 《普及识字》，《潘光旦文集》第2卷，第29页。

之外，联合会成员还进一步提出了他们对于理想教育的观点。诸如，进一步指出倘若需要构建一种新式教育，还应避免一种"囫囵吞枣、浅尝辄止"的态度。对于这一观点的提出，有会员指出有关教育的言说首先需要先从"教育重建"展开，之所以当今中国的教育需要重建，在某方面上而言，正是因为近代的教育破产了，教育一旦破产，则不得不采取一种建造起新式教育的方式，来重塑教育系统。其实，这一点早在徐炳昶《独立评论》连载上的《教育罪言》中就明确指出："教育破产之呼声，原本即时有所闻，国难之际则愈发突出，在这个艰危的时刻，大家对于教育界的希望颇奢，而教育界自身的弱点却是穷情尽相地暴露，不惟民众对于教育界怀极深的不满意，就是教育界自身，也何尝不自惭形秽。"① 针对这个问题，胡适也明确提出了自己的观点。他对教育重建过程中需要注意到的问题明确提出了观点："现今中国教育破产的救济方法，还是教育。我们中国人有一种最普遍的死症，医学上还没有名词，我姑且叫做'没有胃口'。无论什么好的东西到了我们嘴里，舌头一舐，刚觉有味，方吞下去，就要作呕了。胃口不好，什么美味都只能浅尝辄止，终不能下咽。所以我们天天皱起眉头，做出苦样子来说，没有好东西呀！这个病症，看上去很平常，其实是死症。前些年，大家都承认中国需要科学，然而科学还没有进得，早到听见一班妄人高唱'科学破产'了；不久又听到一班妄人高唱'打倒科学'了。前些年，大家又承认，中国需要民主宪政，然而宪政还没有入门，国会召集举行过一个，就早听到一班学者高唱'会议政治破产'、'民主政治是资本主义的副产物'了。"②

胡适所言的这种对于新鲜事物还没了解透彻就蜂拥而上、浅尝辄止的态度，进一步讲，也是一种"没有胃口、消化不良"的通病。各种新旧教育思想杂糅在一起，教育理念的碰撞过度密集、短兵相接的现实，

① 旭生：《教育罪言（一）》，《独立评论》第 25 号，1932 年 11 月 6 日，第 6～10 页。
② 刘伟山：《新生活运动在教育上的价值》，《粤中校刊》第 2 期，1937 年，第 3～9 页。

也为留美学生联合会所警觉。刘伟山反问道，我国近百年来一切的事情，令人满意的有多少？在刘伟山看来，"中国近百年来的发展可以说是糟糕到不得了。例如谈到国际地位，则几沦于殖民地，其他如政治、经济、军事、教育等等，则几濒临破产，社会纷乱的现象，群众卑鄙的恶习，随处都会使人感觉到烦闷、悲愤。中间虽有不少人的想法来改善这个国家、社会，终以沉沦太深，无从着手。所以经过了多少次数的救国运动或文化的革新运动，结果都是昙花一现，兴奋一时，不久仍消沉下去。也许有些人以为以上各种运动都已经失败了，无可留恋的了，非翻出新花样不可，非学外国不可，于是新的花样尽量的翻出来；舶来品也尽量的搬进来，从此翻来覆去层出不穷，恐不至国破家亡不止，言之真是不寒而栗……过去各种革新运动的目的，无疑都是要挽救垂危的国运，振发萎缩的民心，但用客观的态度来加以公平的检讨，则无论其性质为政法或军事；为经济或社会；为文化或教育；无论其改革方式为剧烈的变革、为温和的改良、为文字的宣传，但效果都只有一时的兴奋，而未有持久的力量。考其失败的症结，并不是各种运动本身的不好，而其之所以难以持久而见诸实践者，大概可以从中找出一个共通的病源，就是胡适之先生所说的'没有胃口'。"[①] 这种"没有胃口"的通病，还极容易和"急于求成"的病症相联系在一起。胡适进一步指出："我国的知识分子，对于一件事情的发生往往还没有认识清楚便下批评，做一件事情不是不肯努力去办，就是不诚意地干。而下层没有知识的人，对于一件事情的发生，不是随声附和便是麻木不知。因此弄到国家好的东西不能食下去，食下去也不能消化，虽有好的医生开了很好的方子，想医治这个死症也束手无策。所以国家一天一天危险；社会一天一天败坏；人心一天一天堕落；很多人都焦急起来，望有一个起死回生的方子，把这个沉疴立起。"[②] 事实上，在中国近代社会转型时期，"过于急躁"、"食不甘

---

① 刘伟山：《新生活运动在教育上的价值》，《粤中校刊》第 2 期，1937 年，第 3~9 页。

② 胡适：《教育破产的救济方法还是教育》，《国闻周报》第 11 卷第 34 期，1934 年，第 1~3 页。

味"和"囫囵吞枣"的现象无处不在,加之各种新旧观念的相互碰撞,又不免形成传统的固执、现代的强挟、两者既相容又相互离散等现象丛生,最终则不免出现社会的混变。① 在此基础上,汪懋祖指出缺乏学科定力的教育学家的形象无疑是"最喜夸夸其谈欧美之学制而不究国民之急需,迎合世界教育之潮流而不知国内教育上之大病——不能先求原理之系统的了解,而往往妄趋时髦胡乱采用偶然时髦的方法,今天你来谈职业教育,明天我来谈设计教学法,今天你来谈蒙台梭利,明天我来谈道尔顿"。②

纵观留美学生联合会学生一系列文章所表达的对于教育的构想,联合会认为近代知识分子——确切地说是自己,在当时大多具有一种借思想文化与教育革新解决实际问题的热情,即"强调先进行理想层面的思想和教育文化改革然后才能实现社会政治改造问题的基本设定与实践力行,从某种层面而言,这也是留美生对于教育功能的'理想主义'"。③ 倘若将留美生对于新式教育的这一"理想主义"进行具体的主观限定,则体现为一种对于教育理念的无限执着与追逐,过程中极需留美生对教育始终保有热忱与乐观,同时对教育之于改造社会的特性也应始终抱有热情的期待。留美的陈衡哲解释道:"在我们这一代年轻人的心目中,不在政治,而在科学与教育;实业与学问。政治乃是一件极无聊赖的事,我们是不屑于去做的。"④

事实上,这部分留美生并非对政治决然地"不屑一顾",而是对政治社会的改造采用了一种"迂回往复"的方式,采用创设教育革新这一"中介手段"来达成对政治、对社会的改良作用。他们之所以坚持对于教育功能的"理想主义"认知,是因为这部分群体大多认为每一个个体不仅仅活在"事实"世界中,还生活在"理想"的可能世界中,典型地体现了既是"所是"又是"未是"的统一,"是"与"应是"的统一,教

---

① 吴康宁:《教育社会学》,人民教育出版社,1998,第 192 页。
② 汪懋祖:《现时我国教育上之弊病与其救治之方略》,《学衡》1923 年第 22 期,第 20~24 页。
③ 林毓生:《中国意识的危机》,第 43 页。
④ 陈衡哲:《人才与政治》,《独立评论》第 29 期,1932 年,第 35 页。

育与社会相互间的理想互动也就成为一种可能。① 例如陶孟和与蔡元培便将教育绝对地与"救国"等同起来。陶孟和认为："现代国家之间的竞争从根本上来说是知识与能力的竞争，青年学生的求学就是最基础的救国运动。"② 蔡元培也将教育目的解释为："苟切实从教育入手，未尝不可使吾国转危为安。"③ 在以留美生联合会为代表的学生群体看来，教育的理想归途在于和国家命运相挂钩，所谓"养力之道何为？曰留学而已，留学之道何为？曰救国而已"。④ 回望历史，类似的留学知识分子回国后，或多或少都致力于新式教育的革新，并期待借此实现国家的复兴，可谓是向着教育功能的"理想大道"一路狂奔。另外，对于这一理想的教育功能更为具体的层次划分，在1926年《留美学生季报》菊农对教育之于国家的理想所展开的论述中有最详尽的阐释。在菊农的这一论述语境中，属于中国学子所肩负的治学理想到现实的完成显然有着明确的步骤与路径。

> 一种教育理想必然有三种成分。第一是情感方面的：人类必定情感上感到一种比现状好的境界乃有理想之可言……情感上觉得非要这种境界不可，理智上见到将来的可能，然而决心去做，求这种理想的实现。"精诚所至金石为开"便竟实现了，或者部分实现了，这便是意志方面。一种理想最初为少数人或者一个人心目中，发而为文章，然后后人可以了解他，但是这种理想一定是民众的期望，所谓"心同理同"然后靠少数或一人来说明再影响一般人的行为与思想。⑤

显然，《留美学生季报》刊发的这一系列文章，深刻地透露出联合会中教育理想主义派对于教育的最本真的期待，以及对教育功能的极大信

---

① 贺来：《现实生活世界——乌托邦精神的真实根基》，吉林教育出版社，1998，"序"，第21页。
② 陶孟和：《救国与求学》，《现代评论》第37期，1925年，第39页。
③ 《蔡元培全集》第三卷，第26、218页。
④ 裘昌运：《论留美学生对于家国义务之预备》，《留美学生年报》1911年第1期，第41~48页。
⑤ 菊农：《教育理想与教育史——教育史上之大潮流》，《留美学生季报》第11卷第3期，1926年，第15~36页。

心。事实上，这种理念正是基于自由主义中对人改造的热情与对个体所抱持的乐观而阐发的，这一理念追求教育与个体的互动发展，崇尚人性善良的理念。当然，在这些文作中，也能大概清楚地解释由理想教育改革直通国家建构的具体步骤。留学生菊农也认为，联合会对于一种新式教育理念必须首先具有主观层面上的"向往之情"及"意志信念"，之后再通过个人发文等方式提倡和宣传推广，当这一理想为大众广泛了解并接受后，才能够成为影响国内民众并进而改造国家的一种适合的教育革新。当然，过程中留美生需要注意的是，以"筑新学"而达到"造新国"这一向度逻辑实现的客观条件在于其所提倡的教育改革和创新观念是否符合民众期望，这影响到其观念是否具有民众"心同理同"的接纳基础。同时，教育从根本上来说是一个行动中的历程，需要留美学生具备一种主观且自觉的能动意识，才能够使教育得以改造国家的这一向度逻辑向前推进。但若在近代背景下对这一向度逻辑进行客观检视，就会发现事实上这是由于秉承自由理念的留学生对于教育的某种过于理想化的"主观设定"，也即以教育改造直通社会改造这一道路在彼时复杂的社会情状下，极易走入一种"简单化"又盲目乐观的歧途，其所设想的以教育为杠杆去"撬动"整个社会的理想，自然也就不可避免地遭遇一系列难为的现实。这种难为的现实被联合会中的另一部分留学生理智地指出来了。

第二节　审慎的民族主义派：教育理想到现实的难为

当联合会中的一派留学生对教育进行着理想层面的构想、对教育的功能抱定决绝信心的同时，另一派的留学生则关注着中华民族的整体利益和兴衰存亡问题。[1] 他们从民族忧患意识出发，对本民族最切实的心理进行体认，也对本国社会现实有一种恰当的意识，[2] 从而提出了这种基于自由主义

---

[1]　唐凯麟、王泽应：《20世纪中国伦理思潮》，第23页。
[2]　德拉诺瓦：《民族与民族主义》，第47页。

构想的教育模式的不成熟之处，以及事实中的难为之现实。

事实上，联合会自由主义派提出的由筑造一种新学而通向建构一个新式国家的理想逻辑，在现实中却遭遇到难为的尴尬。彼时的中国社会正经历着激烈变迁，风雨飘摇的年代，政治潮汐也时涨时落。当动荡的政治环境容不下一张课桌，更论究竟如何对教育体系进行变革，如何使吾国造一新文明开一新天地，更是显得困难重重。由理想到现实的这三重落差，主要体现为三重原因：一方面是由于留美生身份的尴尬；另一方面是缘于教育之于社会柔弱的现实；第三方面则是"学场域"与"政场域"无法对等重叠造成的。

首先，联合会中审慎的民族主义派从对中国民族意识本质最贴切的认识出发，指出借教育以改造国家的这一向度逻辑存在一种吊诡的现实困境，即以留美学生为主体的知识分子期望能够肩负起"救亡重任"的远大理想与这一群体的地位难以对等。对于留美生身份的设定，《留美学生季报》的主力作者、联合会的骨干会员潘光旦1926年在春季刊中详论了"今后季报与留美学生"这一命题，提出了相应观点。

> 中国的留学生是一个极其复杂、却又极其重要的社会动物，是甲文化甲种族的产物，却不能不在乙文化乙种族内作相当之顺应——而此种顺应功夫又绝不容易。当其在乙文化乙种族内作顺应之际，又不能不返顾产生他的甲文化甲种族，以免顺应过度，绝了将来的后路。留学生的身份若是不单纯，他的思想、行动也就极有变化。留学生，尤其是欧美的中国留学生，犹如果艺专家用嫁接法造出的文化的"凑体"而成分复杂。所谓此种嫁接的文化势力，应使一般留学界与西方文化日常接触之际，有所参考而不至一味墨守。[①]

诚然，潘光旦所采用的留美生类似于由果艺专家嫁接出的"凑体"这

---

① 潘光旦：《今后之季报与留美学生》，《留美学生季报》第 11 卷第 1 期，1926 年，第 1～14 页。

种比拟，某种程度来说极为恰当地反映了这一群体的真实角色与地位：留学生不仅是新式教育的设计者，也是近代教育变革之下所形塑的"产品"（清末民初留学教育沿革大幕下的"产品"），在一定程度上还是近代教育沿革投射于留学生个体之上最为鲜活的表征方式，无疑呈现出了其个体角色对于历史回归"不由自主"的客观事实，这也是这部分留美学生在自身角色上的冲突所引起的。具体而言，一方面，留学生在横向时间轴上展开了中与西的转换，体现为这一群体远渡重洋寻找文明星火并试图选择一条中庸路径得以兼容并包两种异质文化；而其回归则需为国家带来科技、文化甚至政治方面的革新，同时还须为社会所接受，因为毕竟新与旧两者的融合过程并非仅是嫁接与移植般简单。另一方面，留学生在纵向时间轴上也展开了古与今拉锯下的自我妥协，在这一纵向转换下，留学生主体极容易产生一种心境上的"迷失感"，这种"迷失感"最为显著地体现在对一种文化的判断方式上，该群体应如何选取合适的改造理念成为一项难题，不可避免地显现出某种或左或右均不得章法的尴尬。

究其原因，在于这群胸怀无数信念的联合会学生过度承担起了改造国家的重要责任，将国家的一切问题导向了"群体少数人的责任"。这一"群体"再具体地来说，也可以说就是类似于联合会的这一特殊的群体。之所以如此，是因为这一导向向来都具有某种历史的"惯性"，也具有民族意识的"惯性"。清末新政时期，派遣留洋、兴办实业的种种任务便不可避免地落在近代知识分子的肩上。[1] 社会寄希望于新时期的知识分子（以留学生为先驱的学子主体）自觉地肩负起改造国家的使命，国家设计者也大多明示或暗喻这一群体在国家转型的特殊时期依然占据着相当的中心，并且体认这一群体具有通过自身努力来完成庞大社会转型的主观意识和客观能力。然而颇为吊诡的现实情况是，随着历史的变迁出现了某种戏剧性的转折，留美学生这一群体的身份逐渐变得晦暗不明并十分尴尬。这是由于在近代激流突变的政潮冲刷中，"学而优则仕"的功能渐

----

① 《致伍秩庸先生书》，《郑观应集》下册，第270页。

渐式微并逐渐瓦解，加之这一教育价值系统在 1905 年之后也几近崩塌，从而直接或间接地造成了国内的各方学子转而负笈东洋、问道西洋的现实。所谓"成也萧何败也萧何"，救国在于留学，而留学无疑意味着远航，远航又注定失去某种国内根基。倘若失去这种国内根基的有力支撑，其以"学"而改造社会的使命必定无法开出实践之花。

客观上而言，这部分留学生作为鲜活的现实人不免受制于近代时期客观环境的选择、对自身命运的选择、学者之间的意见相争，使得这种由学者直指教育构想的线路出现了偏差，由此筑起了自身与他人意见的一道藩篱。[①] 由于留美学生是一个较为特殊的群体，国内的无论是商业、工业或是教育等事业，无疑很大程度上受留美学生的掌控。这可以说是他们的幸运，但同时也是他们的危机。因为这一群体极容易受到其他留学群体的攻击，学人之间也因此容易产生间隙。

1937 年 7 月 17 日，时任北大教授的傅斯年在《独立评论》第 9 号上发表了《教育崩溃之原因》一文，对近代中国的教育逐渐美国化这一现状表示担忧。这些担忧甚至还似有若无地透露出自己对于某类特定群体的批评。细究傅斯年的这些论调，恐怕还是在于表明自己对留美学生群体关于教育设想的不满。傅斯年直接将矛头指向了哥伦比亚大学，确切地说是留学于哥伦比亚大学的留美学生群体。他认为"哥伦比亚大学的教师学院毕业生未能给中国教育界一个最好的贡献"，表达了他对哥大毕业的教育学者缺乏专门知识的意见。[②] 由于早期的留欧经验，傅斯年知道学生在英国要学教育专业，必须本科毕业；在德国则是从大学哲学系的高年级学生中选拔未来的教师，但是这部分在美国所培养的学生并不能承担改造现今中国的重任。"我没有留学或行走美国之荣幸，所以我于哥伦比亚大学教师学院诚然莫测高深，不过，看看这学校的中国毕业生，在中国所行所为，真正糊涂加三

---

① 章清：《学术与社会：近代中国"社会重心"的转移与读书人新的角色》，上海人民出版社，2012，第 275 页。

② 邓小林：《近代国立大学教师聘任中"本土派"与"海归派"略论》，《现代学校教育》2007 年第 5 期，第 23 页。

级。这些先生们多如鲫，到处高谈教育，什么朝三暮四的中学学制，窦二墩（道尔顿——引者）的教学法，说的五花八门，弄得乱七八糟。不学无术之空气充盈于中国的所谓'教育专家'之中，造就些不能教书的教育毕业生，真是替中国社会遭废物罢！"① 可见，留美生群体身份的尴尬无疑在某种程度上限定着他们由筑新式教育而造新式国家理想的达成。

此类现象层出不穷，作为研究自然科学（植物学）及人文科学（教育学）的先驱，胡先骕与孟宪承同样具有赴美留学的经历，但各自对教育学科的地位及师范大学学制问题有着不同的看法，二人甚至基于不同的立场打过几场笔墨官司。胡先骕认为"美国大学中所不为同僚重视者，厥为教育学与社会学教授焉"，孟宪承予以反驳。孟氏提出，教育学科在大学中"不得将其降为文科中附属之课程"。他认为现代国家没有一个不把教育看作国家命脉的，没有一个不尽力从事师资培养的，为改进教育计，没有一个不在高等教育供给师范训练的。孟宪承进一步指出胡先骕所言的"同僚"为谁，"教育学与社会学教授"是什么人，都须分别观察，我们何能听凭一人之言，作全部的判断呢？只要有忠实大学各科学问的精深研究，都一般应当"忠实"，个人感情上的重视与否，与学问本身的价值，在中国当时教育学的确还很"幼稚"，好容易引起一点研究的新兴趣、培植一点师范教育的新生命，已经费了许多人的气力。倘若因此否定这些努力的人，则会使其感到很大的失望和不平。另外，胡先骕甚至还批评担任教育学科者的浅学，从而归咎于哥伦比亚大学课程② "分目极细、参考书虽众多，然皆千篇一律，无鸟瞰之识见，加以平日于中西、绝无根砥，故除墨守师说，如鹦鹉学舌，别无他能"。虽不能言孟宪承是"醉心"于西式教育理念的代表，但孟氏作为深受"西方雨露"的教育家，很显然无法同意胡先骕这样的武断论调。他反驳道，教育学科建设的"不成熟"完全归罪于哥校课程，是冤枉的且不公允的。他严肃

---

① 傅斯年：《教育崩溃之原因》，《独立评论》第 9 号，1932 年 7 月 17 日。

② 胡氏此处真实的意思应是批评毕业于哥伦比亚大学研究教育学的中国学生。

地指出教育学人学教育学得好不好，绝对和学科本身的价值没有关系，并不能因为某些教育学人的浅学而全然否定一门学科的价值，这无疑是犯了"以偏概全"的错误，至于胡氏批评教育学者的幼稚浅薄，尚须加以分别，"另外否认教育学科在大学课程上应有的地位，更是不能同意的"。①

其次，当民族主义者在面对民族生死存亡之际，认识到"救这衰弱的民族，救这半死的文化"的时候，② 自然意识到对教育、对文化的拯救势在必行。但是其中却必须意识到"衰弱的教育"之于"社会"更为衰弱。具体来说，倘若将教育与国家的关系不仅仅定位于"拯救与被拯救"的关系，而在更大的范围内进行定义，那么在蒋梦麟看来两个场域相互作用是有着多种可能的。早在1914年《留美学生季报》春刊中，蒋梦麟在讨论"教育真谛"时即明确提出了教育是社会革进的助推器，"是故欲谋社会之革进，必自普及教育始，苟能实力施行国家无内乱，弦诵之声将遍于里巷"。③ 次年的夏季刊中，蒋氏再次讨论"建设新国家之教育观念"时，号召国家力图谋求教育之进步，以期建设新国家。他在文中提出："欲建设新国家，犹如就泥沙之基建设大厦，又何往而不仆哉。欲图积极之进行，舍教育其末由……兹采建设新国家于学校中之议。"④

无独有偶，大约五年后庄泽宣在1920年《留美学生季报》春季刊中也提出了相同的论调。庄氏在教育与国家的关系方面肯定了蒋氏的说法，并进一步指出教育不但在于富国、强国，与国家的相互关系更在于"造国民之特性"。例如注重保守的在英国人最重视人格教育，因此英国的教育在于"养成士君子之人格"；而德国人的特性是彪悍、勇猛好战，因此德国人的教育在于忍耐、服从，在于养成德意志帝国人民的"军国民之意志"；美国人的特性最为自由，因为他们教育的宗旨在于养成"自由共和国民"；日本的教育取武力主义，因此日本的教育在于养成"忠君爱国，为国殉身"的

---

① 孟宪承：《教育学科在大学课程上的地位》，《新教育评论》1925年第1期，第12~16页。
② 《介绍我自己的思想》，《胡适全集》第4卷，第668页。
③ 蒋梦麟：《教育真谛》，《留美学生季报》第1卷第3期，1914年，第5~9页。
④ 蒋梦麟：《建设新国家之教育观念》，《留美学生季报》第2卷第1期，1915年，第1~9页。

人格。庄氏话锋一转，指出中国固有的教育宗旨是养成一个服从权威的读书人，凡是前人讲的话后人不能去反驳、凡是在上的人讲的话在下的人不能去反驳，就算是近期的教育稍有一些利于建造新国家的部分——这一点不假，但却存在一个非常致命的弱点——即使是中国教育已由 19 个世纪"忠君奉上、服从权威"逐渐转为"健全人格发展的共和精神"，但依然脱离不了依赖性，同时容易附着"文弱"特性，而这一"文弱"特性正是教育之于社会作用的"致命伤"。① 在庄氏的理解中，这种"依赖性""文弱特性"不可避免地易使教育陷入受社会及现实所影响的境地。一方面，近代中国的教育易与现实产生割舍不掉的复杂联系；另一方面，又易与留学生所赴的留学国家产生一种"寄生"的关系。

对于教育与现实割舍不去的关系，潘光旦认为之所以造成如今的种种社会问题，最大原因莫过于人为的政治原因，某些"教育试验五年却又根本失败的'党治'和吾国数年来所行的'党化教育'"，莫过于国民党讲的是宪政搞的是"训政"，军人到处横暴肆虐，各地政权几乎全部掌握在将军手中，中国还远"没有兜出军政时期的圈子"。② 教育与现实无法分割的这一现实，在蔡元培看来则体现为教育发展难免受政潮风起云涌的牵涉。早期蔡氏访问英国爱丁堡大学中国学生会及学术研究会时，即面对所有在场留英学生发表了一场精彩演说。

> 中国现在的政治可云坏极了！一切大权皆在督军掌握，督军并无何等智慧，不过相互为敌借养兵之名去掠金钱就是了！中国之大，断没有少数人集权而治的恐怕是"高等教育机关"了，从"地方自治"入手使人民多受教育，自然各方面事务都有适当的人来担任，希望诸君专心求学，学成可以效力于高等教育机关，这是救国最好的方法，目前国内政治问题暂可不必分心。③

---

① 庄泽宣：《教育造国民性说》，《留美学生季报》第 7 卷第 1 期，1920 年，第 103～108 页。
② 孙斯鸣：《谈谈中国的政治人才》，《华年》第 1 卷第 3 期，1932 年，第 2～4 页。
③ 于世秀：《蔡子民先生在爱丁堡中国学生会及学术研究会欢迎会演说词》，《留美学生季报》第 8 卷第 4 期，1921 年，第 1～8 页。

　　这篇演说词随后经留美中国学生联合会整理后刊发于 1921 年《留美学生季报》的冬季刊中，透露着联合会对教育革新能够独立于国内潮政影响的衷心期望。蔡氏认为彼时没有被类似于督军等少数人集权所"染指"的机构只有高等教育机构，这是高等教育机构的幸运，也谓之不幸。幸运自不必说，不幸则在于但凡任何教育的改革必然免不了战战兢兢、谨慎胆小甚至是畏畏缩缩，倘若稍不注意"步子迈大了"，则极容易被社会的宏大潮流所吞噬。傅斯年也从教育与政治的关系入手，探讨二者的相互关系。他认为中国教育界自清末创办学堂教育，依然不曾"上过轨道"，尤其是由于中国社会现在正呈现一种濒临崩溃的状态，这是由于近年来教育界也呈现出一种崩溃的形式。这种崩溃的主要原因是政治之不安定，也是教育紊乱的一大主因。正是由于中国的政治变动大潮流分成无数小潮流，来来往往，反反复复，事事皆成朝不保夕之局面，人人乃怀五日京兆之用心：上台是趁火打劫，下台是酝酿待时。[①] 正是因为当时的"中国今日受辱极矣，可耻甚矣，凡有血气，其何能堪？政府之于庶政，不知培植人才，采取新法以至太阿倒持也；中央与各省政府呼应不灵各自为政；政府懦弱无能被动、麻木不仁，毫无对外政策、毫无振作之心"，[②] 因而亟须国人同僚存坚卓之志发愤图强。深谙这一道理的、同样具有留美生身份的任鸿隽，更是进一步提出"党化政治"与"教育"不能并存的观点。[③]

　　另一方面，留学生对于留学国度的"寄生关系"，1926 年《留美学生季报》夏季刊中潘光旦明确提出了以下观点：

---

①　傅斯年：《教育崩溃之原因》，《独立评论》第 9 号，1932 年 7 月 17 日。

②　朱进：《失败之外交》，《留美学生季报》第 2 卷第 4 期，1915 年，第 3～8 页。

③　任鸿隽在 1932 年 6 月 5 日刊登于《独立评论》第 3 号《党化教育是可能的吗？》一文中即指出："我们曾经听见中小学校的党义课程，怎样的学生不感兴趣；大学校的党义教员，怎样的被学生轰了又轰，赶了又赶。这不见得是因为教员的不济，而是因为党义这一门功课，实在不为学生所欢迎。党义不为学生所欢迎，也不是党义之过，而是凡挟贵得势的主义，所必得之结果。"三年之后，傅斯年在 1935 年 4 月 14 日刊登于《独立评论》第 146 号《论学校读经》一文几乎持此相同观点，该文原刊于《大公报·星期论文》1935 年 4 月 7 日。

试问留学事业究竟有没有一个归宿？经济的依赖他人，叫做"寄生"，文化的、智识的依赖他人，当然也是一种寄生了。留学事业本来是一种权宜之计，可暂而不可常的。最初的数年或数十年里，一时自立不起来，不能不请人扶一扶，这是情有可原的。但要是此种非扶不立的现象，再迁延下去，那就有失体统了！①

文中的字字句句无不透露着教育革新投射于留学场域的意想不到之负面效应。这不是说一个国家强盛了就不必留学了，只是说当时中国的留学事业显然是片面的——是中国人有求于他人，当时的中国留学生是一种文化的、知识的寄生体，这是无可饰辞的。潘氏的深切疾呼也说明教育对于社会、对于留学国度的柔弱特性使得彼时教育革新确实是到了一个亟须反思的境地了，这无疑需要注意到如何脱离此种中国对于他国文化与留学寄生的现实。

很显然，教育固然可以做一个有价值的社会改造工具，然而中国向来的教育特性却是与社会有着纷繁复杂的关系。一方面教育与社会不是整合而又有机的组合，自然二者无法进行同时期、同步调的更迭与提升，倘若仅仅只是对教育方面进行革新，也注定难以适应现实的迫切要求；但另一方面两者却又有千丝万缕、无法割舍的联系，事实上任何一项教育改革均是一种复杂的工程——是理念、政策和体制结构、历史和文化的大杂烩，尤其是在近代中国激流变迁的社会生态中，倘若需要进行彻底的教育改革，往往需要具有某种社会改革性质的配套方案来支撑。然而令人遗憾的却是在彼时的中国社会中，正是由于教育文弱的特性注定了其并不具备足够的动力，抑或是魄力能够撬动社会革新。

再次，由于民族主义派的联合会会员意识到"学场域"与"政场域"无法交叠重合，也通过著书做文的方式提醒大众，教育、留学生并不具备对国家改造的能力。这一派的学生详细分析了彼时大部分留美学

---

① 潘光旦：《今后之季报与留美学生》，《留美学生季报》第 11 卷第 1 期，1926 年，第 1 ~ 14 页。

生的最重要的目标，大多是来自于自身母体社会的需求，同时辅以自我价值实现的需求。说明了这一留学生群体所承担的最本质、最独到的角色特征，这大概也是中国文化，尤其是近代教育历程变迁的最基本特征，也即某种价值诉求投射于个体与大环境的表征形式。对于这一现实，联合会的相关学人纷纷发表了观点。

> 今日中国，政治动荡不已，战争连绵不断，百姓生活水深火热，社会问题层出不穷，国家民族的命运危若累卵，稍有良知的知识分子有几个能够只埋头于自己的专业，做到"两耳不闻窗外事"不受到政治的牵连？①

诚然，每一个生命都应该是诗意地栖居在理想的土地上，但知识分子作为社会组成的一部分，必然会受到风起云涌的政治的影响。倘若这种影响使理想遭遇到了困境，留美学生群体注定会有改变社会的无力感，从而逐渐加剧为对时代和命运的失望，最终这一切甚至会转化为对自己甚至对理想的深深怀疑。然而究其实质，留美学生所体验到的"理想之难为"并不仅仅出于自身原因，更在于"学场域"与"政场域"交错又复杂的关系。具体来看，"筑新学"与"造新国"各自隶属于"教育学"与"政治学"的范畴，二者在一定程度上处于相互联系却又交织不够紧密的两个领域。第一，"变革教育"在近代是与"救亡图存"能够粗略而直接画上等号的。例如在一段时期内的留美生意识构想中，由"筑新学"向上的直通道即是"植才异国以期输入文明，再开一新天地、造一新文明国度"。基于这种认识，蔡元培认为"教育指导社会，而非随逐社会也"；②竺可桢认为"大学是社会之光，不应随波逐流"。③这些看法都体现出"学场域"对于"政场域"有过于理想的、直接的、绝对性的引导

---

① 《论学人论政》，《潘光旦文集》第五卷，第 500～501 页。
② 蔡元培：《蔡元培教育文选》，人民教育出版社，1980，第 244 页。
③ 竺可桢：《大学教育之主要方针》，《浙江大学校刊》第 248 期，1936 年，第 1～7 页。

功能。由"革新教育"向上直通"革新社会"路径之实现似乎也具有很大可行性，但是这一逻辑却极易导向"教育万能"的误区。事实上，筑造一种新学正是构建起一个新国度之后才能达成的现实，或二者是在统一时间场域同时达成的目标。尤其是在近代政潮变迁的背景下，教育独立尤其之难为的状况之下，当"救亡"压倒"启蒙"而成为仁人志士现实中的首选时，以"学"通"政"则不可避免地显得困难重重。第二，通过建造某种新式教育是否能够切实打造一个新的文明国度？所打造的新文明国度是否能够支持教育沿革的可持续性发展？对于类似问题的思考，使人不得不注意到二者之间存在着某种矛盾。因为从时效上来看，"筑新式教育"是教育领域培养人的长效性事业，属于"治本"的方法；"建造新的国家"却需要短期见效，倘若错过了救亡的最佳时刻则终将难逃"国将不国"的悲惨命运。以上二者的内在关系无疑意味着教育并非"包治百病"一试就灵的仙丹。诚然，教育的确能够强国、兴国，所谓"强国必须育才，育才必须力学"。这一客观逻辑是无法否认或倒置的，甚至在成熟社会，教育改革也是社会发展的重要动力，但倘若因此认为教育能作为一剂"强心针"拯救一国衰弱的命运并使之振奋，恐怕就会陷入一种虚无的乌托邦主义困境。

基于这一点，墨子刻（Thomas A. Metzger）曾将中西方的知识分子进行相互对照。这两个群体或许也能够较好地代表联合会中的这两派对教育不同理念的群体：自由主义派与民族主义派。在他看来，西洋知识分子不但采用乌托邦主义的方式，也会援引保守主义的观念；然而在民国危若累卵的现实背景之下，中国知识分子却貌似放弃了保守主义的方式，最终使得以留美学生为主体的知识分子坠入一种"超现实"的尴尬境地，从中衍生出的奢望与失望，也更加印证了中国知识分子对于政潮涨落的深深无力感。①

从以上联合会当中教育理念的民族主义派所提出的一系列难为的现

---

① 墨子刻：《政治发展与知识分子》，《中国时报》1983 年 3 月 21 日。

实可见，在近代的教育变迁背景之下，正是由于"学场域"与"政场域"两者实质上所隶属的不同领域，因此不可避免地产生了一系列复杂交错的问题。双方之间注定产生某种独特的相互作用。这体现在一方面教育对政治的牵涉："筑新学"极容易与政治现实利害相挂钩；另一方面又同时体现在政治对教育的牵涉：教育纯良的学术育人品性与教育改革者独立自主之姿态极容易受到现实的摧毁。倘若这两者之间复杂的张力投射在留美学生个体身上，则体现为近代留学生个体大多对"学"与"政"双向关系具有紧张而又复杂的心灵体验。值得注意的是，在《留美学生季报》中，联合会的留美学生群体对于这些问题的讨论、两派之间的论争，不仅仅局限于民国时期的时间场域，甚至在几乎一个世纪之后的今天，也依然是亟待解开的难题，留学生群体仍然是西式文明的"报春鸟"。[①] 在政潮的牵制之下努力寻找一种理想与现实之间"最近发展区"，难免步履艰辛。可见，在近代不甚理想的社会生态中，将救亡的中心完全诉诸建构一种"新学"未免显得过于羸弱。

第三节　在自由与民族之间调和：寻觅"筑新学"的理性界限

　　综上所述，可见联合会当中对教育的构想存在着两派截然不同的看法。一派是基于自由主义的理想派，他们认为教育能够直通改造国家的道路，同时在教育、学术的领域当中，自由主义派坚持教育的独立与学术自由；而另一派是基于民族主义的谨慎派或是保守派，他们对教育抱持一种审慎而中立，甚至在一定程度上对教育的功能持怀疑的态度，对国家的现实、社会的现实也能够有较为清晰的体认。对于两派的差别，很显然需要讨论联合会对教育构想实践的难为之因。

---

　　① 叶隽：《"教育冲突"与"文化抗争"——读〈中国教育早期现代化问题研究〉》，《北京大学教育评论》2010 第 3 期。

确实，从教育主观上的理想设定到现实中的实践，实际上存在着一个理性界限。这个界限一方面能够使留学生避免不切实际的期望，另一方面也能够在现实中将教育发展的路径与理想紧紧贴牢，以理性为舵更好地掌控现实。留美学生联合会作为在美留学生自治、自创的重要学生联合社团，对于教育提出了理想层面的一套设计。这套对于新式教育的设计承载着留美学生对于教育最为真挚的期待。由于留学生基于国内教育特殊的地位，因此联合会对于这些新式教育理念的构想具有"自我主导""自我聚焦""自我阐述"的鲜明特色，同时还洋溢着浓烈的"理想意识""主观期待"。因此在某种层面上，对于他们教育构想的了解同时也是了解他们主体意识最为重要的一扇窗口。就留美学生联合会所发表的一系列关于教育构想的文章而言，其所体现出的充满理想与期待的"筑新式教育"的理念是个无法忽视的特点。这一理念的向度逻辑或许也是近代教育变迁范式的巨大原动力。造一新国度之外，倘若再进一步阐释，究其近代中国的教育之功，很大程度上则在于塑造一种基于新国度之上的"国家意识"。① 很显然，这种"国家意识"塑造的过程也是留学生群体为主的知识分子将外来教育本土化、民族化的探索适应过程，这也是当时知识分子自身文化特性的一种外显、在跨文化交流中的一种必然自主而努力的探索。② 这一探索，在早期胡适则以某种"梦想"所指代。他曾指出读书人必须为这一梦想行动起来。

> 天下多少事业，皆起于一二人之梦想，今日大患，在于无梦想之人耳。天下无不可为之事，无不可见诸实际之理想，这个世界是给我们活动的大舞台，我们这群读书人既上了台，便应该老着面皮，拼着头皮，大着胆子，干将起来；那些缩进后台去静坐的人都是懦夫，那些袖着双

---

① 列文森：《儒教中国及其现代命运》，郑大华、任菁译，中国社会科学出版社，2000，第87页。

② 杨东平：《艰难的日出：中国现代教育的 20 世纪》，第 324 页。

手只会看戏的人，也都是懦夫。这个世界岂是给我们静坐旁观的吗？①

于是，这群读书人"起而行"，并转向一种由"筑新学"通"建造新式国家"的路径探寻。这种追寻在留美学生群体中也不免体现出一种"中与西""古与今""文与野"之间的反复游移。在彼时国家前途命运未卜的情况下，这一路径貌似也是唯一可行的途径，因此凭一群学子之力远赴西洋寻一火种，使国内文明之火得以燎原，也就有了在现实中可被接受的基础。然而问题的关键是，倘若事实上将其进行一番具体检视，这并非是一蹴而就、一劳永逸的事业，况且教育虽为救国之本，人皆知之，然教育不独不能有利心，且须有绝大牺牲，况且百年树人之计，眼光需要远大。② 当然，教育固然可以做一个有价值的工具，然而中国向来的教育，倘若不与社会进行有机的组合，那么新教育施行之后，也未能适应生活迫切的要求。③

因此，对于构建理想的新式教育这一途径在横向方面无疑体现为一种阶段性，在时间层面上也体现出一种连贯的长期性。这也就意味着教育理想的实施存在着一种事实中的"域阈"，这一点在《留美学生季报》所刊登的几组文作中可以看出。事实上，对于任何教育的构想，尤其是宏观层面上的构想，往往具有社会改革的性质。事实上，一些教育革新之所以难以持久，很大程度上是因为其改革局限于教育领域，尚未考虑社会形态的配套支持，"与其他社会改革相一致的教育改革比那些只在教育系统内发生和发展的改革持续的时间长"。④ 从这一点考虑的话，倘若教育力量如与其他力量配合，对于改造社会也未尝不能产生效果。⑤ 教育的

---

① 胡适：《少年中国之精神》，《少年中国》1919 年第 1 期，第 1~3 页。

② 庄泽宣：《择业与成功》，《留美学生季报》第 6 卷第 1 期，1919 年，第 65~79 页。

③ 蒋梦麟：《国联中国教育考察团报告书中几个基本原则的讨论》，《独立评论》第 40 号，1933 年 3 月 5 日，第 10~13 页。

④ Benjamin Levin：《教育改革：从启动到成果》，项贤明、洪成文译，教育科学出版社，2004，第 191 页。

⑤ 吴俊升：《教育生涯一周甲》，传记文学出版社，1976，第 112 页。

构想与革新是一种复杂的现象，是理念、政策和体质结构、历史和文化的大杂烩，[①] 因此教育的构想有必要寻求一个客观而现实的"理性界限"。正是由于教育从构想到实践需要调动的综合因素众多，这就决定了教育的革新与构想再上升到建造国家必须经历渐进的几个阶段。

> 国之强也，首先显为政治物质，如海陆军交通工艺器械等等；之后隐为国民爱国之精神。故国家无教育无思想则无精神，无精神虽强必踣，有之虽柔必强，而所以养成思想学问者阙惟教育，是故文明之所以然，脑之作用也；文明之所以然，求诸思想而已。社会是种种势力造成的，改造社会须要改造社会的种种势力。这种改造一定是零碎的改造——一点一滴的改造，一尺一步的改造。无论你的志愿如何宏大，理想如何彻底，计划如何伟大，你总不能不做这种"得寸进寸，得尺进尺"的功夫。所以我们说：社会的改造是这种制度那种制度的改造，是这种思想那种思想的改造，是这个家庭那个家庭的改造，更是这个学堂那个学堂的改造。[②]

很显然，从以上联合会的刊文中可见，一国之强大致包含了"政治物质"与"思想精神"两个转化类型，二者的革新各为中国打开了出路。其中第一位的"政治物质"可以说是突变、跳跃的、瞬间可以得到提升的，例如陆军、海军交通、工艺机械等器物类型的学习；而第二类的"思想精神"转换则是绵延的、渐进的、前进式的，更是须有具备一定胆识与意志力的人士来承担这一使命，并将理念精神向大众进行传播，最终完成一国之富强的终极目标。在旧有的脉络中衍生出一种新思想来实现文明，这一过程放诸近代时段，仿佛十字架的交汇点，此交汇点一方面是中国与西方横向的对话，另一方面亦是个体与中华固有之文化纵向

---

① Benjamin Levin：《教育改革：从启动到成果》，第 186 页。
② 胡适：《非个人主义的新生活》，《新潮》第 2 卷第 3 号，1920 年 4 月 1 日。该文原载于1920 年 1 月 15 日上海《时事新报》。

的神会。不仅仅是物质层面的革新，更需要作用于"脑力与精神"层面的改良，也需要求助于形而上的思想改造，而一切与"脑力与思想"层面相关的阶段性改造，非教育之功无疑。因此很容易理解，倘若通过服下一剂"教育良方"而使故国之殇"沉疴立起"，注定是不符合客观现实的。

　　实际中，这一改造的逻辑向度同时在经过中国传统思想与现实状况的筛子"去芜存菁"后，建立起了一套具有自身特色的模式。这一模式由于留美生自身角色的客观限定、教育之于社会潮政的柔弱特性，加之"学场域"与"政场域"错综交叠的原因，使得本应是由"学"到"国"的直通路径变得迂回往复，难以成为一个放诸四海而皆准的公式。尤其在彼时如此恶劣的社会生态中，动荡的政治环境本已使课桌摇晃不定，教育的价值与功效打了极大的折扣。面对这一现实，教育的价值究竟该归于何方？同时如何更为恰当地辨明教育对于社会的基本价值？这一点联合会会员陈科美解释得尤为透彻。陈氏在归国之后于大夏大学的救亡教育讲座演讲中，精确阐述了教育之于国家存亡的功效有着的特殊向度。

　　　　教育自有她的相当价值，也自有她的相当力量，大家不必怀疑也无须过于奢望，明了这一点然后知道教育与国家存亡的关系：一国存亡必不全在教育，然也不必不在于教育；我们救亡不必全赖教育，然而没有教育却是绝对不能成功的。[①]

　　这无疑是一种基于教育功能"无为却又胜似有为""无用却又胜似有之大用"逻辑下的精确阐述，我们从中可以体认的是教育与国家或社会之间存在的是一种平行关系。这种关系不可避免地衍生出二者之间的"紧张性"，这种"紧张性"是必然的也是必需的，在某种层面上恰恰体现了二者相互作用、相互推动的和谐特性。联合会对于新式教育的构想，

---

①　陈科美：《救亡教育的根本方针——大夏大学救亡教育讲座演讲稿》，《不忘》1933 年第 1 期，第 15～27 页。

是基于整个联合会大多数会员信仰的一种精神层面的追求。所谓有信仰的地方，理想才得以生存，毕竟联合会在实际上是承载全美中国留学生信仰的联合团体，也是留美学生各种理念的"孵化器"。正是由于联合会的存在，留美学生的这些看似"不切实际的"追求才得以传播、衍伸。

明了了这一点，在超越了自由与民族两派之争的基础上，或许有必要在理想路径的探寻上，所要做的并非探寻一种由建造新式教育而向上直通到"造新国"的由因而产生果的途径。这意味着并不需要将"新学"置于"器"的层次，而应实事求是地将"筑新学"放置于与教育自身本质特性相适应的地位。同时基于明确客观、审慎而又理性的宗旨，在对教育革新的本质进行重新认识的前提之下，恰当地秉承一种同步的、调适性的理念，[①] 即对"新学"与"新国"同时进行重构或是定义，并采用某种相互观照的方式，使二者成为相互平行的作用主体，从而实现教育最为本真的功能。这样的转换或许能够让人重新探寻一种有益而又不失客观的向度逻辑，并同时给予一种更为广阔的思考空间。

---

① 余英时：《钱穆与新儒家》，上海三联出版社，2006，第218页。

第六章

众说纷纭：宗教与自由、平等、民主理念的论争

　　基督教与中国，是一个大题目，近来讨论它的人很多，他们的观点各有不同，有经济的、有政治的，更有从帝国侵略主义方面下手的。以为这许多观点未尝不能对于本题上有所发挥，然而终究是枝节的，不是根本的。基督教与中国归根是一个比较晚出的文化交际问题。

　　　　　　　　　　　　　　　　　　　　　　　　——印千①

留美中国学生联合会团聚了数千名留美学生，这个群体当中的成员作为近代留美学生的主要成员，由于自身的兴趣爱好、修习专业、信仰信念、地域出生或院校的不同，自然形成了各自不同的理念，发生的冲突主要存在于宗教文化方面以及对美国的平等、民主理念的认同上。大致说来，持民族主义情感的联合会成员对于宗教文化及平等、自由观念

---

① 印千：《基督教与中国——一个文化交际的观察》，《留美学生季报》第 11 卷第 2 期，1926 年，第 47~72 页。

保持着"审慎的理智";而接受了欧风美雨洗礼的另一派联合会留学生则更倾向于拥抱这一"西式的理念"。但不管这些留学生对宗教是采取包容或是守旧的态度、对西式文明是秉持拥护或是质疑的观点、对传统文化抱持或放弃或传承的情感,无疑都拷问着联合会中的留学生,而这些留学生也慢慢形成了自身"或中或西"的信仰。可以说,信仰一旦形成,即是理性的体现,这也和联合会这一"公共领域"所涵盖的理性色彩不谋而合。由此,基于民族主义的宗教文化意识与基于自由主义的宗教文化意识相互交织在一起,构成了整个联合会关于"民族意识"与"自由意识"相互联系、相互交织的另一重特殊面向。

第一节　包容与守旧:民族主义与自由主义对于基督教的不同看法

严格说来,留美中国学生联合会并不是一个严格意义上的专业学术社团。虽然联合会定期举办分部的年会等活动以保障留学生相互交流的机会,除此之外也未能有足够的条件向会员提供长期的、稳定的相互交流的机会。由此,联合会的会员逐渐形成了不同的信仰。一些成员虽然在美国的影响下接纳了不同的信仰,但是从根本上来说,这其中的很多人却依然没有改变原有思维。虽然有的留学生在新思维的理解方面迈出了几步,但有的留学生并不能完全理解他们所信奉的理念。联合会会员对于信仰的这种复杂的情绪,在对宗教的态度上尤为明显。

1917年秋季,中美中国留学生联合会在欧柏林召开了第八届年会,年会中的一次议事会邀请了欧柏林大学的教务长巴士渥先生,他的演说主题是关于基督教的精神。这次演讲的题目为《现世间与大同主义》,其演说获得了在场留学生的大力称颂。[①] 在场留学生大多认为当时中国将"孔教定为国教"的救国之道应彻底改弦更张,应以"宗教信仰为立国之

---

① 雷沛鸿:《中美中国学生会年会纪事》,《留美学生季报》第4卷第1期,1917年,第109~115页。

本"。在场的联合会留学生纷纷认为之所以要"向宗教靠拢"，正是由于"今日世界之强国，皆宗教国也，若美、若德、若法、若英，崇信宗教之诚心及推广宗教之真意，诚有令人惊服者。今吾政府欲强国，欲新民德、新民智，宜以'圣经'代'孔子道'，以'礼拜堂'代'庙宇祠堂'"。①在提出这一点之后，联合会仍然担心会员不能很好地理解宗教，或者是担心会员对于宗教有误解。为了更好地使留学生了解宗教的内涵，这次年会更是借演讲之机缘进一步地向留学生介绍宗教。欧柏林大学教务长巴士渥先生指出现今的"许多人并不十分相信神秘的宗教，但是他们以为没有了神秘的宗教，社会的秩序就根本不能维持，我以为他们误解了宗教的来源了——实际上宗教心是为了全种万世而牺牲个体一时的天性，是人类合群以后长期演化的结果，因为不如此便不能生存。这种几十年合群天择的结果，已经将宗教心种在了人类的精血里"。②

巴士渥先生的这一演讲受到在场联合会留学生的欢迎，"其鼓掌之声不绝于耳"。③ 这一派的联合会学员对于基督教的亲近态度，进一步体现在各种出版著作当中。1924 年位于纽约的美加基督教教育运动会将一本名为《中国对基督教精神的挑战》（*China's Challenge to Christianity*）的著作编辑出版，作者卢修斯·波特（Lucius Chapin Porter）在书中回顾了中国的文学革命。④ 他认为正是因为基督教中的"知识对于普罗大众的传播的重要性，这一场由特别的领导人（意指胡适——引者）所领导的伟大运动，才能够将语言重新复苏，并以惊人的速度赢得古老传统复兴的全面胜利"。⑤ 1915 年芝加哥莱恩巴格兄弟出版社出版了一本《欧战——中

---

① 谢中：《予之宗教观》，《留美学生季报》第 4 卷第 3 期，1917 年，第 87～92 页。
② 雷沛鸿：《中美中国学生会年会纪事》，《留美学生季报》第 4 卷第 1 期，1917 年，第 109～115 页。
③ 雷沛鸿：《中美中国学生会年会纪事》，《留美学生季报》第 4 卷第 1 期，1917 年，第 109～115 页。
④ 胡适所作《文学改良刍议》最先发表于 1917 年《留美学生季报》第 4 卷第 1 期。
⑤ Lucius Chapin Porter, *China's Challenge to Christianity*. New York：Missionary Education Movement of the United States and Canada, 1924, p. 140.

国的契机》（*Our Chinese Chances Through Europe's War*）著作，作者保罗
·梅陇（Paul Myron）认为人民信仰的变迁能够引起政治社会的激烈变
迁，这显然是一个极为明确的信号，中国的宗堂寺庙将变为基督教堂，
到时候孔夫子仍然会是中国人的"圣人"（The Sage），同时又会再出现
一位"救世主"（The Savior），那就是耶稣基督。[1] 作者对中国与基督教
的亲密关系充满了信心，进一步指出至 1911 年末，在整个中国就有
16796857 名基督徒，这大约相当于 1840 年时候美国的全国人口。美国
《瞭望》周刊认为基督教在中国越来越有影响力的原因在于：基督教的宣
传大部分是由受过良好教育的留学生担任的，例如毕业于芝加哥大学且
深信基督教义的梅贻琦，曾于 1912~1913 年担任东美留学生会的英语秘
书。[2] 由于他们极为出色的领导力与极为杰出的行动力，使得基督教在中
国这个从来不曾信奉任何教义的国度中意外地传播开来。[3] 1915 年新年之
际，留美学生基督教联合会刊发了一则新年致辞，会长指出宗教教义在
留学生群体中所产生的重要的正向作用："尽管在现实中充斥着自私、复
杂、不公，甚至是恶意，如此种种影响着我们的会务执行，但是作为一
名基督的忠实信徒，我们一直信奉和平。我们有理由相信，宗教于我们
而言，有着极大的价值。"[4]

　　纵观留美学生联合会从创立到初步发展起来的这段时间，留美学生
当中的基督徒精英分子数量得到了大幅度增加。倘若再进一步详细考察，
这一群体大多主要是来自于国内教会大学或者是接受过基督教关怀的机
构所培养出来的留美学生。[5] 从以上这一系列有关联合会的事件来看，民

---

[1]　Paul Myron, *Our Chinese Chances Through Europe's War.* Chicago: Linebarger Brothers Press, 1915, pp. 156 – 159.

[2]　S. Z. Yang, "Dr. Yi-Chin Mei in Worcester 'Tech'," *In Memorial to Mei YiQi*, p. 98.

[3]　"To Re-Orientalize Christianity," *The Outlook*, Nov. 25, 1911, pp. 744 – 745.

[4]　The Chinese Students' Christian Association in North America, *The Journal of the Chinese Students' Christian Association*, Oct. 1915, pp. 50 – 51.

[5]　Daniel H. Bays, *Christianity in China: From the Eighteenth Century to the Present.* Stanford: Stanford University Press, 1996, pp. 308 – 309.

国时期的这一个留美学生联合会进步程度不可谓不大，对于这群长期浸淫于"儒家学说"的学生而言，能够毫无条件地包容宗教的各类价值观点，善于根据具体的现实而动态调整自身的观念意识，可见这一学生联合会是极具民主性与包容性的。

虽然联合会的一部分成员对宗教采取接纳的态度，但值得注意的是，与此同时联合会中同样存在着反对宗教的声音。这种反对的力量更多的恐怕是来自于中国传统固有的对于宗教的某种"成见"，这部分联合会的留学生详陈了对基督教的不满之情。

> 基督教与中国，是一个比较突出的文化交际问题。基督教与中国本土的根本冲突，可以说大概存在于：一，神的观念；二，人伦的观念。但就算有观念上的冲突，也是很少的，而且是不难调和的。回看中国，各色各样的人自然都有，和欧美各国相似，但各式各样的人物所处的地位却彼此不同，中国智识阶级的地位一向很高，至少要比在美国高许多。中国人所长期以来秉承的务实的观念是最为深刻的，这种观念一半是儒家教育的结果，并且此种观念并不是狭隘的功利主义，而是比较健全一些的，因此这一类人物对于基督教的内容，大都不肯轻易相信。基督教在中国办了多少年的教育，造就出来的人才也不可谓少，然而有得几个毕业生在教会事业里终身的？真在教会里尽力的更有几个出人头地、能在教义上有所发挥的？不要讲别的，就是神学思想，也不过拾些西方人的牙慧。说是中国的智识阶级仇视基督教，相率不加入，确有其事；然而根本原因在于基督教的内容不足以吸引智识阶级。因此，我们对于基督教的怀疑不外两层：一层源于基督教的教义；二是源于此种教义和中国文化的缘分。尤其是基督教当中种种强制宣传的情形，不能不引起国家观念较深的中国人的猜疑，甚至以传教事业和帝国侵略主义相提并论。[1]

---

[1]　印千：《基督教与中国：一个文化交际的观察》，《留美学生季报》第 11 卷第 2 期，1926 年，第 47～72 页。

以上联合会对于宗教的论调，是发表于 1922 年的《留美学生季报》上的一篇长文，充分地陈述了宗教并不为国人所接受的根本原因，也可见字里行间对宗教的抗拒情绪。这种情绪正是中国的民族主义者对外敌入侵的警惕情绪所衍生的，正如梁启超言："民族主义者，世界最光明正大公平之主义也。不使他族侵我之自由，我亦毋侵他族之自由。其在于本国也，人之独立；其在于世界也，国之独立。使能率由此主义，各明其界限以及于未来永劫，岂非天地间一大快事！"① 以上可见，对梁启超而言，民族主义所蕴含的最重要的意味在于"不受他族之侵犯，有立族之根本"，也就是一国应该有一国的"国威"。但是从近代中国来看，人们几乎认为基督教披上了对中华民族"侵略的外衣"，于是，作为国家的一名成员，自然应该奋起抵制基督教这一外来思想，抵制基督教的思想，也即是抵制外敌对吾民族的入侵。也就是说，国人大多对基督教怀有一种言之不明的成见，这种成见与民族意识有深切关系。基督教与帝国主义有千丝万缕的联系，被当成了一种侵略的工具，是"用以保卫己族，杀戮他族的一项工具"，也是民族情绪发酵的"温床"。② 例如任鸿隽认为有的留学生抨击基督教的本质，虽命名为"教"，但其实并不是真正意义上的"教义"，"倘若使之登堂入室，则有损我国国威，尤其是倘若我国信教之人士，将来办学尤不宜以宗教夹入教育，宗教自宗教；教育自教育，二者截然二事，不可混同"。③

甚至有的留学生将基督教与其在美国所遭受的歧视挂钩，认为基督教无疑是欧美各国用以欺凌黄种华人的一把"刺刀"。由于美国国会于1881 年 5 月通过了历史上第一个种族歧视的联邦法案《禁止华工移民 10年》，1902 年 4 月 29 日美国国会又通过了《排华法案》（The Chinese Exclusion Act），④ 使得排华浪潮的此起彼伏。由生活到学业、由法案到亲身

---

① 梁启超：《国家思想变迁异同论》，《清议报》1901 年第 94 期，第 1～4 页；第 95 期，第 1～4 页。

② 吴宗耀：《基督教与宗教的前途》，《留美学生季报》第 11 卷第 4 期，1922 年，第 15～28 页。

③ 任鸿隽：《教会教育与留学生》，《留美学生季报》第 5 卷第 2 期，1918 年，第 15～26 页。

④ C. C. Yu, *International Relationship Between America, Japan, and China*, No. 3, Nov. 3, 1919.

所感，彼时无论是在美东或是美西，留学生所感触到了种族歧视是无处不在的。不少留美学生曾描述自己在美国的生活是"背着书包求学于陌生的土地之上"，也尝到结识相知朋友的乐趣，但也能体会到无辜地被蔑视的痛苦。这样的大学生活，包括"这学位、这荣誉，以及所学到的重要知识合在一起，是否比得上在家乡月光下的一次闲情散步？"[①] 1925 届毕业生梁梦雄甚至在报告费城中国留学生的情况时，明确指出留美中国学生所面临的困境："中美亲善，我想是口头话罢了，有幸我到东部来，在密西西比省，中国学生不许与白人结婚，视中国人如黑人一样，有些游水池、餐馆、剪发室，甚至不允许中国人享用，所谓的'中美亲善'，也不过如此而已，所谓基督教义中所言的'仁爱'，也不过如此而已。"[②]

最为明显的则是华人聚集的加利福尼亚州，该州甚至有专门的法律不准华人添置地产或与美国人通婚。[③] 所以"以吾观之，美人以此种法律对待我族如此不堪，中国民族在世界上不能说是享受平等地位，以我们现今所在之美国而言，法律上对于中国人之歧视已极为露骨"。[④] 实际上早在 1908 年，留美中国学生联合会的前身之一"太平洋沿岸中国学生会"发布的学会成立三年的纪念报告的主要议题是对美国移民法案的讨论。在该年的 3 月由部分学会学生聚集召开了相关会议，会议认为现今的美国移民法对于中国人过于严苛，这种严苛主要体现在以下三个方面：首先，移民法对于每位申请人都有着一种预先不合理的判断与假设，多认为每位申请人都是"罪犯"，这种判断的标准对于留学生与华工苦力都一样；其次，留学生来美途中，相对于本国人需要支付更多的船务费用；最后，留美学生在美假期不具备打工资格，有必要联合 John R. Mott 先生与 Fletcher S. Brockman 先生，前者是世界青年基督教会的现任会长，后

---

① Arthur A. Young, "China's Best Advertising Buy Is Her Foreign Students," *The Chinese Students' Monthly*, Feb. 1924, pp. 42 – 43.

② 《梁君梦雄来函》，《清华周刊》第 424 期，1927 年。

③ 张士一：《留美教育杂碎》，《教育杂志》第 10 卷第 4 号，1918 年，第 15～20 页。

④ 周鲠生：《我国对于战后和平问题之立场——在纽约第五次学术建国讨论会讲稿》，《学术建国丛刊》第二辑，纽约：留美中国学生战时学术计划委员会，1942 年 12 月，第 15～23 页。

者作为 Y. M. C. A 的国际秘书，两人都刚结束深度的中国考察之旅回到美国，因此留学生会有必要充分联络两位先生，请求其为留学生移民法案修改进言。[①] 留学生受到移民监视的情况还远远没有结束，甚至是留学生成功通过移民局的审查之后，住在美国四年或五年这样长时间的光景，"在这个时候移民官老师睁大眼睛监察着他的读书成绩和一举一动"。[②]

即使是对一些不那么敏感的留学生而言，哪怕是一些美国宗教人士过于慈善和蔼的态度也隐含了一丝丝歧视的意味。一位中国基督徒徐盛在 1920 年给国内朋友的信中写道："这儿的人总体上对中国人是不具有一些好感的，因此每一个年轻中国人很难在上流社会结识人，我感到极不自在，即是教会里对我过分友好的人也让我感觉自己是外人，他们和我打招呼比他们彼此之间要热情得多，这让我感到自己在这块土地上完全是异类。"[③] 基于此，联合会的留学生纷纷疾呼："假若美国人将我们视为自己群体的一员，那么我们每一位外国学生将会得到充分地理解，而他们——美国人，也将会在他们的生活中得到更多的光亮。"[④]。

基于这一点，联合会的留学生回顾了历史进程中国人的地位变迁。正是由于宗教的"入侵"，因此当今的联合会应该积极抵抗宗教思想："黄种立国已数千年，遥想当年，成吉思汗金戈铁马踏上欧洲土地，震惊一世，因此今日黄种人'必有所以自存之道'。"[⑤] 但是由于历史的发展，国家逐渐失却了这种"自存之道"，由此而来的西方宗教就"乘虚而入"，所以如今"天下之所以待黄白者何以厚薄？惟宗教之计也。若是见欧美种族宗教之紧逼我人民，则念我昔日民族雄风。今日安在事事让人，何有久长。数百年之来吾不将以吾子孙吾土地吾国事吾文化举而置之他

---

①　Pacific Coast Chinese Students' Association, *Annual Bulletin of 1908*, p. 20.

②　书生译《美人目中的留美学生》，《民众生活》第 1 卷第 19 期，1930 年，第 7 页。

③　转引自叶维丽《为中国寻找现代之路：中国留学生在美国（1900~1927）》，第 88 页。

④　Neely Anne Elizabeth, The Foreign Student on the American Campus, Thesis submitted to the department of Sociology in the University of Chicago, 1922, pp. 59 - 60.

⑤　《黄白种族之竞争》，《留美学生季报》第 1 卷第 1 期，1914 年，第 1~2 页。

族掌中耶？"① 由此可见，联合会对基督教秉持一种警惕的态度就跃然纸上。

第二节　拥护与质疑：平等与民主的双重态度

20世纪初，梁启超访问欧洲观察到欧洲尽管表面呈现阴气沉沉的一片秋气，但思想界却一直有两种矛盾在交织，即是新思潮与旧思想的冲突。"新思想与旧思想的矛盾，自不消说了，就专以新思想而论，因为解放的结果，种种思想同时从各方面迸发出来，都带有几分矛盾性，如个人主义和社会主义的矛盾；社会主义和国家主义的矛盾；国家主义和个人主义之间的矛盾，世界主义和国家主义之间的矛盾。从本源上说来，自由平等两大主义，总算得近代思潮总纲领了，却是绝对的自由和绝对的平等，便是大大一个矛盾。"② 在梁启超认为自由与平等的这对矛盾"这是最苦痛不过的事"，也是令人深感悲观的。胡适对这种新旧思想的交织呈现出类似于"无所适从"的情感，从他在《独立评论》上发表的文章中也可以深深地感觉到。"在这个时代，新旧势力、中西思潮，四方八面的交攻，都自然会影响到我们这一辈人的行为习惯，所以代表西方的民主平等新理念与中国固有的思想就集中在一个人身上，使人不由自主地感到困惑。"③ 这种对于自由与民主相互之间关系的讨论，不仅仅是梁启超、胡适等人所需要解决的问题，也是联合会所面临的一大难题。

实际上，对于这一理念的探讨一直在联合会当中的个体、群体意见上难以得到统一。有的联合会成员指出真正的自由主义在某种程度上恰恰正是提倡个人的自由主义，也就是个人的自由重于其他的一切，同时强烈反对"狭隘的民族主义"。胡适尤为推崇这一观点，认为："真的个人主义即是一种个性主义，他的特性有两种：一是独立的思想，不肯把

---

① 《念之念之》，《留美学生季报》第 1 卷第 3 期，1916 年，第 2～3 页。
② 梁启超：《欧游心影录》，第 21 页。
③ 胡适：《写在孔子诞辰纪念之后》，《独立评论》第 117 号，1934 年 9 月 9 日。

别人的耳朵当耳朵，不肯把别人的眼睛当眼睛，不肯把别人的脑力当自己的脑力；二是个人对自己思想信仰的结果要负完全责任，不怕权威，不怕监禁杀身，只认得真理，不认得个人的利害。当然还有一派是独善的个人主义，他的共同性质是：不满于现社会，却又无可奈何，只想跳出这个社会去寻一种超出现社会的理想生活。"① 该文发表的十年之后，胡适在一篇未刊稿《我们要我们的自由》中更是明确指出了自己对个人主义的观点："我们是爱自由的人，我们要我们的思想自由、言论自由、出版自由。我们不由说，这几种自由是一国学术思想进步的必要条件，也是一国社会政治改善的必要条件。所以我们要争我们的思想言论出版的自由，第一，是要尽我们微薄的能力，以中国国民的资格，对于国家社会的问题作善意的批评和积极的讨论，尽一点指导监督的天职；第二，是要借此提倡一点新风气，引起国内的学者注意国家社会的问题。我们深信，争自由的方法在于负责任的人说负责任的话。"②

　　本质上，在胡适代表的联合会学生看来，这种健全的自由主义提倡保护正当的个人诉求，与福泽谕吉所提倡的理念不谋而合。在这一点上福泽谕吉认为"人人强大则国家强大；人人独立则国家独立"，恰恰是一种尊重个人选择维度的体现。③ 在胡适认为个人主义有两种：第一种假的个人主义是为我主义，它的性质是只顾自己的利益，而不关心他人的利益；第二种真的个人主义则是个性主义，它的特性有两种，一是独立的思想，不肯把别人的耳朵当耳朵，不肯把别人的眼睛当眼睛，不肯把别人的脑力当自己的脑力。二是个人对自己思想信仰的结果要负完全责任，不怕权威。这种主义的落脚点在于强调个人主义是一种独立的人格，而不是一种政治的权利，也是社会进步的前提条件。④ 自我存在的一个重要

---

① 胡适：《非个人主义的新生活》，《新潮》第 2 卷第 3 号，1920 年 4 月 1 日。原载于 1920 年 1 月 15 日上海《时事新报》。

② 耿云志：《胡适遗稿及秘藏书信》第 12 卷，黄山书社，1994，第 25～33 页。

③ 福泽谕吉：《劝学篇·论人与人平等》，第 13 页。

④ 周棉：《近代中国留学生群体的形成、发展、影响之分析与今后之展望》，《河北学刊》1996 年第 5 期。

维度投射于自由主义的背景之下，即是理想与现实中个人选择的维度，该种维度是否遵循个人的主观理想选择。一般来说，自由主义将个人的选择视为别人不能干涉的自由，由此延伸为：自我的意义世界或个人理想选择，其他个人均无权干涉。① 在爱国的、为国奉献的程度上，他们的情感丝毫不亚于归国的留学生。即使是留学结束后，留在美国的部分留学生，他们对于美国——这个第二故乡的感情及忠诚，也"丝毫不弱于他国出生或者在美出生的公民"，"在战争中，许多中国人义务加入了美国军队，他们中的一些人甚至曾经还参与中国的革命，作为一名有经验的老兵，把他们的忠诚意志及爱国精神完全投入到了一个新的国度——美国"。② 不仅仅是美国对于这种个人自由主义的塑造有着巨大的助力作用，英美的制度对于个体的塑造也有值得研究的地方。蒋廷黻认为：

> 英美的民治制度中，个人主义是为个人谋创造的自由及机会，同时也鼓励别人的创造，但在我们这个号称几千年专制的国家，个人主义有一人操权，就有白人忌他、畏他，甚至是骂他、破坏他，我们只有地位欲，没有事业欲，我们不图创造，亦不容别人创造……在这个当见，我以为我们要首先改革我们的人生观，圆滑、通融、敷衍，以及什么小己、清高都应该摒弃。我们要做事，我们要修路、要治河、要立炼钢厂、要改良种棉麦种、要多设立学校——立更好的学校。我们要做事，吃苦要做事，挨骂也要做事，官可不做事要作，别的可牺牲，事情不可牺牲。做事的人，我们要维护，要崇拜；说便宜话的人，纵使其话说的十分漂亮，我们要鄙视。对一切公私事业做或者做错，不做永远做不好，做，尚有一线希望；不做，则等于坐以待毙。③

---

① 胡岩：《"儒家自由主义"如何可能?》，高瑞泉主编《激进与保守的复调变奏》，第 229～230 页。

② Julius Su Tow, *The Real Chinese in America*, *being an Attempt to Give the General American Public a Fuller Knowledge and a Better Understanding of the Chinese People in the United States*. New York: The Academy Press, 1923, p. 196.

③ 蒋廷黻：《民族复兴的一个条件》，《国闻周报》第 11 卷第 28 期，1934 年，第 1～2 页。

综观以上对于美国自由与平等理念抱持拥护态度的留学生，可以说之所以采取这一种哲学态度，是因为这种理念在事实中有助于他们开展事业。当然，这也是由于他们抱着对美国极大的亲近感而产生的。一句"我终于要去美国了，要亲眼看看即便是阿拉丁神灯也无法创造、即便是讲一千零一夜故事的人也无法描述的伟大国度"深切袒露了留学生对新大陆的向往之情。[①] 不难理解，留学生往往容易对居住国产生亲近感，近代留美学生对美国的好感恐怕是更为突出的。由于美国的国家势力对于远东的地位，自独立战争成功之后的 19 世纪初期即已见其影响，因此美国也被不少留学生视为是西方最为发达的国家之一，[②] 不少中国留学生因此将美国作为中国未来发展的范本。1916 年负笈美国的陈翰笙曾经回忆道："船终于在美国旧金山靠岸了，不到一个月的时间，我觉得我不仅跨过了一个太平洋，而且跨越了整整一个历史时代——从一个等级森严、思想禁锢、毫无民主自由可言的半封建半殖民地社会，进入了一个注重科学、讲究自由民主、平等博爱、注重个人发展的资本主义国家。历史，在我面前从此揭开了新的一页，我的人生从此也开始了新旅程。"[③] 留学生对于美国的向往之情，更是深切地说明了留学生对民主的、平等的、自由的理想无比的向往。

即便有少部分留美生对于这种联合会所提出的个人主义抱有十足的信心，但依然有部分留学生对"自由与个人"始终保持着一定的距离，这部分留学生认为："直到二十世纪的三十年代，有不少的人依然迷恋着十九世纪的个人自由主义，这显然是不可理解。因为早在第一次帝国主义战争中，自由主义者早已无力挽回这一破灭的命运——大战中忽然出现了布尔什维主义，他们高唱阶级、否认个人；以后又来了法西斯主义，主张国家至上、个人无用，全体主义的思潮遂如怒涛澎湃，把自由主义的堤防冲毁无存了，以为人类思想文化的进步，全赖自由主义的存在，

---

① Committee on Survey in United States of America, *Foreign Student in America*, p. 307.

② 卿汝楫：《"九国条约"与中国之前途》，《留美学生季报》1928 年第 4 期，第 8~14 页。

③ 陈翰笙：《四个时代的我》，中国文史出版社，1988，第 17 页。

而自由主义的丧失，势必使思想僵化、文化停滞，故现今之感到窒息之感。"① 有的留学生甚至指出："自由主义不是一面空泛的旗帜，这面空泛的旗帜下面集合者一簇牢骚专家、失意政客；自由主义也不是看风使舵的船手，也不是冷门下注的赌客。所有的主义，无论分左右或中间，其先决条件是具有世界对国家的一番抱负、一种理想。尽管'自由'与'民主'论调不同，但它实质上是一个'冰粉'，只要这个'冰粉'稍加打扮，便是加个招牌便可发售的膏药，他们都有着起码的含义。妥协砌墙者的第一特质是有贪图无抱负、有打算无理想，它有如一只变色蜥，又如一撮随风飘的墙头草。"②

这一派的留美学生进一步从他们在美国的实际遭遇论证美国并不是"民主与平等"的标杆国。基于此，有的留学生根据多年在美国留学的经验反思，当他在美国萧肃的冬季看到路边众多的流浪汉，不由得发出感慨："美国虽然已经成为世界首屈一指的资本主义的国家，但是不是每个人都得到了'人的生活'呢？"③ 1926 年 8 月，《纽约时报》（*The New York Times*）刊登了一篇《一名中国留美学生对于"自由"的困惑》的文章。文中提到一名就读于哥伦比亚大学的 21 岁留学生，在纽约市一条街道参与了自由游行，却出乎意料地被当地警方驱逐，这名留学生由此产生了一种疑问："我认为我并没有在一个自由民主的国度——这个国度的自由民主是怎样的一个状态？"④ 以上种种，均说明了美国在联合会会员的眼中是一个形象极其复杂的国家。

美国，究竟是一个怎样的国家？一个号称自由与平等的美国，究竟真正存不存在自由与平等？这个问题不仅仅拷问着每一名留学生，也拷问着年仅 14 岁的宋美龄。1911 年宋美龄立志进佐治亚州梅肯（Macon）

---

① 孟真：《自由主义的没落》，《文化建设月刊》第 1 卷第 9 期，1935 年，第 2～3 页。

② 《自由主义者的信念：辟妥协、骑墙、中间路线》，《大公报》1948 年 1 月 10 日。

③ 凡民：《读"一个留美学生底通信"的感想》，《民国日报·觉悟》1921 年 1 月 26 日，第 4 版。

④ "Confused about 'Liberty': Chinese Student Can't See Why He Should 'Move On' and Is Arrested," *The New York Times*, August 8, 1926.

的葛雷仙中学（Gresham Higher School）念书，却吃了闭门羹。根据当地的报纸报道，葛雷仙中学拒绝接收宋美龄，是因为她不是白人。① 彼时《留美学生月刊》的编辑，特别为了这件事致书梅肯卫斯理言（Wesleyan）大学校长安斯沃斯（W. N. Ainsworth）。安斯沃斯校长的回答非常巧妙。他解释说问题不在于种族歧视，而是因为学校爆满："宋美龄小姐最近被梅肯市的公立学校所拒绝，这是一件很遗憾的事情。但是，我们也需要强调，所有梅肯市的公立学校是为毕朴县（Bibb County）的公民所设的，如果收了外人，就恐有剥夺当地纳税者受教育的机会的可能，她想进的学校已经人满为患了。"② 怀揣个人理想的学生作别故土，远涉重洋，入读别国学校。本是期望满满，但是却遭遇到了不公的待遇，留学生群体深处异国他乡，外人的身份由此唤醒了留学生的自我意识及自尊精神。被唤醒的这种自我意识以及自尊精神，进一步加强了留学生对于自己民族的认知。为了缓和亚洲人在美国所遭遇到不公正待遇的愤怒，联合会创办的《西美留学报告》针对亚洲人，尤其是中国人所受到的武断的判断，以及无来由的欺辱现象发表了相关评论。《西美留学报告》是留美学生联合会的附属刊物，联合会充分地利用这一刊物作为发声渠道，严厉指出留美学生在异邦的土地之上所遭受的不公待遇。"彼白人者，势力之蕴蓄日就，澎涨已极，挟其国力，跋扈飞扬，自居优种而视他人为贱种，故栩栩然自夸曰，美洲者白种人之美洲也，夫吾弱国之民，流离转徙于异地者，人恒贱之，吾国来美之民，倍尝苛遇者固已极矣，凡有血气，莫不引之为奇辱大耻。"③

不仅仅已经到达美国的留学生遭受到不公的对待，就连还未到达美国的留学生也承受了不公平的对待。尽管美国在1882年间通过了旨在限

① 江勇振：《璞玉成璧 舍我其谁：胡适1891~1917》。

② "Not Question of Race, But of Room," *The Chinese Students' Monthly*, November 1910, p. 102.

③ 程祖彝：《美洲劝学演说》，全美中国学生联合会编《西美留学报告》，中西日报印，1908，第13~15页。英文版为：Pacific Coast Chinese Students' Association, *Pacific Coast Students' Annual Bulletin of 1908*, p. 2.

制华工入境的"排华法案"，留美学生居于被豁免者之列，但是现实中赴美留学的种种繁杂的、令人深觉苛刻的相关法令还是使留美学生无比烦恼。1926年9月6日，据当年度华盛顿大学中国学生联合会副会长陈道衡报道，留学生需要乘坐所属美国的船只到港，且必须乘坐头等舱，才不会被美国劳工部为难。这一点在同样具有留美身份的金士宣六十余年后回忆时仍然历历在目："我必须到美国驻沪总领事馆呈验美国宾夕法尼亚大学允许入学证，并到美国总统号轮船公司购买头等舱船票，票价高达306美元。这并不是我执意要买的，这是为了到达美国上岸时，移民局对头等舱旅客检查较宽、不会发生刁难的缘故。另外，我需要赶制冬夏两季西服、购买皮鞋、铁皮箱、手提皮箱和日常用品等等，这时我发现交通部发给的一千银元是不够的，只可临时向乡亲借来400银元，在参加了寰球中国学生会举行的出国留学生欢送会时候，8月5日，我们160多位留学生乘坐美国总统杰克逊号快轮离沪了。这是一段跨越太平洋20天的旅程，8月25日船抵达西雅图，美国移民局和海关检查行李及病疫的官员对我们头等舱乘客很快放行上岸了，而对那些坐三等舱的广东华侨为主的旅客则百般刁难，我的一些同学也在其中。"[1] 例如自美国当局的新移民法律实施之后，乘坐三等舱甚至是二等舱的留学生通常会遭到美国移民局的无端扣留，而在移民拘留所中度过数日，移民局甚至声称这部分学生患有钩虫病（Hook Worms），危害美国的安全。[2]

以上种种留美学生所遭受到的现实遭遇，无疑使得他们开始质疑美

---

[1] 金士宣：《留学美国四年的回忆》，《北京交通大学学报》1983年第2期。蒋梦麟也有类似的经历。蒋梦麟在1908年8月底搭乘美国邮船公司的轮船前往旧金山，船到旧金山时，一位港口医生上船来检查赴美者的健康，对中国学生的眼睛检查得特别仔细，唯恐有人患砂眼疾病。"我上岸时第一个印象是移民局官员和警察所反映的国家权力，美国这个共和政体的国家，她的人民似乎比君主专制的中国人民更少个人自由，这简直弄得我莫名其妙，我们在中国时，天高皇帝远，一向很少受国家权力的拘束。"蒋梦麟：《西潮》，天津教育出版社，2008，第63~64页。

[2] 《国外教育界消息·留学生赴美之困难》，《厦大周刊》第161期，1926年，第6~7页。文中指出留美学生到达美国需要详尽了解美国移民法案：（一）须持美国劳工部所承认之大学证明书或是电报；（二）须持美国或中国名医出具体检证明书；（三）须乘坐头等舱。

国对待华人的公平性，也开始推翻了留学生对美国所宣称的自由与平等不切实际的想象。例如，有留学生认为美国素称与中国感情最厚，也是最讲自由、平等、人道主义的文明国，但留学生去租一间房子，主人出来把你上下一打量，就知道求租者是中国人，竟说没有屋子出租。基于此，留学生敏感地意识到我们需要注意自己在美国民众眼中的形象："我们留学生需要务必在外国人对于中国的评论上格外注意：一旦有论到中国的书籍和在各种杂志报章内的言论，我们留学生不可以不读，更不可以不予与密切关注，倘若看见有人胡说侮辱我们国体的地方，我们就应立即起来设法更正。因为外人对于中国有种种误会和谬见，我们留学生的本分是要打破他们的疑惑或迷思。"①

"中国佬"（Chinaman/Chin），这一词汇是用来形容在美国打工的低层次中国人，例如洗衣工、饭馆工人及其他贩卖劳动力为生的中国人，带着一丝羞辱、讽刺，甚至是憎恶的情绪，留学生，自然也无时无刻、或多或少感受到美国大众的轻蔑。② 但是，同样作为亚洲人的日本留学生，却与中国留学生有着截然不同的待遇。例如，1912 年 4 月，联合会公开了一份针对在美华人所受到的歧视的声明："按照美国的 H. B. No. 27 条令，中国人在美国严禁与白人通婚——而与此同时在美的日本人、韩国人却不受此条约限制，因此，出于人权平等的考虑，我们反对这一条令的实施，主张将这相关法律保护的对象扩大至整个亚洲民族，而不因为对某一种族有特殊的区别对待从而引起不必要的愤怒情绪。"③

当然，对于自由与个人的看法除了支持、反对两种意见之外，留美生联合会当中还存在中立派。这一派的学生指出留学生需要对自由有着一种合理的应用，才能充分地发挥自由的积极内涵。这部分联合会的学生指出："自由主义是一种理想、一种抱负，信奉此理想抱负的，坐在沙

---

① 李儆汉：《留学生的天职》，《兴华》第 18 卷第 41 期，1921 年，第 4~8 页。

② C. C. Yu, "Chinaman," *China Against Japan*, Nov. 3, 1919, pp. 69~72.

③ Louis Livingston Seaman and Hua Chuen Mei, "Racial Prejudice," *The Chinese Students' Monthly*, April 1912, p. 41.

发上与挺立在断头台上，信念是一般的坚定。自由的个性主义不是迎合时势的一个流行口号，它代表的是一种根本的人生态度，这种态度应当不左也不右，它公平、理性、温和、尊重大众、容纳异己，它既无意夺取政权，也反对个性的压迫，它与任何方式的独裁都不相容，它也能尊重个体的需求。"① 可见，这一派联合会的学生并不主张对自由"盲目的崇拜"，也不采取不近人情的拒绝态度，而是将自由视为一种中立的工具，对它的运用方式恰当与否，才是需要重点考虑的问题。

第三节　和而不同：不同意识存在的本质

以上联合会所讨论的一系列问题，可以放在更为广阔的背景下进行解释。近代中国对于宗教与自由理解的生长点，主要在于社会形势的逼迫。无论是各种主要的思潮还是宗教的引入，无一不是为了因应民族危机，借助外域思想系统催生。所不同的，无非是应对策略的路数和所征引的具体思想资源。因此，此类思想或主张虽然为"西方的"或者"美国式的"，但从动机而言，却皆为"本民族的""中国式的"。② 倘若对近代自由主义思想进行溯源，几乎都能看到这一主义及这一宗教之后深藏的民族意识。正是由于这种自由主义与民族意识两种情感相互交织的现状，意味着自由意识和宗教意识与民族意识在某种条件之下具有不可隔离的关联。尤其是在民族危机凸显之时，自由主义的核心价值只有在民族国家的宏大范畴之下才能够体现出来，曾言"二十年不谈政治"的胡适、主张"坚守于政治边缘"的蒋廷黻、翁文灏等人纷纷进入到政治的中心。自由主义与民族意识之间的"天然的"紧张，在很大程度上被具体的情景"消解"了。③

---

① 《自由主义者的信念：辟妥协、骑墙、中间路线》，《大公报》1948 年 1 月 10 日。

② 何卓恩：《殷海光与近代中国自由主义》，上海三联书店，2004，第 253 页。

③ 暨爱民：《民族国家的建构——20 世纪上半期中国民族主义思潮研究》，社会科学文献出版社，2013，第 107 页。

值得注意到的是，在留美学生对自由与宗教的讨论中，联合会所创办的刊物在享有内在的言论自由的同时，也提供了他们对于这类意识评论的极为重要的外在自由保障。对于会刊所提供的这一特殊同时也重要的功能，孟宪承直言不讳地指出这种自由抒发意见及自由讨论的"共同阵地"，是十分重要的。

> 我们把留学生作为社会一种特殊的阶级"最优异最高贵之阶级"，既然留学生享有了这个比较的优异教育机会，因此我们需要有一种根本上的觉悟，这种觉悟激励我们应该发抒意见自由讨论，思想的变化经过一个"讨论底时期"，我们虽不要感情的独断或是对事物的攻击或批评，但朴实的学理讨论是不可少的。我们有意借各种出版物发表出来，等大家知道好评率，给这意见一种考验，我们现在有这很好的一个《季报》阵地，这很好的一个《季报》正苦缺少材料，为什么不就把他做一个共同讨论的机关，给他一个活泼泼的生命呢？我们努力快奋起罢。①

以上孟宪承对于联合会的各类会刊在保障留学生对自由、宗教等各类意识讨论过程中所起的重要作用称赞有加，可谓是各类意识萌芽与苗壮成长的"最佳土壤"。当然，由于这类刊物的存在，给予留美学生讨论的空间，反过来又激励了留学生对于各类具体的观念及时的更新与发展。按照林毓生先生所提出的"内在自由"及"外在自由"的划分，"外在自由"所存在的本质在于保障每个人在社会中的行为可以尽量免于外界的强制的干扰与阻碍，在于保障个人得以独立活动的平台与渠道。② 在这种划分之下，各类刊物可谓是保障了联合会每一个个体在社会中的一切行为的最为重要的"外在自由"。

---

① 孟宪承：《留美学生与国内文化运动》，《留美学生季报》第 7 卷第 2 期，1920 年，第 133 ~ 137 页。
② 林毓生：《中国传统的创造性转化》，三联书店，1988，第 288 ~ 289 页。

　　回望联合会中因自由与宗教所产生的一系列冲突与争论，折射出来的深层次原因恐怕十分值得细究。首先，研究者无疑需要肯定这一系列冲突的存在，这是因为作为一个具有"民主氛围"的学生联合会所能给予学生思想方面的最大益处。基于这一点，杜威曾经将"德谟克拉西"的存在认为是留美学生组织之所以存在的重要基础。杜威认为："德谟克拉西有两种精神，一面须有责任，一面须有自由，两种精神是学生自治的机会，也是学生自治的范围。学生的组织或团体以及会务的进行都是依靠着这两种精神，由于具备了这两种精神，学生组织的思想也就百花齐放了。"① 基于杜威先生的这一说法，也可以说联合会很大程度上在现实当中实践着这种"德谟克拉西"的精髓。

　　其次，具体分析各种观念的冲突，可见近代中国欠缺一种世界主义性格的、内敛且温和的自由主义、民主主义、个人主义。即使是有，这些主义也主要是以激进、抗争甚至是抵抗的形式所呈现，在某种程度上也是一种"狭隘的"民族主义。这种"狭隘的心理"的基础主要在于国民长期以来的一种不安全感，这种不安全感不仅仅与近代以来所遭受的屈辱有关，更与彼时中国"形式的贫困"有关。所谓的"形式的贫困"正是由于彼时中国由于救亡的需求已经压倒了一切，在救国为当务之急的情况之下，自由思想、宗教意识自然让位于民族的情绪，这一点恐怕每一个人都会承认。毫无疑问，从路径方向来看，倘若说中国的民族主义走的是一种"前进"的道路。那自由主义、个人主义实际上走的即是一种貌似于"退却"的道路，这种"退却"并非以一种高昂的、激进的方式进行，而是要求国家传统的文化从一种"自视为傲""自视为世界中心"的地位走下来，以便采取一种"普遍世界主义"的理念吸取世界文明已经取得的成就，然后再上升到另一个令人尊敬的地位。很显然，将一种"激昂"的发展方式转变为"内敛"的方式，并不是每一位中国人，包括在美留学生所能够接受的；也同时由于这种理念颇为平静、颇

①　《杜威博士讲德谟克拉西真义》，《尚贤堂纪事》第11卷第7期，1920年，第14～18页。

不受瞩目，即使有少数注意到这一思想的联合会留学生，也未能够具有足够的勇气去接受、去传播，由此而来，在联合会群体当中，关于民族、关于个人自由的辩论也就随之产生。

另外，关于联合会对于宗教的评论，对其更为深层次的分析之后，也折射出更深层次、值得思考的问题。实际上，任何"思想都归之于某种信念"。① 无论何种教义，都产生于一种信念，即是"大同"的可能，也即是"宗教的大同"在于打破任何宗教唯我独尊的观念，宇宙的真理，就主观而论，是随时改变的，也是相对的；就客观而论，是统一的，也是绝对的。这种"一致性"也为蒋梦麟所认同。蒋梦麟曾经在 1910 年 6 月的《留美学生月刊》上发表了一篇题为《中西哲学理念》的文章，他在开篇即写道："人们普遍认为，西方文明与东方文明之间虽然存在着巨大差异，然而细查东西方的哲学观念，其中却有着根本的一致。"② 留美学生吴耀宗进一步将这种宗教与中国传统国教之间的"根本的一致"解释为"看山的角度不同，山的风景自有不同"。

> 譬如我们去看一个名山，山的形象因我们距离的远近，视线的方向，光线的强弱，随时变化，也因我们注意之所在，所得各有不同：美术家只看见山上的风景，地质学家只注意山中的矿质；大家都是对的，不过大家都是片面的，因为山只有一个，所变的是我们主观的看法。我以为宗教的道理也是如此。……宗教的原理及其对象虽然一致，宗教的外表及趋向，因为人性的不齐，真理的宏富，恐怕终难统一。……我们就可以除却彼此的歧视，互相接纳，互相发明，使我们得一个更丰富的宗教经验。宗教到此地步，虽无大同之名，也有大同之实了。③

---

① 杜威：《何谓思想》，刘伯明译，《新教育》第 3 卷第 1 期，1922 年，第 72~81 页。

② Mon Lin Chiang, "Western and Eastern Philospphical Ideals," *The Chinese Students' Monthly*, June 1910, p. 558.

③ 吴耀宗：《基督教与宗教的前途》，《留美学生季报》第 11 卷第 4 期，1927 年，第 25 页。

需要指出的是，单纯地突出联合会对于宗教与自由思想认识所存在冲突的消极作用是不符合历史现实的。联合会中所出现的基于民族认识与自由意识所产生不同的观念冲突并非是偶然的，更不是暂时性与阶段性的状态，而是联合会中长期存在的一种现象，于是两者千丝万缕的联系也就具有了现实的可接受性。某种观念冲突之后一个最明显的结果往往是群体成员观念的再度调试，也就是冲突导致了变迁。由于联合会会员之间的互动是一种交往，那么冲突即是这一交往当中最具活力的互动之一。[1] 顺着这一思路可知，对于宗教与自由思想不同意见的交换也是联合会会员之间的交往方式。

最后，在科塞——这位研究价值冲突功能问题最系统、最全面的社会学家看来，某种社团中的差异具有正向效用与否的关键在于它是在何种条件之下发生的，也就是这种冲突的发生有助于维护现有组织结构的核心，且有助于成员之间各项观念得到一定程度的弹性化。[2] 因此，对于留美学生联合会而言，他们对宗教、对自由与民主等方面的理念虽然不尽相同，在某种方面甚至还相互抵触，但正是如此，成员之间对于相异的观念也因此产生了包容性，各自固有的观念也得以更新从而具有弹性，这种弹性反过来保护了联合会特性的持续。例如毕业于芝加哥大学且深信基督教义的梅贻琦，曾在1912年至1913年间担任东美留学生会的英语秘书，[3] 或许观察到了这一点。美国《瞭望》杂志还称赞联合会的学生对于新兴观念的极大包容力，认为由于联合会当中一部分学生极为出色的领导力与极为出色的行动力，使得基督教在中国这个从来不曾信奉的国度中传播开来。[4] 再者，如前所述，在1916年的秋季，中美留学生联合会在欧柏林召开的第七次年会中，欧柏林大学的教务长巴士渥先生关于基督教精神的演讲，极大地拓展了在场的联合会留美学生的思路。他们

---

[1] 于海：《西方社会思想史》，复旦大学出版社，2010，第412页。

[2] 科塞：《社会冲突的功能》，孙立平等译，华夏出版社，1989，第173页。

[3] S. Z. Yang, "Dr. Yi-Chin Mei in Worcester 'Tech'," *Memorial to Mei YiQi*, p. 98.

[4] "To Re-Orientalize Christianity," *The Outlook*, Nov. 25, 1911, pp. 744 – 745.

甚至创新性地提出当日吾国应以"宗教信仰为立国之本"主张。这种主张即使在现今看来也是极为"大胆的"假设，但是这样的思想却得到当时联合会的容纳，也一度引得在场的联合会会员纷纷表态："宗教于我们有相当的价值，我们也已经将宗教之心种在了人类的精血里。"①

如此可见，留美中国学生联合会作为一个在美国这一个新大陆所建立的高度自律、自治的学生联合组织，是具有较高的对不同意见的包容度以及对不同意见相互冲突的处理能力。对于联合会所具有的这一点能力，无疑是需要肯定的。因此可以说，存在于联合会当中的对宗教意识等的不同的看法，突出着个体的不同思想、价值观。这些观念可以互不干涉、彼此共存，也会冲突重重、难以调和，关键的是既然联合会作为一个留美学生共同的群体，强调"群体"的"群"意义，因此必然在某种层面突出群体的相似性、对各种理念的共同目标追求等，各种思想也能够彼此联系、共同发展。其实在某种程度上，留美学生建立起了这一学生的"群团体"，在本质上即是体现出了美式的"自由主义"的理念。因为在这一群体当中所呈现出的"色彩多样""多彩纷呈"的不同观点与理念，自然体现出自由主义理念的多样化特性。但是这里需要指出的是，群体毕竟是由单独的个体构成的，在联合会中必然也存在个体意识的差异。这就好比梧桐的枝丫，主干是联合会这个群体，侧枝则是联合会当中的留学生个体。无论侧枝多么铺陈横生，终是阻止不了主干参天的步伐，这反映在联合会对于宗教的态度。尽管有各种反对宗教的声音，但是联合会的总体态度仍然是亲近宗教的，这在后期联合会与北美中国基督教学生会的密切合作中也体现出来。因此，从这个角度来说，联合会中所存在的各类意识的差异，一方存在的本质不仅仅是与对方相互对抗，更是保护另一方理念的重要存在。

---

① 丁文江：《我的信仰》，《独立评论》第100号，1934年，第9~12页。

结 语

差异是思想的牛虻，它鼓励我们去摆脱绵羊般的怯懦，推动我们奋勇前进。

——刘易斯·科塞[1]

纯粹的书本知识不足以让我们为将来的重大责任做好准备，我们必须尽可能地寻找各种实践的方式，借以提升我们的知识与经验。就经验而言，留美学生联合会便是一个自治的实验室，留美学生在其中得以进行各种理想的试验。

——S. T. Lok[2]

联合会的精神：具有共同认同的存在

留美中国学生联合会是在近代留学的背景下出现的一个最重要的社团。在社团存续期间，在留美学生群体当中有着极大的影响力及号召力。留美

---

① 刘易斯·科塞：《社会学导论》，第610页。
② S. T. Lok, "Why Join the Alliance?" *The Chinese Students' Monthly*, Jan. 1909.

学生联合会从美国东海岸的一个小型学生团体，到联合全美学生社团成立最大的留美中国学生联合团体，经历了近三十载的风雨岁月之后，于1931年黯然解体。可以说留美生联合会这一路崎岖却又光荣的历史给予后人思考与再思考的空间巨大。作为域外首创的留学生联合组织，联合会的总体追求是与时代的进程相一致的，主流的思想倾向也是接受西方先进的思想，以此来改造国内的传统文化。留美学生积极并热情地聚合起来对社会、国家、团体、自身进行改造的努力，也正是近代大多数中国人通过对时局的思考慢慢做出的个人选择。[①] 联合会作为一个留学生青年社团，期图以美国的"联邦制"模式来管理联合会社群。它以一个相对松散的模式，将具有共同理想目标的留学青年知识分子聚集在一起，向这些学子投去了一个共同的且极具号召力的目标——建立一个美好的中国，因而引发了全体学子通过联合会开展一系列活动而实践着报国之心，或实践着民族共同情感。因此可以说，留美学生联合会存在的基础很大程度上是对民族的责任感、对个人最崇高理想的追求、对群体最为真诚的使命感。

但是历史的潮流奔腾向前不休止，联合会这一慢慢陨落的历程也充分表明，无论是怎样的个人与群体，无论如何渴望及追求一种理想层面的异域学生自治模式，依旧逃离不了历史命定的结局。这很大程度上都是由于联合会当中存在着的这两类不同意识的拉锯，也即是贯穿于联合会始终的民族意识与自由主义的相互交织。这两类意识的冲突纵贯联合会发展进程中，绵延至联合会解散。但是，也正是由于这些问题，给予我们充分思考的空间。回望联合会这一路的历史发展进程，我们能够从始终存在着的这两类意识的交织过程当中得到怎样的启示？

这两类意识的交织一方面是联合会创办伊始即自带的性质。由于晚清中央政府威权摇摇欲坠，内外各种形势交遝，因此在国内外各类形式的以救亡图存、社会革新等为宗旨的社会团体、学生团体相继涌现。由于这类群体与固有政治、文化等有割舍不去的联系，也就不难理解民族主义的易

---

① 吴小龙:《少年中国学会研究》，第 221~223 页。

发性。同时由于联合会存在于标榜自由主义的美国，自然也染上了一丝丝自由主义的特征。当然，这两类不同意识的相互交织既考验着联合会的"联合特性"是否坚固，在某种程度上也可以将这两类意识的交织理解为始终推动联合会向前发展的重要动力。因此也可以说，这样一个以"公共领域"本质而存在的联合会群体，其发展的本质动力即是各种意识差别的存在。因此，对这两类不同意识之间存在的相互关系的解读也有助于我们更好地厘清，不仅仅是近代留美生联合会这一社群存在的本真特质，更是有助于今后对于学人间的"公共领域"的别具一格、深层次的理解。[1]　当然，对于联合会的研究并非一个能够简单套用各类"公共领域"等抽象概念的命题，也并不应该按照一般的教育冲突的演绎来进行解释。联合会当中存在的这一系列冲突具有特定的内涵，并不是冰冷的研究对象，而是一个鲜明的、生动的、活泼的、动态的，甚至是需要正面肯定的研究内容，因此，有必要对联合会存在的精神做一肯定评价。

第一，对于留学生的这种结社的主动及热情，是必须给予肯定及鼓励的，也是在研究近代时期任何社团所应采取的根本态度。对于这样一个极具代表性、先启性质的海外留学生社团而言，具有很大一批志同道合、具有激情与梦想、胸怀国家与民族情怀的留学生基础，同时也容纳了具有较强的执行力的留学生社团的存在，是非常值得肯定的。长期以来，"中国素重家族主义与部落思想"而对"公众精神"的重视甚少，[2]因此这部分留学生群体所建成的公共领域团体，作为在美留学生的一支重要的社会集合力量，具有极为重要的地位与作用，也可谓突破了传统"家族主义与部落思想"的首创。从总的目标来说，留美中国学生联合会成立初期是为了在美的留学生"联络感情、交换智识、增进在美中国留学生的公益为宗旨"，[3]同时也为留美学生"消异地客居之愁感、策文学

---

①　张剑：《科学社团在近代中国的命运——以中国科学社为中心》，山东教育出版社，2005，第397页。

②　《杜威论中国现状》，《尚贤堂纪事》第12卷第2期，1921年，第8～12页。

③　《麻省理工学校中国学生会通信》，《留美学生季报》第2卷第3期，1915年，第113～118页。

技艺之进步，于祖国学术之发达、政俗之改良而悉心研究"。① 这在当时可谓是一个具有独创性、极具意义的可贵尝试。这项尝试，首先就体现出一种"国人之团结"的精神，也深深为留美学生所肯定。"纯粹的书本知识不足以让我们为将来的重大责任做好准备，我们必须尽可能地寻找各种实践的方式，借以提升我们的知识与经验。就经验而言，留美学生联合会便是一个自治的实验室，留美学生在其中得以进行各种理想的试验。"② 曾为留美学生的陶行知就在 1919 年 10 月的《新教育》中发表了名为《学生自治问题之研究》一文，他直接指出："中国既然号称共和国，当然要有能够共同自治的公民，想有能够共同自治的公民，必先有能够共同自治的学生，所以从我们国体上看起来，我们学校一定要养成学生共同自治的能力，否则不应算为共和国的国民。今日的学生，就是将来的公民；将来所需要的公民，即今日所应当养成的学生。专制国所需要的公民，是要他们有被治的习惯；共和国所需要的公民，是要他们有共同自治的能力。"③

更为值得注意的是，联合会还创办了会刊（《留美学生月刊》和《留美学生季报》）。这类期刊的创刊构建出一个相对松散却又具有开放性及弹性的交往网络，并通过留学生群体社团这一机构所举行的学术协会、学科专业小组、社团等机构为活动核心，将留学生组织聚集在一起，其中剧演、博物馆、同学交流会、演讲会及各种沙龙等娱乐及对话形式则为他们提供了一种公共空间。这种留美学生组织创办、参与、维持的公共领域，从政治领域延伸到教育领域、现实领域。联合会创办之初，即是留美学生群体相互作用空前的时期，也是学生群体思想最为多姿多彩的时期。几乎没有一个留学生在日后回忆起加入"联合会"的时候，不是带着无限的深情的。例如有的留学生认为："没有一个在美国留过学的中国学生情愿在离开美国时候没有参加过中国留学生联合会，甚至是参

---

① 刘树杞：《中国学生年会五度纪事》，《留美学生季报》第 1 卷第 1 期，1914 年，第 79 ~ 82 页。

② S. T. Lok，"Why Join the Alliance？" *The Chinese Students' Monthly*，Jan. 1909，pp. 171 –172.

③ 陶行知：《学生自治问题之研究》，《新教育》第 2 卷第 2 期，1919 年，第 94 ~ 102 页。

加全美中国学生联合会举办的年会，这是由于在实践中体验民主并与他的同胞分享自治的经验，为了一个共同的目标——中国的富强而同心协作。"

联合会的这种同心协作，受到了大部分会员的肯定。"留美学生联合会作为北美洲中国学生联合会是我们全美同学共同的组织，深具开放性与包容性，对全体在美留学生具有不可替代的凝聚力，它的组织与事业事务开展的成功，全靠全体留学生同学们的努力。"① 除此之外，联合会作为一个"公共领域"，在于强调公众意见和公众舆论的形成。② 这一点早为留美学生所认可。一名署名为陈业勋的留学生在《留东学报》中指出，之所以现阶段的中国整个社会问题与教育问题依然没有得到解决，正是因为这些最根本的问题没有解决，因此如果我们这批留学生，无论是留学西洋，或是留学东洋的留学生，倘若还是置出路问题于幻梦，则不免有自杀的危险。因此，我们这批留学生"必须做些什么"。当然，这意味着留学生不但不能不置身于社会，努力社会改造的事业、努力中国改造的事业，最为关键的，也是决定我们的目标是否能够实现的最重要因素，则是"除了埋头做学理的探讨之外，还须要参与与自己相适应的团体生活，共同在学术上、文化上努力，以便联络感情、砥砺学行，于我们的现在及将来，是最为迫切的需要"。③ 基于此，联合会所营造的团体意识乃一种类似心理，一旦形成群体的意识，便产生公共利益观念。

第二，留美学生联合会在创设之初，即是自觉的作为一个广泛存在于异邦的、自由的学生群体。除了依靠留学生的热忱和自律精神凝聚在一起，更多的恐怕是依靠了一种"共同国族"的观念而集结成社。按照布尔迪厄的场域理论，他认为每一个知识共同体在本质上都是一个具有

---

① "The Efforts of Chinese Students in Pittsburgh," *Chinese Students' Monthly*, May 1921, pp. 73 - 74.

② 哈贝马斯：《公共领域》，汪晖、陈燕谷主编《文化与公共性》，第 125 页。

③ 陈业勋：《再谈"关于留学教育问题"》，《留东学报》第 1 卷第 2 期，1935 年，第 122 ~ 129 页。

自主性的场域，他们是由一群拥有共同目标的知识分子构成的。[1] 这一点对于联合会同样适用，正是由于"为中国的富强而同心协作"成为加诸在联合会会员之上的理想与追求，自然很容易得到留美生群体的认同，因此联合会的形成自然是留美学生必然的选择。由于具有相同的血缘和故国情愫，使得留美学生联合会让个体学员找到了情感上的归宿与慰藉。换句话说，这恰恰是由于"亲密的需要，面对面的真实沟通以及成为群体的成员需求所推动，留美学生群体组织才有了构建的内在合理性"。[2]

　　基于这一点，1922 年，芝加哥社会学系一名名为 Neely Anne Elizabeth 的美国学生完成了一份针对在美留学生国族认同的硕士学位论文，作者敏锐地观察到了这一点。她在比较了在美留学的各类学生群体（印度留美学生联合会、日本留美学生联合会、加拿大留美学生联合会等）之后，指出留美中国学生联合会是最具共同国族观念的留学生联合会，因此这一联合会对全体中国学生的情感吸引也较其他联合会要强烈。中国的留学生联合会不像其他各国留学生所成立的学生会，是一个相对松散且易于变动的组织，尤其是一部分留学生在美可能会在三到四个院校中学习，由于求学过程中地域的频繁变动，增加了这类学生联合会的不稳定性。在这一类学生组织中，由同一国籍留学生组织的联合会却是最为稳定的。留美中国学生联合会是其中的榜样，之所以这一联合会较之于他国更具有凝聚力，这是由于国族观念早已渗透至群体中的每一名成员，使得他们拥有了一种"归属感及共同的国家精神"。[3]

　　于是，一方面由于联合会明确的宗旨及理想的追求使留学生聚合在一起，另一方面又由于对于共同的国族感情需求使得留美学生聚合在一起，这无疑是联合会存在的某种"精神主旨"，这种精神主旨也可谓是联

---

[1] 皮埃尔·布尔迪厄：《实践与反思》，中央编译出版社，1998，第 131 页。

[2] Park & Miller, Old World Traits Transplanted, p. 16, 转引自 Neely Anne Elizabeth, *The Foreign Student on the American Campus*, Thesis submitted to the department of Sociology in the University of Chicago, 1922, pp. 40 – 41.

[3] Neely Anne Elizabeth, *The Foreign Student on the American Campus*, Thesis submitted to the department of Sociology in the University of Chicago, 1922, pp. 3 – 5.

合会会员共同的认同感。会员对联合会精神主旨的认同感也因此得以使某些冲突保持在良性发展的道路之上，这是由于留美学生基于共同的利益，为了这种共同愿景而努力追求，并在实践过程中淡化冲突所带来的负面影响。

最为重要的是，由于中国近代社会的转型促使国家与私人之间权力真空的出现，使得学人群体对表达自我意见的途径由"私"向"公"方向的转变成为可能，因此联合会作为留学生们的公共领域，同时也作为国家与北美社会张力的缓冲地带，为留美学生提供一个积极参与学生事务、实现自我的巨大空间，从而在国内与异邦之间架起了一座有效的、理性沟通的桥梁。这种以学生群体交往的形式构成了民族意识在异邦延续的管道，也使得自由主义向故国的传递具有了基地，也为近代社会"产出"了一代又一代兼具两者意识的学人。倘若没有这一以留美学生群体为主的公共领域，各类不同意见的碰撞，以及民族主义与自由思想之间的纠缠也将不复存在。于是，在这个近代多权势力（经济力量、政治力量、文化力量）并存的时代，文明的力量更需要彼此联合起来，以留美学生为主体的公共领域更需要致力于通过话语交往、理性交往、学术交往、意识交往等多种方式，将公共性的这一问题带入光亮之中。①

"团结力"的消退：对联合会生命力的思考

值得注意的是，虽然其得以使在美留学的优秀学子聚集在一起，并由此形成广泛的社会、学术影响，但是也由于这种精神主旨在某种层面过于理想化，也一定程度上超越了实践的操作层面，因此纠缠于共同理想之外的各类冲突，与彼此之间狭隘的争执使得这一团体落入了涣散无力的窠臼。加之，由于现实社会及政治潮流的影响，也由于联合会的权

---

① 彭立群：《论广义公共领域的内涵、类型和价值——对哈贝马斯公共领域概念进行扩展的一种尝试》，《学术界》2008 年第 4 期。

力受到来自会内次级组织的挑战，联合会最终解散了。

实际上，由联合会当中的部分会员组成，并具有某种地域和共同兴趣而结合的团体，留美学生的民主精神逐渐变得委顿，伴随而来的则是留美中国学生联合会的衰落。在这一背景之下最具代表性的即是兄弟会（Fraternity Association）。因为在彼时的美国学校有若干类似兄弟会的组织，于是留美中国学生起而效颦，然而此会却有某种"神秘宗教的意味的秘密结合的团体"，会员入会后彼此以兄弟相称，对内互相援引庇护之能事，对外则持排斥主义。[①]

由于兄弟会这一鲜明的"兄弟之情"的特征及倾向，联合会的一部分学生认为应该给予学会支持。[②] 但联合会的另一部分学生则认可这一组织的存在，分裂了留学生之间的团结。例如，作为大江会的主要成员，同时也是留美学生联合会会员的潘光旦，他在1925年写了一篇文章，驳斥兄弟会的存在。他认为兄弟会很显然是一种"虚假的民族主义"或者是"受到局限的盲目的爱国主义精神"，这是因为兄弟会明显分裂了留学生之间的团结，也说明中国学生普遍缺乏一种合作精神和平等相处的能力，正是所谓的"充盈自私的空气而缺乏磊落光明的人才，有小己而无大我，重私交而轻公谊"。[③] 很显然，这一观念与同为留美生的常道直不谋而合。常道直认为兄弟会的出现与联合会团体所倡导的"共同主义"不相融，有小团体而无大国观念。常道直进一步指出，在杜威论及留美学生当中出现的兄弟会的时候，也认为其是一种"私党"（Clique），与联合会长期倡导的平民主义理想相冲突。[④] 常道直对兄弟会所提出的批评，可谓是一语中的。为了更清楚地说明自己对兄弟会的反对意见，常道直指出兄弟会的存在无疑是"无大团体精神的体现"，留学生中尚有多

[①] 梁实秋：《留美学生与兄弟会》，《醒狮》第70期，1926年，第1~2版。

[②] Sinley Chang, "Is Fraternity Desirable Among Chinese Students," *The Chinese Students' Monthly*, Jan. 1925, p. 26.

[③] 任鸿隽：《留美学界的几个问题》，《观察》第2卷第11期，1947年，第6~7页。

[④] 常道直：《留美学生与秘密结社问题》，《中华教育界》第15卷第9期，1926年，第1~11页。

数对外不公开，类似于兄弟会的团体则是"对内却无任何高尚目的，'有马同骑、有官同做'是其狭隘的共同目的。此等秘密结社在国已发生不幸之现象，窃为不取，所谓兄弟会问题不是留美学生的问题，而是中国的一个大的社会问题"。①

针对这种"一会之中有小会"的现实，梁实秋向兄弟会提出了三条忠告："（一）公布入会手续。（二）公布章程细则。（三）公布会员名单。"② 然而在潘光旦看来，兄弟会的创立最负面的后果是造成了人与人之间的异化，在兄弟会的互相包庇之下，普通成员无须承担真正的责任。于是，潘光旦号召留美生一同抵制兄弟会，不要做"自闭和假装的兄弟"，而要作为"体格健全治理发达的社会一份子"，之所以要做这样的"一份子"，是因为需要与他人共同合作。③ 然而，颇令人意想不到的是，就在潘光旦驳斥兄弟会的一年之后，由于大江会与兄弟会的大部分主要成员于 1926 年先后回国，加之定期会务的逐渐衰落，因此大江会与兄弟会也即随之解散了。但是，这里也需要说明的是，纵观之后联合会的发展情形，即便诸如兄弟会、大江会等"小会"纷纷解散，但是联合会的凝聚力也并未恢复到之前的程度。

即使如此，隶属于联合会麾下的留学生虽然有着相同的理想宗旨，但是联合会毕竟是由单个个体的留学生所组成的，这些留学生之间又难免出现一些争端与摩擦。联合会初创时，每年的年会无一不是与"讨论国家问题"联系在一起，则"将来学底大成，能为国家之用"；学生之间的往复谈论也往往涉及宗教的派别、中西双方的异同、学术与政治之间的关系、学生与国家未来命运的联系等方面，"振兴国势、保全种族，均为诸位留学生君平日之志气，所厚自期许者甚众"。④ 再如纽约留美学生

① 常道直：《留学杂评》，《醒狮》第 70 期，1926 年，第 5 版。
② 梁实秋：《留美学生与兄弟会》，《醒狮》第 70 期，1926 年，第 3 版。
③ Pan Guang Dan, "Evaluation of Chinese Students Fraternities in America," *The Chinese Students' Monthly*, June 1925, pp. 25 – 37.
④ Chinese Students' Alliance, *Pacific Coast Students' Annual Bulletin of 1908*, p. 57.

在中国大厦举行了第 23 次纽约中国学生全体讨论大会，其间有林语堂及其夫人等社会名流到场，该次会议对我国工程等重工业的发展进行了详细讨论；另外密歇根学生联合会、麻省理工学院中国留学生联合会、明尼苏达大学中国留学生联合会、爱荷华省立大学、西雅图留美中国学生联合会也纷纷举行了建国会议。① 但是随着会务的发展，这种对于"共同的理念"的讨论逐渐被学员个体之间的间隙所代替。

由于会员组成的多元化，其各自的理念与行为方式不同，联合会会员之间也容易产生或多或少的间隙。其实在联合会刚成立之时，即有留学生针对联合会的财务状况提出质疑，指出联合会的财务计算方法不当，甚至联合会的财务极有可能有不诚实的做账行为（Dishonest treasurer's accounting）。② 此消息一经发布，留美学生当中有不少对联合会的相关会务随之也产生了质疑。一名留学生向《留美学生月刊》投去了"惊天一文"，大声称联合会不知自爱，呈现种种关于学生的黑幕。在这名学生慷慨激昂的陈述当中，首先受到抨击的是联合会的公款账目问题。文章中披露有一部分联合会的会员将矛头直指周明衡，以及已回国任东南大学校长郭秉文秘书兼教育科教员的程其保、余日章等。当时周明衡担任联合会的会长一职，留美学生纷纷对周氏大加批评，指出他虽然身为人师，或自居名流，却侵吞公款、账目不清。他们愤怒地提出联合会曾经为国内赈灾筹款一事为由，对联合会的相关干事抨击。早在 1910 年至 1911 年间，联合会为华北赈灾而筹募捐款，并由会长周明衡请赵甘霖为主任，组织了一个筹款赈灾委员会，会中赵甘霖为主席，高宝寿为书记，梁福莲为会计，委员为陆麟书、程其保，一共五人。一年之后，联合会查账员陈枢及王祖廉向筹款赈灾委员会索账，却被拒绝。随后该年度东美学生联合会年会中，联合会书记程长桐及评议员叶企孙向赈灾委员会寄去了质问信。赈灾委员会在收到质问信之后，由会计梁福莲女士草拟回信

---

① 孟治：《新年对于留美学界的前望》，《学建通讯》第 22 期，1945 年，第 1~2 页。

② Y. C. Ma, "Criticisms of the Alliance Accounts," *The Chinese Students' Monthly*, Mar. 1915, pp. 393 – 399.

答复查账员，声称账目已交由该年度的留美学生联合会会长黎藻鉴，以"不知道如何办理"为由应答，"似乎很不愿意"使账目公布。① 同时期，留美学生联合会芝加哥中国学生会向联合会捐款若干，汇交余日章代为转发灾区，但该款项并未完全用去，账目已有四年，余款近万元存在上海银行，笔款项经过东美学生联合会的屡次催促与询问，周明衡、程其保、余日章才说明了余款的数额及存放地点，"不得不令人生疑"。这一事件由联合会会员之间的争端而起，之后在联合会众会员的心中成为一件"不清不楚的公案"。此后联合会更是收到了匿名举报信件，信件声称东美学生联合会主席罗景崇私自挪用了这笔公款数百元，以及无端拖欠商家店家的账目，使得商店以及普林斯顿大学对罗景崇不得不追究责任。罗景崇的职务随后也不得不被哈佛大学中国学生会罢免，才免去一场美商诉讼的案件。② 另外，该文也透露出联合会成员中还有若干"谄媚崇洋的卖国者"，例如顾维钧、郭秉文之辈，认为这些留美学生可谓是"卖国之辈"，他们无疑是"依附权贵，结党营私，在美原早有训练，回国后特一展其长耳"的卖国分子。③

综观这篇严厉斥责留美生联合会财务问题的文章，直接将联合会赈灾筹款的三名负责人点名道姓地大加抨击，这三名联合会成员是：周明衡、程其保、余日章三人。面对联合会中同仁对于他们在财务处理方面的质疑，他们也都分别做出了相应的澄清或是情况说明。最先发声的是时任留美中国学生联合会的会计兼任筹款赈灾委员会委员的程其保。程其保作一文，对留美学生所捐款项进行个人声明。程氏认为王崇植所作《留美学生界黑幕之一班》有妄加罪的事实，且有武断的嫌疑。据程称，自1910年起，在美与同学奔波呼走，为国内灾区发起赈灾募捐活动，前后共计募得14000余美元，均陆续分寄国内余日章先生，请余氏代为分布各灾区。直到1923年，程其保完成在美学业回国，与联合会各会员商

---

① 王崇植：《留美学生界黑幕之一班》，《醒狮》第21期，1925年，第3版。
② 王崇植：《留美学生界黑幕之一班》，《醒狮》第21期，1925年，第3～4版。
③ 王崇植：《留美学生界黑幕之一班》，《醒狮》第21期，1925年，第3～4版。

谈赈灾款项事宜，并打算编制报告以便向大众公布款项使用情况。"保
（程其保）对于赈灾委员会虽然列为委员之一，但从未经手分文，但对于
一切委员会行动，极愿负责。至于此时是否可谓为'黑幕'，将来审查报
告一出，自可证实。今王崇植先生恐未深悉此中内容，故愿照实声明，
保实不愿无辜受此不洁之名。"①

　随后，余日章更作一文，希望借此机会昭示自己的清白。余氏在文
中详陈这笔款项从筹集到支配的来龙去脉。余日章称赈灾之时，确实先
后接到留美学生会由芝加哥陆续汇到的款项，嘱托分发至灾区，如河南、
山西、湖南等地。时至1911年冬，又有数笔款项由芝加哥汇来，但是由
于当时灾情已过，同时由于账上尚且存有百万以上的余款，因此经留美
学生联合会一致认定这笔来自于留美学生的款项已经没有发放的必要，
遂动议这笔款项拟作建筑费用之用，并暂存于上海商业储蓄银行。之后，
余日章借参加华盛顿会议的机会，便顺道经过芝加哥，向留美生联合会
会长赵甘霖汇报款项使用事宜，提出两种款项支配办法：其一，将余款
分别如数交回原捐款者；其二，暂行将此笔款项保存，以备国内一旦有
灾事发生，便可立即使用此笔款项以作急用。根据过去的经验，救济灾
情这一类紧急的事件一旦发生，往往第一批的赈灾资金是对国内灾情最
为有力的帮助。根据此种情形，会长赵甘霖同意采用第二种支配办法将
救济款项暂为保存，之后接到联合总会赈灾联合会委员之一丁绪宝的来
信，抄示账目存于银行以便生息。同时，余日章指出："保管此款者，不
仅仅章一人，因章时他往或间有出国之举，故自始请托芝加哥大学留学
生李耀邦、陈立廷一同联合管理"。总而言之，该笔款项的一切管理，既未
辜负留美学同学的嘱托，一切首存发放都有报告，余款的动用和发放也均
是原捐款人的指定，秉承公事公办的准则。②

　这一事件一经刊登即在联合会当中产生巨大的影响，引发了各方的

---

①　程其保：《关于留美学生捐款事之声明》，《醒狮》第 23 期，1925 年，第 3 版。

②　余日章：《关于留美学生捐款事之自白》，《醒狮》第 26 期，1925 年，第 4 版。

激烈反应。这些对于事件的有关辩论恐怕是会员之间相互争端的主要表现形式，更为深层的影响恐怕还是在对联合会权威性的损伤。类似的文章在联合会的会刊中屡见不鲜，或许是由于联合会及相关会刊作为留学生唯一"互通声气"的主要承载体，自然承载了留学生互相抨击的意见，或许也由于"中国的文人往往群集他处，造出种种是非，尽他们挑拨离间之能事，久而久之，他们的主人翁就打起仗来"，自然联合会中少不了某些争执。① 实际上，联合会当中之所以出现这样那样的个人纷争，正是因为联合会在实际中并不具备相应的权威，因而造成了个人的意见凌驾于联合会的会务之上这一现实。事实上，留美学生正所谓是真正的中国人，所谓的中国人，正如已故的麦嘉温博士（John Macgowan）所言："中国人的温良，不是精神颓废的、被阉割的驯良。而是这种温良意味着没有冷酷、过激、粗野和暴力。但是当你仔细分析了这种温良的特性时，就会发现这种温良乃是同情与智能这两样东西相结合的产物。他们过着一种像孩子一样的生活，心灵是纤细而敏感的，然而又使得他们在很多方面还显得那样幼稚，脆弱到他们看到不同的意见就要像孩子那样去辩论、去争吵。"② 因此我们可以说，包括留美学生在内的每一个中国人都有着这样一种敏感而脆弱的心灵，只要将他们聚合在一起，这种心灵之间也就不免产生了碰撞，自然群体之中难免出现不同的意见与争端。

回溯联合会与其他小型学会、联合会当中学员之间的相互关系，可谓是既合作又对立，既统一又分裂。但无论是怎样的相互关系，这些社团的创办人与运作者都为中国留美学生，这就存在一个吊诡的问题：为何具有相同背景的主体，所建立的各种机构之间会出现如此错综复杂的相互关系呢？创立起来的这些团体却又相互制衡？实际上，这有必要从更为广阔的角度进行理性分析。戴维·米勒（David Miller）认为人之所以得以相互连接，是出于以下三类需求：工具性联合体的需求（instrumental association）、

① 蒋廷黻：《知识阶级与政治》，《独立评论》第 51 号，1933 年 5 月 21 日，第 15～19 页。
② 辜鸿铭：《中国人的精神》，黄兴涛、宋小庆译，广西师范大学出版社，2001，第 26 页。

国家公民身份的需求（national citizenship）、团结性社群的需求（solidaristic community）。前两种需求大多是指国民通过各种公民权利与义务规定，进行个体之间的利益再分配，这两种连接是属于本质需求层面的。而第三类个体之间得以连接的需求，则是指"它存在于人们共享共同的领域认同之时，首先是在人们之间产生相互理解和相互信任的面对面的关系，这一圈子之中的人们既是由相互血缘关系或相互熟识机会，也是由于共同信仰或文化理念联系在一起的"。① 在这种社团群体的连接中，个体是通过对于群体的公共的认同产生情感及利益上的联系。由于社群团体的信仰及理念是每一位成员的个人信仰，成员的自愿结社也因而成了成就集体目标的最大助力。因此，这种社群的链接成为三种链接关系中最具有主体能动性、最为亲密的团结模式。②

从这个角度来说，尽管其中出现着这样那样的不同，在联合会存在的时间内，这些理念大部分是难以相互融合的，无论是在创会理念、运行宗旨等方面有着这样那样的差异，但都是立足于在美留学生自愿组织、自治的基础之上，意在强调留学生的"团结力"，使得中国学生得以在异国的土地之上相互凝聚，因此也就自然实现了戴维·米勒所提倡的人与人之间之所以相互链接的最重要一条理论。也就是说在长期的发展宗旨之上，群体与群体之间又存在着"难得的一致"而非"根本的冲突"。在这一点上，这些社团的存在都是指向学生之间的某种需求，正因为这种共同的需求及理念而得以相互融合，无论是影响范围更为巨大、会员人数更为众多的联合会，或者是更小团体所结合的兄弟会、大江会都因此具有存在的现实需求基础。然而现实当中人与人之间的关系却又是复杂的，每一个社团中的个体既是社群中的一员，同时也是社会的一分子，每一个人的存在具有一种复杂的现实含义，因此这几种关系有可能是相互交叉的。这也就意味着个体对于事件的选择与情感方面可能会存在着

---

① 戴维·米勒：《社会正义原则》，应奇译，江苏人民出版社，2008，第32页。
② 戴维·米勒：《社会正义原则》，第37页。

各类冲突。对于此类冲突，我们所应采取的态度应是一种"理解性的包容"，需要体谅学生群体的自治能力与健全的社团舆论是需要教育、探索与时间的培植才能够发达，并给予此类学生群体必要的时间与广阔的空间以完善改进其职能。留美中国学生联合会是一种基于彼岸留美学生自理、自治、自决的一种制度，也是一种学生群体之间"联合式的共同生活"，更是学生个体之间相互经验的交织。学生群体完满的自治并不是某一天就可以成功的，时间、探索，甚至是必要的试错都是重要的培育条件，而且留学生社团的自治能力必须由内渐渐生长，而非由外部强加。①

反观近现代的中国人，尽管随着社团的逐渐发展使得群的意识逐渐生根、发芽，但是对于学人共同领域的认同在某种程度上仍然不免流于肤浅。这种肤浅认识的窠臼，对于虽为受过教育的留美学生也不能逃脱。留美学生虽然共同组织了一个属于全体留学生的联合会，但是由于其中依然存在一部分留学生对于"共同领域"的理解存在偏差，这一团体不可避免地出现了某种似有若无的分裂。这种分裂所造成的后果是对于共同领域的归属之情变得微弱，但并不是说学人群体完全不具备这种情感。当这种对于团体的"向心力"一旦与另外一些价值相冲突，诸如家族、个人利益、声望、私人情感等方面的利益相互冲突，则容易自动让位。无论是联合会还是大江会，或者是兄弟会，或者是不同院校的不同留美学生会，他们存在的本质都是留学生自愿结社的产物。这虽然对于留学生"自治能力"的培养与提高有极大的帮助，但是不同留学生团体成立所依据的宗旨与理念却截然不同，同时由于不同的留学生有着不同的性情、处事方式，导致了他们在运作过程中自然不可避免地产生冲突。这些冲突或许是人事方面的冲突，或许是群体利益的冲突，使得彼此之间自然呈现"同而不和"的关系格局。② 当然，这种冲突的理念一方面是由于联合会对于大部分留美学生的聚集所引发的，也可以通过联合会这一

---

① 陶孟和：《社会与教育》，福州教育出版社，2008，第 152~155 页。
② 辜鸿铭：《中国人的精神》，第 26 页。

共同讨论的机关消解。

二律协奏曲：两类意识存在的评价

留美中国学生联合会，以全美各地的中国留美学生而构成，经由一系列联合会创办的刊物、定期举办的会议为纽带而聚集在一起。在联合会这一公共领域中，留美学生作为公共领域的主人，各自代表不同的主体对一些问题形成基于自身价值观的舆论。这些舆论属于公共领域当中主体多阐发的公开意见，也是公共领域中主体相互交往、交换意见、沟通讨论的一种基本模式。① 从中我们无疑可以看出近代知识分子对于中国在发展转型过程中对一些问题所形成观念的深度。由于联合会对国家的特殊关注，因而在这一社团中的每一个个体的基本角色，无疑定位于"求学复议政治"。虽然在不同时期及不同场合这一群体之中存在民族意识与自由主义的不同，但其中的内在逻辑却还是清晰可寻的。实际上，从晚清到民国，从梁启超到张君劢、从严复到胡适、从梅光迪到丁文江、从张彭春到任鸿隽，他们都有一条脉络分明的个人思想发展线索，即致力于融合民族意识与自由主义。也就是无论哪一个留学生，无论这一个留学生信仰哪一种"主义"或者采纳了哪一类"意识"，他们最终的根本的目的都是力图国家振兴、民族自强。同理，无论这些留学生组建起理念主旨各有差异的学生社团，他们在现实中呈现出这种那种的争论、差异，或者是冲突，但不可否认的是，他们建立社团最基本的底色与最根本的理念都是力图国家振兴、民族自强。虽然他们不曾以某一类特殊名词命名，但在既肯定个人的自由意义，又寻找民族的集体认同这一点上有着共同的价值取向。② 大致来说，虽然在会务中依然存在着各种或大或小的不同种类的冲突，但是强烈的民族意识以及新唤起的自由意识两者构成了整个

---

① 亦乐：《舆论》，黄天鹏编《新闻学名论集》，上海联合书店，1930。
② 许纪霖：《现代中国的自由民族主义思潮》，《社会科学》2005 年第 1 期。

联合会最主要的一类关系，为联合会谱写了一支协奏曲。

同时需要指出的是，由于这两类意识的同时存在，在某一时刻使联合会陷入了某种纷扰，曾一度陷入一种混乱，会员与会员之间的合作也随之变得脆弱。留学生既作为西式文明的"报春鸟"，[①]又作为游离于中西的学子，社会的大背景以及中西之间的相互转换使得留学生无力支配自身的命运，于是这部分的留学生处在一个传统权威迅速破裂的社会现实之下。按照学者理查德·弗雷克（Richard Flacks）对 1920 年代中国青年学生的分析可见，这部分的留学生正接受着新型文化的影响，并在"新的价值尚未澄清、新的角色也尚未确立、新的权威也尚未建立或合法化的历史情境之下"成长起来，因此他们组织一些自治性质的组织或活动，期望借此实现理性主义、民主政治、民族主义以及其他具有"现代"价值的理念，正是由于这些留学生心中深眠的民族主义，使得他们无法在二者之间游移得游刃有余。[②]

但是，本书需要指出的是，这两种意识并不构成联合会的所有面向。本书虽以这两种意识之间的关系为视角，但并不意味着联合会当中仅存在这两种意识。民族意识与自由主义意识实际上并非是同一层面的问题，例如胡适本人既是民族主义，也有自由意识；梅光迪是文化上的保守主义者，但政治上趋于自由主义，同时也有强烈的民族情感；丁文江、翁文灏等人具有极为强烈的民族情感，也有强烈的自由独立意识，与政府保持着若即若离的关系。因此，在一定程度上，留美学生联合会中的这两种意识之双重变奏，不如说是民族意识底色之下的激进、保守、理性的轮番上阵。但是，这些思想无论呈现出怎样的面向，具备怎样的精神内涵，当中无疑都渗透着自由主义的色彩，尤其是在留美学生这一群体体现得尤为明显。因此在一定层面上，也是民族意识与自由主义轮番上阵的情形。

---

① 叶隽：《"教育冲突"与"文化抗争"——读〈中国教育早期现代化问题研究〉》，《北京大学教育评论》2010 年第 3 期。

② 转引自吴小龙《少年中国学会研究》，第 55 页。

再者，这两种意识所存在的差异并非完全负面的摩擦，有时候却恰恰是推动整个联合会发展的重要力量。进一步讲，正是因为这些意识之间差异的出现，联合会才得以以此契机而培育并逐渐提升了会员的"软能力"。这种"软能力"也同时体现在实际中联合会的留学生群体面对现实挑战处理问题的能力。留美学生赴美不仅仅需要提升学业方面的"硬能力"，急需要通过各方面的挑战来磨炼自己处理问题的能力，更需要提升自身面对困境时勇气、智慧，以便归国之后更顺利地适应国内现实。正是由于联合会这一群体的出现，才使得这些留学生得以在这一学人"公共领域"所形成的"保护圈"中实践自身的理想，也得以使留美学生对彼岸的国家政权保持一种适当的、特殊的弹性距离。① 这种距离有助于保护学人团体的一系列活动与言论，从联合会当中也足见彼时极为松散的政治力量与文化的良性互动，② 于是此时留学生群体的思想空前活跃，其理想的设定也得到了极大的鼓舞。

论及联合会能够将不同的理念全部容纳其中的这种能力，有必要从这一社团的本质来进行探寻。由于留美学生所创立的这一公共领域属于留学生共同的一个社会生活领域，按照康德在《实践理性批判》当中所指出的"公共性的团体具有一种公开的理性"，③ 因此联合会在各项事务的讨论中也自然具有讨论性与相关理性。在这一公共领域当中，留学生可以对他们关心的问题进行自由的、平等的、理智的讨论，而不必受制于政治权力、习惯势力和传统观念。④ 联合会会员王景春1913年在《留美中国学生月刊》刊登了一篇名为《团结就是生命》的文章，文中对这种社团的"共同感"详细地论述道："我们都熟知'团结就是力量'这个道理，但今天对于留美学生联合会而言，团结不仅仅意味着力量，而是意味着生命！我亲爱的同学们，假如非要问我们能够向美国学什么的话，那么我会说让我们学会

---

① 方平：《晚清上海的公共领域》，上海人民出版社，2007，第325页。
② 杨东平：《艰难的日出：中国现代教育的20世纪》，第326页。
③ 康德：《历史理性批判文集》，何兆武译，商务印书馆，2005，第26~27页。
④ 萧瑟：《布尔特曼和哈贝马斯》，《读书》1996年第10期。

将彼此力量联合起来吧，让我们一荣俱荣，一损俱损吧!"① 当然，公共领域也同时面对公共权力领域而形成与存在，因此它一直以批评性和批判性为基本的运行机制。这是由于公共领域中存在的"话语民主"，这一民主特性根植于团体交往过程当中的直觉理想当中。根据这一理想，通过平等公民的公共辩论和批判来决定。因此，在解决事务当中，成员凭借公共批判，承载了一定的责任。② 基于这一点，会员朱庭祺 1911 年就曾对联合会存在的意义做出了评价，也就是正是由于联合会的存在，才使得留学界得以团结一心。"联合会对于留美学界之精神的作用，一方面在于留学生的好学之风；另一方面在于团结力的坚固与注重为学生办事、相亲爱相助之风渐成，留学界从而得以同心一气。"③

这里需要指出，所谓的任何理念的差异都是一个复杂的系统。当然，差异并非是对统一的否定，统一的对立面也不是差异，彼此之间会发生交互作用（Transaction）甚至是循环过程。④ 社会的每一方面都在变化，社会变化是普遍存在的。每个社会在每时每刻变化的过程中注定会出现分歧，这种理念方面的差异与不同也是普遍存在的。联合会在会务维持的过程中体现了民族意识与自由主义方面的差异，或是体现了对国体的构想方面、对日问题、对爱国方式、对教育构想、对宗教文化的看法，民族意识与自由主义的底色也都交织其中。所有这两种理念的复杂关系，构成了联

---

① Wang Ching-Chun, "Union is Life," *The Chinese Students' Monthly*, Feb. 1913, pp. 249 – 252.
② 哈贝马斯：《公共领域的结构转型》，第 24 页。
③ 朱庭祺：《美国留学界之情形》，《留美学生年报》第 1 期，1911 年，第 1 ~ 41 页。
④ 冲突理论产生于 1950 年代后期，代表人物有科塞尔（Lewis A. Coser）、柯林斯（Randall Collins）、达伦多夫（Ralf Dahrendorf）等，这种理论强调用社会生活中的冲突性来解释社会的变迁。在 1970 年代分化出新马克思主义和新韦伯主义两个学派。新马克思主义教育理论把马克思的再生产概念作为解释和批判现代资本主义学校教育的性质和功能的主要概念，认为资本主义社会的学校教育不仅再生产出资本主义发展所必需的劳动力，而且也再生产出了维持资本主义社会所必需的生产关系和阶级关系，以及资产阶级政治思想、意识形态和文化价值。新韦伯主义理论主要运用韦伯的社会学三大方法论之一，即社会学概念可以还原个体行动的范式，力图通过解释个体行动的主观意义，并把个体的行动置于其社会环境之中，以阐明宏观与微观的两种社会过程。

合会最独特、最真实的面向，使得这一时期的联合会所呈现的各类思想、各类信仰、各类主张，一时间百花齐放、百家争鸣，值得我们去欣赏、去品味、去质疑、去辨析、去吸收、去批判、去继承。①

对于留美中国学生联合会对国体、日本、爱国方式、教育理念、宗教等文化所呈现出的情感态度来看，虽然错综复杂，这些意识表面上看似也左右为难，也互相扞格，② 在某些看法上甚至还相互抵触、不尽相同，但在本质上却又有着一定的相似处，渗透着深眠在意识当中的民族主义与受到新大陆启示的自由意识的二者相互作用的关系。本书用较大篇幅进行的研究，恰恰说明了正是由于"民族意识"与"自由主义"这两种意识的冲突，让联合会中的留学生对帝制的国体既留恋又摒弃——留恋是基于民族固有情感的依恋，摒弃是基于自由主义的理性判断；对日本的情感既愤慨又自卑——愤慨是基于民族的士气，自卑是基于"强权即公理"的自由准则；对祖国的情感既充满深情又怒其不争——充满深情是基于民族的依恋，怒其不争是基于理性的判断；对教育构想既呈现"过于乐观"的理想向度，也呈现审慎的现实态度——"过于乐观"是基于自由主义当中对未来"应然"的期待，审慎的现实态度则是对近代国民性、近代社会背景现实且客观的"幽暗意识"③ 体认；对基督教与西方文化的看法呈现迎拒交织的认知情感——对西式文明及西式文化的容纳之情是基于自由主义当中的"宽容理解""世界大同"的理念，而

---

① 李建美：《民国时期高等法律教育论争之研究（1912 年~1949 年）》，博士学位论文，北京师范大学，2006，第 153~154 页。

② 秦晖：《走出帝制》，群言出版社，2015。

③ 所谓"幽暗意识"是指研究者应该对人、人性、人的局限性、人自身的种种欲望以及对社会所产生的破坏性，值得警惕和防范。因此，应该对人、人性、人的局限性、人自身的种种欲望以及对社会所带来的不良影响要有足够的估计，而不可盲目乐观，以一种天真的、幼稚的、想当然的态度来面对这个繁杂的环境与社会。基于这一点，张灏先生认为中国传统文化的种子之所以开不出民主之花，正是由于对人性抱有"过度乐观"的看法，而失却了一种对人性之恶警醒的"幽暗意识"，而西式民主正是具备了这种"幽暗的意识"，才慢慢孕育了西方的民主传统及理性思考。张灏：《关于中国近代史上民族主义的几点省思》，该文收录于《幽暗意识与民主传统》。

对其的抵触之情则是基于民族意识当中对基督教义长久以来"言之不明的成见"及对西式文明趋于保守传统的认知倾向。

当然，以上联合会对于不同的理念或者事件所呈现出的两类情感，虽然体现出了不同的向度，但是究其底色与根基，都是对国家、对社会、对个体最为深切的关注与期待。实际上，近代以来中华民族面临危机和困境，自由主义虽在其中高奏凯歌，但自由主义必定有着民族意识的底色。两种意识虽然存在着某种内在的困境与张力，但两者之间并非是一种决然对立、非此即彼的关系，甚至在一定程度可以关联或转化。这是来自于联合会从创始之初即具有的极强的包容性所在，才使得两类观点与主张得以同时共存，而并不互相排他。

倘若对民族主义与自由主义两种意识的本质进行溯源，可以说前者与后者是一对"患难"的"双生兄弟"。在近代国将不国的危机之下，前者是我国国民意识的思想底色，后者则是实现前者目标的手段或者工具；对于后者来说，其虽然只是在"五四"前后比较有影响力，但是因为其在彼岸及此岸的成长蜿蜒曲折、坎坷岖崎，最终难以形成"独当一面"的特征。基于此，也可以说，在近代社会奏出的纷扰的复调变奏曲当中，民族意识是近代思潮发展的"主题曲调"，而自由意识则是同时期的"伴奏"。联合会当中所呈现的"自由主义"自始至终追随着"民族意识"这一主旋律，最终两者的和弦得以在留美学生联合会这一公共领域当中交汇、融合。也就是说，在中国近代思潮变迁过程中，民族意识是中国近代的"意识基线"，而自由意识则是在这一基线之上的"意识上线"，但两者的相同基础都在于联合会的留学生对两者能动性的理解、容纳甚至是深深信仰。

在此种情况之下，承担了自由主义与中国文化使命的主要是受过欧风美雨浸润的知识分子，很显然留学生身上深具了这两种意识。明确地说，深埋血液中的民族信念与异邦接受的某种西游理念在留学生群体中体现得尤为明显，这两者的冲突很显然具有极大的意义。由于这类特殊的少数人信奉着双重标准——一个标准针对自己母系群体的；另一个标准则是崇尚工具主义的，且不在道德规范及评价范围之内的，是针对群体以外的异质群体的。这两种双重标准恰恰有着某种特别的关系。① 换句话说就是，对待美国的情感倘若采用工具主义，则不免会对美国产生一种期待与向往，视美国为吾国当效仿的榜样；倘若采用类似于对待母体国家的方式，又不免带着一种检视的态度。当然，对待日本与对待母国也是如此。长久以来，中国的自由主义与民族意识之间的冲突是一种"理性与激情之间的较量""自我与他者之间的较量""民族复兴与被动挨打之间的较量"，显然并不存在一种简单的方式将这两套价值等级排列，也无法找到一个放之四海皆准的公式将两者进行排列解析。②

留美中国学生联合会在教育文化理念、宗教与自由选择方面所呈现的民族主义与自由主义的冲突，恐怕需要从理想与现实差距的框架对这一极具特性的学生群体进行研究。虽然说这些理念各有不同，但是究其本质，都是对于客观事物理想层面的构想。对于中国的知识分子来说，他们的人生终极关怀长久以来都是来自于人和社会，这大概也是近代中国文化、甚至是现今的中国文化的最基本特征。这恰恰是这一留学生群体所承担的最本质、最独到的角色。顺着这一思路，虽然这群留美生在大洋彼岸或此岸满怀理想地勾勒着教育、教义、文化等方面建设的蓝图，但是由于这部分的青年学生心智不足够成熟、实践经验也不免缺乏，加之彼时蔓延在整个留学生界的过度乐观精神，因此由理想的"应然取向"到现实中"实然"的回归也不免出现了理想与现实博弈的结果。然而这种逻辑使命却失去了滋养的现实土壤，进而注定无法开出实践之花。于是，对教育、宗教与自由民主、文化等一系列的思考也因此逐渐发生转化，原本对现实抱有不切实际想法的乐观者也大多开始面对和思考现实的问题与解决方案。

这种理念与认识之上的冲突乍看起来确实存在矛盾，实际上这种矛

---

① 厄内斯特·盖尔纳：《民族与民族主义》，第 136 页。

② Yael Tamir, *Liberal Nationalism*, pp. 3 – 11. 转引自暨爱民《现代中国民族主义思潮研究（1919～1949）》，博士学位论文，湖南师范大学，2004。

盾却又有某种必然性，或许要从这一群体（更多的是秉承着自由主义的理想青年）的性质进行溯源。正是因为这群"热烈的青年，看的社会太高远了、太偏向在想象方面了，一跨进了社会的门槛，便满目是蹊跷、虚伪，后来就逐渐在'社会之谜'里讨了一个'原来如此'的结果，自然'乐园'变成了'地狱'，理想与现实的冲突也随之产生了。"① 蒋梦麟在一定程度上无疑是这类学人的代表，他对于这种从理想到现实的落差感受得尤为明显。在他归国之后，他认为正是政治的纷乱，使得他的理想像"河滩失水的蚌，日趋干涸，最后只剩下一个蚌壳"。② 对于这种落差，蒋梦麟将之归因于社会失却了的秩序感。蒋梦麟回忆道，在他回到北京的最初九年，"所看到的变迁实在太多了，留在记忆中的是一大堆乱糟糟的悲喜剧场面，也看到权谋、内战、政变，各种政治力量纵横捭阖的结果。我像是埃及沙漠中的一座金字塔，淡淡遥望着行行列列来来往往的驼影，反映在斜阳笼罩着的浩浩平沙之上，驼铃奏出哀怨的曲调，悠扬于晚红之中"。③

这种时局的困扰和联合会并未壮大到足以形成坚不可摧的完整体制，都与这类冲突的产生与存在有着必然性的联系。这种必然性的存在也体现在由实践到理想"一路向前奔"的现实中。"理念的问题只有在理想家们认为是问题的情况下才能成为理念问题"，所谓一种"理念的认可"。④ 一旦产生了认知与理念，势必需要不断的实践追求才可行，在这过程中也需要长期充满自信与勇气，一直坚持着自己对真与善的追求，而非采取逃避及畏缩的方式来面对现实。也就是说，留美学生作为一个个充满理想、期待的个体，既重视如何超越现实，又重视如何在现实当中抱持理想。这群留美学生最主要的特征即是追求长期的目标胜过短期的目标，也就是说一旦成为某种理念的"崇拜者"，常常期待自己通过长时期的行动与尝试来追

① 李梅犀：《教育上理想与事实的冲突》，《浙江教育行政周刊》第4卷第8号，1932年，第3页。
② 蒋梦麟：《西潮与新潮》，第206页。
③ 蒋梦麟：《西潮与新潮》，第114页。
④ Benjamin Levin：《教育改革：从启动到成果》，第70页。

求这一理念与认知。因此，"我们要改良社会，我们要实现理想，就要学会相信'最具有坚持力的人是最有强力的人'的名言"。① 然而，现实却常常超越理想的界限，因此"学生们可以追求理念，而不可追求远离事实的幻想"。② 需要指出的是，留美生这种对教育构想、对宗教所秉持的理性态度、对应有自由与民主之义的追求，并不是一场浪漫主义的思想运动，也不是脱离现实主义的空中楼阁。实际上，正是因为在这些理念当中所存在的某种差异，联合会的存在才具有了存在的基础，两者的差距才得以在现实中推进；也正是由于两者之间的差距，才是联合会不断寻找理想"出路"的最大助力。

再次，民族意识与自由主义在留美学生联合会领域中分化为两个阵营，在美的留学生也随之"各自站队"。对于这一状况，有必要从留学生个体层面进行深层次思考。罗志田曾提出一个理念，他认为"'留学生'是一个看似明晰，其实蕴涵繁复的符号"，③ 纵观晚清至民国时期中国现代知识人的个人履历，但凡能够有所成就者大多有着相似的经历：从乡村抑或到小城镇再到中东部的通都大邑，在进一步远赴重洋、负笈留学，知识分子个人历程的巅峰定格在了留学阶段。④ 在这留学阶段中，中国学生大都为求专门知识，然而留学生将来在中国社会里的影响，即留学生后来逐渐成为一种"文化导力"，并不在于依靠书本或工厂里的专门知识推动国家发展，而在于在美国大学中不知不觉所形成的种种观念与习惯，这种观念与习惯势必影响到留美学生身外的广泛社会。之后知识分子归国致用，"在中国现代化进程当中，这部分留学生群体推动了军事、科技、外交、财政、政治、思想和文学"。⑤ 虽然留学生群体对近代中国社会推动产生的是"合力"，但是事实上，留美学生群体却很难说是一个具

---

① 胡适：《学生与社会》，《共进》第 11 号，1922 年，第 3 ~ 4 页。原文为 1922 年 2 月 19 日在平民学校的演讲词。
② 任建树等编《陈独秀著作选》第三卷，上海人民出版社，1993，第 599 页。
③ 罗志田：《序言》，史戴西·比勒：《中国留美学生史》，第 19 页。
④ 钟叔河：《走向世界：中国人考察西方的历史》，中华书局，2010，第 12 页。
⑤ 韦慕庭：《序》，汪一驹：《中国知识分子与西方：留学生与近代中国，1872 ~ 1949》，久大文化股份有限公司，1991，第 7 页。

有高度内在统一性的共同群体。因为留学作为一种偶然经历与特殊机会意味着对于留学生个人经历改变的可能性，联合会会员确实为全国学子中的精英，但由于成员家庭出身、社会经济地位、留学院校与区域、留学时期交游经历、性格、思想等因素的不同，留美生群体之间也产生了完全不同的思想观念，各自的自我意识与追求也极为坚定，各自要走的路必趋歧异，在各种立场上也"不可能只有一种意见"。① 由于各自秉承着各自的信仰，"学生联合会总会或者分会的意见也是不能代表全体学生的意见的"。② 由此可见，联合会并非是铁板一块，这些个体之间的理念冲突必然包涵着不同的路径与趋向，这些观点当中甚至还有可能产生激烈的碰撞与交锋。③ 彼此之间千丝万缕的牵涉——这一方面体现在个体对群体的牵涉；另一方面体现在群体对个体的牵涉，使得他们具有紧张而复杂的心灵体验，于是乎，在整个联合会中充满着群体与个体相互作用的复杂性与多样性。这种碰撞与交锋严重地威胁到联合会这一公共领域的发展。联合会内部难以获得稳定的体制化和合法性，以及日益受到各派争斗的影响，因此也难以保持其和谐、独立、统一的公共性。④

　　另外，对于留美生所受到的这种影响，或许也可以进一步从社会影响层面来解释。联合会认为："我们不能不置身于社会，努力于社会改造事业，努力改造中国，除了埋头做学理之探讨外，参与各类与自己相适应的团体生活，共同在学术上、文化上努力，于我们的现在与将来均是迫切的需要"。⑤ 于是纷纷投入到团体生活中。但同时，由于社会是一个角色耦合系统，社会是由人组成的，社会结构则是由人充当的角色耦合而成的。人不仅仅有社会属性及自然属性之分，即使在社会性上，他的

---

① 顾维钧：《顾维钧回忆录》第一册，中华书局，1983，第 67 页。
② 《杜威博士讲德谟克拉西真义》，《尚贤堂纪事》第 11 卷第 7 期，1920 年，第 17 页。
③ 林伟：《彼岸的想象：留美中国学生的国家认同，1901～1919》，博士学位论文，北京师范大学，2012，第 178 页。
④ 许纪霖：《近代中国的公共领域：形态、功能与自我理解——以上海为例》，《史林》2003 年第 2 期。
⑤ 陈业勋：《再谈"关于留学教育问题"》，《留东学报》第 1 卷第 2 期，1935 年，第 129 页。

行为也有两个不同部分，一部分是属于维系现有社会结构部分，也即人作为社会角色存在；另一部分是人的"非角色社会行为"，一个好的社会结构，是需要最大程度上延展"非角色行为"的功能，使得这部分延展的功能对进步和人类自由的容量越来越大。在这种社会机制中，经济和政治结构人们容易看清，而文化则常常容易被忽略。具有调节能力的政治结构一定要有相应的文化系统，任何稳定社会都是政治、经济、文化三者高度适应的系统。[①] 对于近代中国，恐怕这种对人的"非角色社会行为"的扩展环境稍显不足，自然难以满足人的角色耦合需求，彼此之间难免出现结构的落差，留学生的认知冲突也因而存在。

骡子回乡记：对联合会留学生归国的思考

"我必将归去"：从彼岸到故邦

实际上，绝大多数留学生对美国抱有友好的感情，[②] 毕业于哥伦比亚大学的顾维钧对美国的这一份好感尤为深刻。1915 年未满 30 岁的顾维钧被政府指派为中国驻美大使，曾在哥大做了一场充满深情的演讲："我将我所在的哥伦比亚大学视为未来最伟大的大学，更将美国视为孕育这所伟大大学的沃土，当然，这不仅仅是因为美国这个国家占据了世界文化中心的地位，更因为美国是中国留美学生最具温情的、最值得怀念的乐园。"[③]

1917 年 12 月 19 日，顾氏又在芝加哥大学建校 100 周年的纪念会上做了一场演讲，名为"中国与美国"（China and The United States）。演讲中，顾维钧回顾了中美双方 130 余年的贸易交流、87 年的传教士文教交流以及 73 年的政治外交关系的发展，以及延续了近半个世纪的庚款留学

---

① 金观涛、刘青峰：《新十日谈》，天地图书出版社，1990，第 147~153 页。
② 胡光麃：《我的留美岁月——在新英格兰埃克斯托中学》，《留学生》2011 年第 3 期。
③ "The New Chinese Minister Wellington Koo," *The New York Times*, December 1, 1915.

教育，认为在如今国际化潮流汹涌的局势下，世界上有将近一半的地区正遭受着战火的摧毁，或是人民之间互相憎恨之情逐渐蔓延，但与此不同的是，中美双方却反而是紧密相连的。在过去的时光中，中美双方用诚意的了解及友善的交往化解了双方的误解，也用真诚缔造着友谊及和平。[1] "我，作为这块土地所培养的中国留学生，想告诉大家的是：美国，既是中国留学生向往的乐园，也是培育人才的最佳基地。"[2] 三年之后，顾维钧由于在巴黎凡尔赛条约签订中的表现而受到美国媒体的称赞。美国媒体认为："顾维钧在外交方面的技能和综合能力，就能够使他的祖国在与日本这个敌国谈判中具备平等的地位，我们美方值得为这一成果欢呼，不仅仅是因为顾维钧在亚洲和平方面产生的相当影响，更是因为他毕业于我们的国家，这是美国的荣耀。"[3]

　　随着中国学子对美国的好感与日俱增，美国对于东方世界的兴趣也在逐步增长。由于联合会的出现，并开展瞩目的会务，使得美国人对这一极具代表性的组织称赞有加，自从创办了联合会以来，"各大学教员及办事人之优，特吾国学生及消灭其轻视中国人之习惯者，实缘吾国学生能组织杂志集会，并讨论其事业，不仅仅在教室以内，盖以视美国学生能力译不为弱故也"。[4] 美国一般民众对留美学生称赞："假如我们美国人将赴美的中国人进行等级区分，那么我们将会得出答案：留学生通常被视为最佳的中国人阶层，这或许是由于中国留学生在他们原来的国家已具有一定的身份并拥有一定的声誉；其次是来美的中国商人；再次则是劳工阶层。"[5] 大部分美国人也对中国留学的成效咸咸称赞，谓之"国之

① Vi Kyuin Wellington Koo, China and the United States in the Chicago University Record, Vol. 3, No. 1, January 1917.

② Vi Kyuin Wellington Koo, China and the United States in the Chicago University Record, Vol. 3, No. 1, January 1917.

③ "Koo's Coup," The Independent, Jan. 1, 1921, pp. 13 – 14.

④ 《留美学生联合会近事》，《教育杂志》第 4 卷第 7 号，1912 年，第 47～48 页。

⑤ Julius Su Tow, The Real Chinese in America, being an Attempt to Give the General American Public a Fuller Knowledge and a Better Understanding of the Chinese People in the United States, p. 143.

建设之事，惟此辈是赖，留学生之影响及于国家不可限量也"。① 于是，随着北美人士逐渐意识到留学生的重要性而普遍善待中国留学生，或许也是出于让中国留学生感受到美国人民的"善意"，哈佛大学、耶鲁大学、韦斯利安学院于1924年相继设立了"中国学生奖学金"。② 有一些美国友好人士则眼光高远，看到了中国留学生给美国带来的机会，③ 例如北美基督教青年会主席约翰·穆德（John R. Mott）曾号召美国基督教领袖友好接待中国留学生，以让中国留美学生"知道美国基督教家庭的生活及实际状况，也让中国留学生接触到美国社会中最善良的男女，使中国留学生了解在美国基督教整体中的美国家庭生活和德行"。对此胡适评价道："许多基督教家庭响应此号召，这对我们当时的中国留学生，实在是获益匪浅。"④ 中美两国友谊的种子逐渐生根发芽。

在1918年东美学生联合会年中，一篇名为《留美学生与中美人民之交谊》的演说词强调了中美人民的交谊有着深刻的发展。这份联合会年会的演说词详细分析了中美两国友谊的源头。一方面是自1917年4月5日起，美对德宣战九日之后，中对德亦宣战，足见中、美两国"互相提携的情谊"；另一方面也由于中美两国上流人士的交往，使得远东文化首次受到美国认可。⑤ 这种中美两国友谊极为深厚的论调，受到东美学生联合会的热情称赞："毫无疑问，美国是我们国家最好的朋友，在我们国家与美国所有的交往当中，根本的原则均是友善与公正。"⑥ 同样具有留美学生身份的陈衡哲对于中美之间相互的关系也感同身受。她根据自己留美的经历详细地阐述了两国之间这种"热情的友谊"。她认为："中美文化的长期友谊，萌芽于中国的派遣留学生，而开花结果在两个民族之间

① 易鼎新：《与友人论留学生之成效书》，《留美学生季报》第1卷第1期，1914年，第135～136页。

② "American Education for the Chinese," *The Outlook*, Feb. 24, 1906, pp. 387－388.

③ 章开沅、余子侠主编《中国人留学史》，社会科学文献出版社，2013，第281页。

④ 胡适：《胡适自传》，江苏文艺出版社，1995，第152页。

⑤ 陈达：《留美学生与中美人民之交谊》，《留美学生季报》第5卷第4期，1918年，第55～61页。

⑥ "Editorial：Welcome," *The Chinese Students' Monthly*, Jan. 1910, pp. 3－5.

的了解与友爱。这友爱与了解又是史无前例的，因为它不曾遭受到任何战争的创伤，靠着两个国家之间这个友爱的基础，我国赴美读书的青年们，乃能以一个正常与善意的态度，去观察书本以外的许多文化色相，如道德的精神、一般学术文艺的造诣家庭及社会的生活情形，这样，对于美国人，他们乃能获得一个更深刻、更普遍的认识。"①

但由于各方面的原因，美国对中国各方面的了解仍然不足够，这一点被联合会会员深切地感知。1921 年《留美学生季报》刊登了一篇《旅美杂感》的文章，作者在文中举了一个例子，指出美国对于东方了解的必要性所在。作者回忆到两年前在一个社交聚会当中，一位在美国的妇女青年会职员告诉作者："因之国际间许多的误会存在，有很多美国人对于中国的事体不甚了解，到各处大讲其中国的各类存在的问题，这位美国妇女青年会职员表示这实在是很不幸的事，并表示十分同情中国。可是，随后她却立即问我中国有'冰其泠'吗？中国人现在还吃'鸦片'么？"② 甚至在一次美国举行的展览会中，美方将中国妇人缠足后穿的小鞋作为展览品展览。③ 如此的事件，在美国层出不穷，之所以会出现这类令人啼笑皆非的误会，均由于美国对于中国情况的不甚了解。为了使美国人民更好地了解东方国度，《瞭望》周刊 1918 年年末选出了"圣诞节必读书单"，其中一本由 Gulielma F. Alsop 所写的《我的中国时光》（*My Chinese Days*）被列为美国人圣诞节最值得一读的著作，也一度在美国书店脱销。④ 此类的著作层出不穷，为了使得美国人更充分地了解远东问题，1922 年年初的纽约《独立周刊》甚至还开辟了一个专栏，列出数本值得美国人一读的关于中国战事的著作。例如由在美的中国专家 G. Zay Wood 教授所撰写的著作，以《中国的二十一条》（*The Twenty-One Demands*）；《中日条约》（*China-Japanese Treaties*）；《中国、美国以及美

① 陈衡哲：《美国文化在中国》，《大公报》1946 年 6 月 16 日。
② 居寒：《旅美杂感》，《留美学生季报》第 8 卷第 4 期，1921 年，第 37～45 页。
③ 《留学美国学生力争国体》，《东方杂志》第 8 期，1904 年，第 59 页。
④ "Gift Books for Your Christmas List," *The Outlook*, Nov. 6, 1918, p. 382.

日同盟》（*China, the United States and the Anglo-Japanese Alliance*）这三本著作为代表，详尽介绍了战时日本对中国的条约要求、中国对这些条约的抗争与谈判的具体情况，以及美、中、日之间的复杂三角关系。[①] 随后，1933 年芝加哥大学出版社出版了胡适的新著《中国的文化复兴》（*The Chinese Renaissance*）。《纽约时报》也于 1934 年 6 月 1 日专版刊登了一份类似书评的文章《中国的文化复兴正在成为事实》（The Chinese Renaissance is becoming the reality），文中将胡适所倡导的这一复兴运动，评价为"对于中国这一古老的东方国度显然承载了重要的历史意义"。[②] 由此可见，除了中国学子对于美国极度的向往之情，美国方面也清楚地意识到自己对于这批来自东方古老的国度的学生缺乏必要的了解，也需要将中国文化向美国社会介绍。这种同时来自于中西文化融合的使命感，恰恰是中方留学生与留学国度方面需要具备的宝贵精神，一方面成为留学生更好地理解和接受美国现实的重要途径，另一方面也提醒着美国对于中国了解需要不断加深的必要性。

留美中国学生联合会中的留学生，是一群装了满脑袋英美思想的，心却依然很中国的年轻留美学人。[③] 这无疑说明了留学生远渡重洋的根本目的不在于"出走"，更多的而是在于"归来"。对于这种"归来"的情愫，联合会中的留美学生试图详尽地说明道："一般来说，做留学生的都想学点什么，以备回国服务，很少（我不能说没有）预备在美国居住下去，所以在那个时候，每个留学生都有一定的目的，这个目的就是在美国学一点新东西，预备回国以后，能对社会尽一点责任。"[④] 这种对于国家具有相当责任感的情形不仅仅限于某一位学生，这种责任感在每一次的联合会会议中都得到明确强调。例如 1907 年 8 月 21 日至 29 日，东美

---

① "Do you need to understand the Far-Eastern Question-Read these three books," *The Independent*, Feb. 11, 1922, p. 156. 当时推荐的更好地了解中国的著作可见 "Books in English Forthcoming," *The Chinese Students' Monthly*, Nov. 1926, p. 12.

② "The Chinese Renaissance is becoming the Reality," *The New York Times*, July 1, 1934.

③ 许纪霖:《金岳霖:走出阁楼以后》,《读书》1997 年第 9 期。

④ 李济:《我在美国的大学生活》,《传记文学》第 1 卷第 5 期, 1962 年。

中国留学生联合会在马萨诸塞州东北部的安杜佛（Andover）的菲利普斯学院（Philips Academy）举行第三次年会，来自康奈尔大学的孙嘉禄凭借题为《我们的责任》的演说拔得头筹。对于留学生归国的责任，孙嘉禄慷慨激昂地说道："问题是谁将成为我们国家最有力的领导者？毫无疑问，答案便是现时负笈欧美的祖国的她的儿女们，她的未来完全掌握在我们的手上，我们是支撑中国的栋梁，是拯救她命运的先知者，是捍卫她生命的士兵，我们必须归来，我们必须担负起对于祖国母亲最重要的职责！"①

出于对祖国所肩负的责任，留学生具有一种时不我待、报效祖国的使命感。留学生感叹道："或归来或离去，我必须选择一边——这是多么有哲理的话啊！当今已经分为了两个截然不同的世界，我并不属于另一边，我必须早早归来。"② 为了说明留美生这种为国报效的决心与热忱，1912 年的《世界青年》（*The World's Chinese Students' Journal*）上刊登了一篇由宾夕法尼亚大学留学生杨锦森（Chin-Son Young）的《归国学生与中华民国》（The Return Students and the Republic）一文。在文章当中，作者对曾经担任过联合会会长的几位留美学生归国建国进行了报道，指出联合会对于留美学生的培养功不可没。这类杰出的联合会会长主要有三位：第一位是毕业于耶鲁、曾于 1908 年担任中美学生联合会会长的王正廷，在 1911 年武昌起义爆发后，他冒着枪林弹雨的危险回到国内，被指定担任上海基督教青年会秘书长，当唐绍仪赴上海与伍廷芳商讨和议事宜，王正廷又被黎元洪指任为伍廷芳谈判的助理秘书。第二位是毕业于伊利诺伊大学的王景春，由于他拥有公认的杰出领导能力，已经回到国内，在南京临时政府的外交部门任职，同时代表中国参加了在波士顿召开的世界财政大会（The World's Chambers of Commerce Convention），随后回国组建了中央交通部，并任交通部部长一职，正致力于将全国不同部门归属的铁路进行系统整合。第三位归国的联合会会长为毕业于哈佛

① K. L. Sun, "Our Responsibilities," *The Chinese Students' Monthly*, Nov. 1907, pp. 17 – 18.

② *How New China Looks to her Students Who Have Studied Abroad*. New York: The Committee for a democratic far Eastern Policy Publisher, 1950, p. 15.

大学的朱庭祺，担任国家经济与财政部的委员。文章明确地指出这三位作为联合会会长的杰出代表，为新的中华民国的建设贡献出极大的力量。① 留学生对近代中国的建设可谓是功不可没，1945 年，蒋梦麟在抗战救国委员会的招待会上回忆道："我国归来的留美学生不但对学术方面研究的探讨，已经得到很优良的成绩，同时，归国后也发生了很有效的结果，这无疑于归功于留美学生社团的巨大作用。"② 无不透露出联合会作为留美学生能力"试验场"的理念。由于留学生在联合会中各项能力得到充分训练，因此可以说联合会对留学生归国之后的贡献有着不可磨灭的影响，例如郭秉文也曾感激联合会对他能力的培养："秉文在美，尝任全美中国学生联合会主席，主编《留美学生月刊》；供职后，复数度东行访问，各校杰出人才，了如指掌。故所物色教授，俊彦云集，极一时之盛。"③

对于归国的留学生在国内所做的杰出贡献的详尽描述，在 1917 年联合会出版的会刊中得到了公开强调。例如 1917 年的《留美学生季报》刊登了《留美归国学生所任职务之一览》一文，详细陈列了留美学生返国所任职的详细统计，可见留美学生归国之后在诸如教育、海事、铁路管理及运输、铁矿工程、医学、政治与财政等关系到国计民生的领域中占据了"半壁江山"。④ "归国的留学生在中国的所有地方都受

---

① Young Chinson, "The Returned Students and the Republic," *The World's Chinese Students' Journal*, 1912, pp. 347 - 352.

② 《各地学术建国讨论会消息》，《学建通讯》第 22 期，1945 年，第 2 页。

③ 陈学恂、周邦道编《中国近代教育史教学参考资料》中册，人民教育出版社，1987，373 页。

④ 《留美归国学生所任职务之一览》，《留美学生季报》第 4 卷第 4 期，1917 年，第 159 ~ 160 页。文中根据清华同学会报所载由清华派美而返国任事者共计 127 人，所任职业分别为：土木工程 7 人、机械工程 10 人、电机工程 15 人、化学工程 13 人、铁务工程 16 人、卫生工程 2 人、海军建筑工程 3 人、煤油工程 1 人、科学及美术（教员亦在内）28 人、农业 6 人、森林业 4 人、教育 5 人、铁路管理 1 人、财政 1 人、政治 1 人、医学 2 人、建筑 2 人、新闻记者 1 人、经济 2 人、科学专修 6 人、军事 1 人。《留美学生学业统计表》，《留美学生季报》第 5 卷第 3 期，1918 年，第 181 ~ 182 页。

到赏识和欢迎。"① 从这一系列描述可见，这些留学生回国所居高位的现实，可谓"留美学生归国之一大特色"。② 针对这一现象，《留美学生月刊》刊发了《通向成功——内在的贷款》一文，意在说明留学生位居高位是为了更有效地实现建设国家的任务。文章同时指出："我们必须清楚地明白，这些留学生归国所期望的并不是高官要职，他们需要的仅仅是能够展现他们能力的种种机会和平台。"③

表 6 - 1　1925、1931 年留美学生归国职业分布

	政府部门	外交官	政治家	军人	大学教职员	实业家	工程师	医生	律师	宗教人员	其他
1925 年	20.5	6.8	4.5	1.1	30.1	13.6	13.1	1.7	1.7	1.7	1.7
1931 年	18.1	5.1	5.4	1.0	34.4	9.9	9.4	4.1	2.8	3.3	3.6

资料来源：阿布洋：《解放前中国的人才培养与留学美国》，《中国近代化的历史展望》，日本霞山会，1982，第 104 页。转引自林辉《我国近代留美学生群体研究》，《华东师范大学学报》2004 年第 2 期。

从留学生的数量比例之上来看，在归国的留学生群体中，留美学生所占的比例虽然不是最大的，但毫无疑问却是最引人注意的。这或许是由于在国内重要机构中任要职的大部分是留美归来的，其比例约为23.2%。尤其是诸如农业部门、教育部门、财政部门一类对于任职人才有着极高要求的国家部门，留美学生的比例更高。④ 很显然，这些归国留学生已经晋升到了重要的职位，他们都在竭尽所能地服务于中国。⑤ 对于

① Z. L. , "Our Present Situation," *The Chinese Students' Monthly*, April 1909, p.400；"Gradutes of Our Colleges in High Posts in China, American Educated Chinese Are occupying Important Places in the Awakened Kingdom of the Far East and Their Influence is Great," *The New York Times*, Octorber 16, 1910。

② 《留美学生归国之特色》，《留美学生季报》第 13 卷第 2 期，1928 年，第 3 ~ 4 页。

③ "Internal Loan to A Great Success," *The Chinese Students' Monthly*, Nov. 1914, pp. 125 – 129.

④ 例如 1918 年归国留京的留学生当中，522 名为留日学生，154 名为留美学生，99 名为留英学生，52 名为留法学生，47 名为留德学生，38 名留学比利时，其余 9 名及 7 名分别为留学奥地利和俄罗斯。"Some Interesting Facts About Returning Chinese Students," *The Chinese Students' Monthly*, Feb.1918, pp. 193 – 194.

⑤ Z. L. , "Our Present Situation," *The Chinese Students' Monthly*, April 1909, p. 400.

留美生在中国对西方自由思想传播的角色定位，《纽约时报》认为"中国向美国派遣留学生已经有半个世纪的历史了，迄今为止，已有近万名学生从美国大学毕业回到中国了，其中的许多人已经成了国家的领导者，值得注意的是，这部分留学生俨然成为了'中国当代自由与民主最为强劲的革新动力'。"① 1922 年，《留美学生月刊》更是发表了一篇令众多留学生心潮澎湃的文章——《中国召唤她的留学生归国》。文中言辞恳切地号召各位留美学生：

> 中国此刻正处于民主黎明前的黑暗时期，她正召唤她的留学生归国，这些留学生具备能力在艺术、科学、文学和哲学领域来一场复兴运动，并保存国家过去的辉煌；中国此刻正处于制造与商业发展的关键时期，她正召唤她的留学生归国，这些留学生具备专业知识能够使国家商业得到复兴；中国此刻正处于科学发展的关键时期，她正召唤她的留学生归国，引领全国人民来一场知识复兴运动；中国此刻正处于社会经济调整的重要时期，她的人民正在为经济的停滞不前及财政紧缩不断地抗争，她正召唤她的留学生归国来来施展他们的抱负及才干，以重塑社会及经济的秩序；中国此刻正处于政治崩溃的时期，她正召唤她的留学生归国，这些留学生有助于我们争取一个清廉且高效的政府。女士们，先生们，中国此刻正处于转型时期，她正召唤具备领导能力的留学生归国来重振国家，我们每个人都是这个国家的亚伯拉罕·林肯。我亲爱的同学们，快来，来！来！来！快来让我们完成复兴国家的这个神圣使命。②

该文一经发表，即在留美学生群体中引起了极大的反响。联合会的众多会员纷纷发表文章，表达了自身时不我待、为国报效的使命感。例

---

① "Group Educated in US Called Core of Liberalism," *The New York Times*, May 28, 1947.

② K. H. Sung, "China's Call to Her Returning Students," *The Chinese Students' Monthly*, Nov. 1922, pp. 44 –46.

如在这篇文章发表约一个月后，《留美学生月刊》针对该文刊登了一封《行胜于言》的读者来信，信中认为："留学生除了必须坚定信念、具备专业知识与职业训练以外，最重要的是必须具备踏实肯干的精神并从实事做起，才能真正地响应祖国母亲的号召。"[1]

实际上，在彼时的"新大陆"，除去祖国母亲对留学生的召唤，中西异质文化的每一次冲突与调和也随时都在冲击着留美生，他们在面对新环境所产生的兴奋感与对故土留恋之情相互缠绕，这种缠绕之情伴随着内心的斗争。[2]"归去"无疑是逃避这一切不如意的捷径，"试问功名何用处，秋月春花客里空空度"；[3]"久为夷语乡音涩，不见自由也自愁。今问今夕何处去，几曾梦做避秦人。恰同华表鹤归来，剩水残山太可哀，好奋雄图谋社稷，十年曾自受栽培"。[4]由此而来，面对西方文明既好奇又不免保持审慎的态度，一部分留学生甚至对西方文明感到略微失望："彼邦多几座高逾百层的凌霄大厦、多密植着蜘蛛网般的铁路交通又算什么呢？没有灵魂的躯壳，没有生命的石像，有什么稀罕？欧洲大战不是他们造成的结果吗？像他们这样的专讲求物欲的满足，终日孜孜为利，充其量只好比一架机器，没有生命的机器。"[5]有的留学生更是对美国文明提出严重的质疑："美国文明，有产生其文明之特殊背景，然经济之弱点，劳工之间生活表准之差异，人民对政治讥讽之状态，均非吾人所敢学步者也。"[6]

当然，无论是留学生对于祖国的责任，抑或是对于新大陆陌生感的延续，都在向我们提出一个亟待解答的问题：留学生与国家是一种什么样的

---

① Theodore Burgess Tu, "Action Speaks Louder Than Words," *The Chinese Students' Monthly*, Dec. 1922, pp. 77 - 78.

② 张睦楚：《异质文明下的游移：近代留美学生之身份二重转换》，《大学教育科学》2015年第1期。

③ 欧阳湘：《留美存稿》，《文化与教育》第72期，1935年，第99页。

④ 王德箴：《留美杂吟》，《妇女月刊》第1期，1941年，第68页。

⑤ 百一：《留美杂碎》，《粤风》第2期，1936年，第8页。

⑥ 江康黎：《留美杂记》，《国际周报》第5期，1943年，第16页。

关系？留学生在异国学成之后，是去，或是留？在第 15 届联合会年会中，几位联合会成员代表做了几场关于"学生与国家之关系"的演说。《留美学生季报》随后辟了一个专栏，对主题进行一系列讨论。学生代表李润生认为："惟学生抱国存与存、国亡与亡之观念，深虑覆巢之下必无完卵，大好河山有重于财产生命，其属念莫不以国家为前提，所谓存爱国之心与国家有关系者此也。顾亭林曰天下兴亡匹夫有责，即人人于国家均有一分子之谓也。所谓学生即栋梁也，无栋梁则大厦不能支，四万万民人之众，能以天下为己任，喻彼操舟国家一船舶耳，学生则舟楫则长江不能渡。学生于国家，此所以为天下主人翁也引美洲为共和国。吾国民拭目以待之，我可敬可爱之学生尚需勉旃。"[①] 又如学生代表谢瓒禹认为："诸君负如此之重大责任，将来果能副其实。吾之厚望而有学成归国之一日，在乎诸君之深自刻勉励而已，置境遇于度外，勿以为难而畏之，勿以为易而忽之，虽国内境遇足以阻进步，夫人皆知一篑为山有志竟成，非他所人能左右。前途远大责任匪轻，我留学诸君其勉旃。"[②] 留学生归国的期待之心跃然纸上，这种期待之心很显然来自留美生对于自身能力充满信心，以及对自己归国之后能够"大展拳脚"的憧憬。

失落的情绪：归国的现实困难

留学生群体，尤其是留美中国学生联合会中的留学生，作为近代西方文明的"报春鸟"，[③] 鸣唱着中西文化交流与发展的二律协奏曲。但是现实中，他们是偶然散落至大洋彼岸并载着文明种子的"蒲公英"，许久飘零之后却苦于无法找到来时的路完成理想的路径回归。正是由于留学生游离于彼岸与此岸，成为古与今、中与西双重共振产

---

① 李润生：《学生与国家之关系》，《留美学生季刊》第 3 卷第 1 期，1916 年，第 156 ~ 158 页。

② 谢瓒禹：《杂文：留美学生与中国教育之前途》，《留美学生季报》第 3 卷第 1 期，1914 年，第 154 ~ 156 页。

③ 叶隽：《"教育冲突"与"文化抗争"——读〈中国教育早期现代化问题研究〉》，《北京大学教育评论》2010 第 3 期。

生向心力而被时代抛到了外围的"边缘人"。① 之所以造成留学生成为"边缘人"的原因，大致分为主观与客观两方面的因素。就主观方面来说，主要是由于留学生对于职业的观念、对于回国的态度；就客观方面来说，则是由于国内各方面与国外有较大的差距。

就留学生对于职业的观念来说，存在着两个较大的问题：第一个问题是，留学生无职业之观念，归国不思做事而欲谋事；第二个问题是，留学生图急就而徒增急切之心。② 这一看法是时任《留美学生季报》主编的张贻志在《留美学生季报》上发表了《告归国留学生》一文中提出的。在这篇《告归国留学生》文稿中，他提出了对留学生醉心于名利、官位的担忧。张贻志认为留学生的留学经历无疑是与"弋取官利之具"画上等号的，且大部分留学生充斥着官利思想。③ 因此现阶段的"吾国留学生当去此官利之邪思，复得祖国之精神，于是始可与言留学生之责任矣"。之后，联合会进一步指出"留学生之责任可分为二，一为现在之责任；一为将来之责任，均不可借留学生名目而钻营于权贵之门也，甚至自恃一知半解以自炫其国人"。④ 但是即使留学生树立了回国报效的志向，现实中又有不可避免的难处。那些抱有事业志愿而归国者，十有八九无不感叹道：

> 在中国做官可以，但是做官而要同时做事，却很困难；做事而又要认真，也很危险；认真而且有计划，那简直是不可能！为做官而做官的，只要人人敷衍，事事通融，反得久于其位、步步高升。官场最不可缺少的品格是圆滑，最宝贵的技术是应付，这种"自然的淘汰"是淘汰民主中之强者，有能为者，保留民族中之弱者、庸

---

① 张睦楚：《异质文明下的游移：近代留美学生之身份二重转换》，《大学教育科学》2015 年第 1 期，第 91 页。
② 张贻志：《告归国留学生》，《留美学生季报》第 3 卷第 1 号，1916 年，第 1~10 页。
③ 张贻志：《告归国留学生》，《留美学生季报》第 3 卷第 1 号，1916 年，第 1~10 页。
④ 刘树杞：《论中美两国之异同及中国留美学生之责任》，《留美学生季报》第 1 卷第 1 期，1914 年，第 95~101 页。

碌无能者。政界如此，其他各界亦复如此，最可痛心的是这种病态心理已深入教育界。在英美制度中，不做事而好说便宜话的没有立身之地；在我们这样的社会里，刚好相反。[1]

这种政治上不良的影响，无疑渗透进了近代中国社会的各个领域，让留学生心痛不已，但也无能为力。久而久之，这些留学生的一部分却也逐渐习惯，甚至成为这股不良影响的"推动人士"。

就留学生回国的态度而言，一直以来就受到国内大众的诟病。"有的人士认为留美生中缺乏士气激荡，所谓归国留美学生中之佼佼者，有人尽可夫者；有的人认为留学生有师事卑污恶龊之小人者，有公司账目混淆不清者，至于在国外之留学生称颂某督军之功德者有之，为民贼辩护者有之；有的人士还批评了留学生谓其在国外时，尚有慷慨救国之志愿，一入国门，便为腐浊空气所恶化。"[2] 有的人还严厉指出很多留学生在美留学时期"不务正业"，例如有学物理学而编剧本的；有学心理学而写白话诗集的；有学哲学而讲政治的；有学气象学地质学而讲考据的，失却了"为己"的学问之道。[3] 甚至有的舆论对这些战时在国外的留学生大加指责："如今战事纷纷，留学生们万不得已仍可回国，何必流落海外，成为高等乞丐？"[4] 由于美国学校中的社交、聚会、足球赛、跳舞等活动把学生时间占去了一大半，留美学生难免耽于逸乐，于是有相关的国内学者对这一现象深感担忧。

在美国的中国留学生好似一个花花公子，有钱有势；吃不愁、穿不愁、居不愁、内无内乱、外无外患，无所挂虑，无所窘迫，饱食终日，无所用心，心闲思淫，于是不得不花天酒地，安享逸乐，

---

[1] 蒋廷黻：《民族复兴的一个条件》，《国闻周报》第 11 卷第 28 期，1934 年，第 1~2 页。
[2] 常道直：《留学杂评（二）》，《醒狮》第 71 期，1926 年，第 6 版。
[3] 擎黄：《"不务正业"的留学生》，《现代评论》第 2 卷第 35 期，1925 年，第 10~11 页。
[4] 林疑今：《纽约中国学生生活》，《西风》第 34 期。转引自王奇生《中国留学生的历史轨迹（1872~1949）》，第 30 页。

看电影、看戏、跳舞等等……和一切逍遥自在的奢侈，差不多成了他们的日常生活。①

可以说，在国外的留学生有一部分"习异域之浮华而忘祖国之忧乱，虚糜公款于茶楼酒肆，损耗精力于歌舞场中，惟图逸乐，不事正业者大有人在"，②"实实诚诚地说我现在报告出来的留美学生中至少有一部分是来混日子的，他们的目的只是一块招牌，中国人听了个'洋'字，便有三分崇拜"。③ 因此，留美学生往往被批评为"受了美国盛行的表面上社交的毒"，许多从来不吃烟不赌钱的人，现在也赌起钱而吃起了烟，学了许多社会上的皮毛俗，如跳舞等，全要学成，对于思想界却非常退步。④ 一位多次参加联合会年会的留学生甚至认为，这是由于美国"现代派"的生活方式对中国留学生产生了极大的负面影响："这一时期美国男女大学生醉心于寻欢作乐，因而美国学生'开车兜风取乐、爵士舞会、男女爱抚派对'是'新自由的象征'，因此中国不得不改头换面跟着走。"⑤ 1918 年，联合会在《留美学生季报》上更是专门开辟了一专栏——《留学杂评》，其中很多文章是对留学生的现状进行描述。"曰留学生有留而实未学者，亦有学而如未留学者。盖言留而实未学乎，则逍遥课外，虚掷光阴，仅仅寄足迹于异邦而未专志于学习也；盖言学而如未留学者，则专攻课中之书，埋首窗下，株守校中，书中之井底之蛙，风情人俗、世故变迁毫不经意焉。"⑥

由于长期以来巨大的社会心理惯性，留美生过海"喝过洋墨水"，回国理应有鲜花簇拥。但随着时代更迭与人们思维的不断变迁，留学生遭

① 曹希文：《我所望于在校、在美、归国同学者》，《清华大学周刊》第 38 期，1927 年，第 582 ~ 587 页。

② 怡怡：《留学生问题——望留美学生特别注意》，《中华教育界》第 30 卷第 10 期，1924 年，第 8 页。

③ 崇植：《由留美学生中观察而得的新教训》，《学生杂志》第 9 卷第 7 号，1922 年，第 8 ~ 11 页。

④ 关锡斌：《美国最近学生生活和留学生的关系》，《晨报副刊》1925 年 2 月 1 日，第 4 版。

⑤ E. K. Moy, "Thirteen Years of Chinese Students," *The Chinese Students' Monthly*, Dec. 1923, p. 9.

⑥ 张毅菴：《留学杂说》，《留美学生季报》第 5 卷第 1 期，1918 年，第 107 ~ 108 页。

遇到更多的却是冷嘲热讽。在世人眼中，留学生常常是与手痒眼热、只懂跳舞、一回乡就趾高气扬的"骡子"画上等号，既不属于中国固有文化又不属于美国文化。国内甚至专门刊登一则漫画（图6－1），讽刺"普通之留学生回国不知救国，惟善用抽水马桶"，[①] 用来说明留美学生在美国所度过的安逸享乐、骄纵奢侈的留学生活。

图6－1　留学生回国不知救国，惟善用抽水马桶

资料来源：《普通之留学生归国不知救国惟善用抽水马桶》，《论语》第1期，1932年，第29页。

国内大众对留美学生所持有的负面看法，同样有着留学身份的顾维钧有着深切的感悟："留美生由于长期受美国文化影响有很严重的性格扭曲，且容易骄傲、无法忍受反对意见、不愿意从基层做起、忽略工作中的细节并严重缺乏坚定信念。对美国那一套怎么学也还是学不像，到头来很容易成为尴尬的四不像。而今日中国的建设却无比需要每一位归国留学生，假如每一位留美生能够无私奉献，对国家始终报以持之以恒的热忱而贡献力量，国家终有振兴的那一天。"[②] 舒新城也认为："留学生为

---

① 《普通之留学生归国不知救国惟善用抽水马桶》，《论语》第1期，1932年，第29页。

② V. K. Wellington Koo, "Address Made at the Platform Meeting of the Chinese Students' Conference at Brown University, Providence, R. I., on September 6, 1917," *The Chinese Students' Monthly*, November 1917, pp. 20 – 27.

一种特殊的坐食阶级，归国之后，一面不安于就作他分内应作而能作的事情；一面便思挽揽大权以遂其功名之欲，自然难免有对人对事过分的地方，引起国人底嫉视自是常事；留学生植党揽事，各国学生引朋呼类、排斥异己之风蔓延，社会上对他们的不满感情也随之更甚。"① 这正说明了彼时存在于留学生群体中种种不可取的态度虽然仅是个人选择，但却是对整个国家的复兴毫无益处的这一道理。甚至辜鸿铭对留美生做出了激烈批评，并和同一时期赴美回国帮助自己国家迅速崛起的日本学生进行比较。日本留学生在欧美留学的大多比较成熟，专事研究工作或实习的人相对中国留学生较多，且日本留学运动是有国家方策的而非放任的，这一点比中国"远胜一筹"。辜鸿铭暗讽中国留美学生的做派："当日本学生从国外回到自己祖国时，他们并没有以爱国者的姿态出现，结成友好的官僚政治，或是发通电，也没有给报纸写信，批评外国人或外国；也没有试图像外国人那样过奢侈的生活，相反，他们生活清苦，就是因为这种方式帮助了日本，并赢得了外国人的尊重，结果其治外法权最终得以取消。"② 正是由于客观体制与长久以来传统大众的复杂心理，使得留学生身份走进一种"里外不讨好"的复杂窘境：留美生在向西方求索时自动撤退到中国文化的边缘却始终徘徊在西方文化的边缘；在东归故邦途中期待满满却又无可奈何、力不从心，仿佛大海上迷失的一叶孤舟，两边都靠不上岸。③

对于这一现象，为了扭转留学生在大众心中长期的负面形象，联合会特地指出，留学生想要有志于国家的进步，首先必耐劳团结，且恪守学问之心，例如一部分学生在归国前夕，往往会实习数月或一年，通过这一学习过程，"其能增长见识者犹小，而完成耐苦服从之习惯者且

---

① 舒新城：《近代中国留学史》，第 216～218 页。

② Ku Hung-ming, "Return Students and Literacy Revolution-Literacy and Education," *Millard's Review of the Far East*, August 26, 1919, p. 434.

③ 余英时：《中国文化与现代变迁中国知识分子的边缘化》，三民书局，1992，第 49 页。

大——我不耐劳安能使人耐劳？我不服从人，安能令人服从我？"① 由此，留学生归国之后的第一要务，必须吃苦耐劳，踏实肯干。但是由于中国极为特殊的国情，"如今之留学生一出校后，便欲握弄权柄智慧他人，此留学生不能耐苦者遗也，学生归国之后，散漫团体各谋一己之利益，全不顾群众之利益，若幸而得要位操重柄，则顾盼自雄视自己，自认为高人一等；若有不得意者，仅得过且过，毫无同志之切磋进取之心"。② 其次，除了需要耐劳团结之外，留美学生还需要去除心中的官利思想。针对大批回国的留学生，联合会在1915年间以极大的字体刊登了一篇名为《留学生之过去与将来》的文章。该文指出留美生在其留学期间，谁不志存匡济、满怀热诚；而投身社会之时，却又重受"熏陶"，如入"鲍鱼之肆、学业全抛；如堕熔炉之中，壮志消磨，腐化恐后，醋嬉逸乐"。③ 甚至一位留美同学在家书中这样介绍美国生活："美国的社会生活，除了金钱和美女，就没有生气。无论大小各团体，男女老少见面总是以谈女人为取乐，我同班有一位美国朋友说得好：美国的女人，好像烟卷似的，只足供消遣，吸毕弃之，欲吸时，随地可以购买。"④ 回国之后，这些留学生大多又是"步入官场"或是"徜徉商场"，不免使人发出惋惜的呼声："嗟乎！我国派遣留学殆已数十年矣，试问留学生之所以吸取外人菁华以灌输文明于祖国而弥补国家社会之缺失者，果何在乎？不然何以民生之疲敝、国势之屡微、实业之凋零、政治之腐败仍如故也，留学生诚不能辞其咎也。因此留学生之责任当先拔去第一病根——为官利思想之中毒于人心深矣。"⑤

另外，就客观方面来讲，国内与国外无论是在经济、职业发展、社会风俗方面存在着较大的差距。当留美学生纷纷回国时，本应是再造新

---

① 易鼎新：《留学生之过去与将来》，《留美学生季报》第2卷第2期，1915年，第83页。

② 易鼎新：《留学生之过去与将来》，《留美学生季报》第2卷第2期，1915年，第85页。

③ 《社评：学术界团结之新风气》，《大公报》1933年8月28日。

④ 《一位留美同学信中的一段》，《留美学生季报》第7卷第2期，1925年，第15页。

⑤ 刘树杞：《论中美两国之异同及中国留美学生之责任》，《留美学生季报》第3卷第1期，1916年，第95~101页。

文明的开始，然其却意外地成为一个"貌似的凯旋"。① 这很大程度上是由于固有的体制障碍，使得西方文明之花难以大范围地在东方土地上生根发芽；加之在近代以来中西之间权势转换的结构中，留学生的角色虽被设定为中西文化主要桥梁，但客观上仍然是鲜活的现实人，其不免受制于客观选择，对自身命运无绝对支配能力，更无从成为西潮与东风交互的核心。对于人文学科归国生而言，归国意味新旧理念的二度适应；而对于众多理工科留美毕业生归国后面临的通常是"英雄无用武之地"的窘境，尤其是在实业界，留学生由于对国内情况缺乏了解而往往过于乐观和理想化。由于国内经济缺乏相应的势力，因此留学生从事最基本的研究也往往无法得到保障，即使有研究实业之机会，也苦无研究之材料或辅助设备。② 这点任鸿隽解释得尤为清楚。

　　已经学成的学生为何不肯返国，国内建设，需才恐急，但他们不肯回国的理由大概有两个：一个是经济问题，最实际的体现则是薪水收入的急剧下降，归国留学生回国后平均月薪转换为外币仅为二十美元，相当于在美月薪的三分之一到五分之一的比例水平，且由于目前国内物价高涨，人民生活起来也愈加困难。如其在美毕业之后而尚有事情可做，则他们均宁愿在彼邦暂住下来做月给二三百元的小事，而不愿回国就月给七八十万元的高位。略解吃苦的国人，当能不为这些物质的考虑而左右。工作问题，则当作别论。他们即已学成有独立研究的能力，最大的希望自然是回国以后能继续他们的研究工作，可是目前国内的教育机构或学术研究机关，大都是经费支绌、设备简陋。不但研究进行是不可能的，即使教学必要的设备亦多欠完备。③

---

①　叶隽：《"教育冲突"与"文化抗争"——读〈中国教育早期现代化问题研究〉》，《北京大学教育评论》2010 第 3 期。

②　谢长法：《任鸿隽的高等教育思想与实践》，《现代大学教育》2009 年第 4 期。

③　任鸿隽：《留美学界的几个问题》，《观察》第 2 期，1947 年，第 45～48 页。

针对这样的现实，留美学生黄鸣龙还曾致信任鸿隽："此次归国，立志为国服务，待遇多寡本不置念，况困难时期，更不当论薪资厚薄。"①

近代中国内部政潮更迭，同时受外部"西风"之肆意吹刮，两种冲突在相对短暂的时期内相互激荡、相互交织于近代留学生这一特殊的历史主体之上。其政治的角力不仅反映近代中国对汹涌而来西潮的适应不良，更反映了自身内部日益深化的危机。② 联合会成员陈福恒曾于1918年发表了一篇关于在美留学感悟的随笔，文中对美国的社会风俗就表露出了尤为明显的欣赏与憧憬之情，而对于中国的一些社会陋习，尤其是国民欠缺应有的礼仪方面则提出了严厉的批评。陈氏认为在美国时候"觉有吾人不如西人之处在于都为寻常实物，而亦甚易更改之事，全在各个人之实行。余在美乘舟，乘客上下秩序井然，较少喧扰嘈杂之声，其疾呼诟骂之声则可谓绝无"，而在中国时候，却呈现出不同的情状，例如同样是乘船时，"中国舟车拥挤万分，争先恐后、攘臂相闹之状、恶语厉声则不可入耳之言，屡所闻见。吾国虽常常自诩为礼仪之邦，而通常极平浅之礼节，而不能有礼何有？慎毋以小忽之"。③ 提炼与摄取西方思想资源、尝试一种西方式生活方式并进而构建一己之价值理念是为近代中国留学生思想演进的一般程式。对于学习西方为获取救国真理与自身适应不二法门的近代中国留学生而言，这种提炼与获取往往又具较强的工具性色彩，这种工具性的色彩往往从属于自身适应与社会现实这一终极目标。自19世纪中后期以来，留学西洋的留学生亦难以逃离此种逻辑。④

这里的关键便在于留学生在异邦留学的数年时间内，不得不面对"西化"的问题。1914年的5月，隶属于留美中国学生联合会的东方学生话剧社

① 《黄鸣龙致任鸿隽函》，中央研究院档案，中国第二历史档案馆藏。
② 张睦楚：《异质文明下的游移：近代留美学生之身份二重转换》，《大学教育科学》2015年第1期，第92页。
③ 陈福恒：《留美杂笔》，《留美学生季报》第5卷第3期，1918年，第113~115页。
④ 张玉龙：《蒋廷黻留美时期政治思想略论》，《晋阳学刊》2007年第6期。

在哥伦比亚大学上演了一场名为"崇尚西方浪漫"的话剧。剧中塑造出一个由美归国的留学生背弃了中国婚嫁传统——听从父母之命或是媒妁之言，而追寻西式的婚姻价值。哥伦比亚大学张彭春扮演剧中的主角"陈树森"，展现了一系列与中国旧式传统斗争的剧目，对留美生两难的内心刻画得入木三分："在中国他已有了老婆，或是和一个从未见过面的女子订了婚约。他厌恶这种习惯，常常在想怎样能够以计取胜，不被人骂他'不义'的方法。可是同时，他又不愿意人家说他太美国化了。"① 美国剧作家埃尔默·雷恩斯泰因（Elmer L. Reizenstein）也到场观看了这出戏，他高度评价道："毫无疑问，'崇尚西方的浪漫'是纽约本季最有趣的戏之一。"② 该剧的演出在留学生群体中也产生了很大的回响。颇令人注意的细节是，这一出话剧最主要的观影群体，正是该年度完成学业即将回国的留学生，与其说这是一种刻意安排，不如说这是一种对于中国现实的提前呈现与抗争演练。③ 而另一派的留学生，则选择完全不同的一条路，在美国完成学业、成立家庭。④ 由于演出反响热烈，这一话剧之后在哥伦比亚大学进行了第二次加演，更在 1914 年 9 月的东美中国学生联合会年会中，更名为"中国之不自由结婚"进行了第三次演出。⑤ 一位剧评者在《留美学生月刊》上评论该剧"以极为漂亮的台词和引人深思的味道"赢得了在场观众的好评。⑥ 在 1926 年的年会中，一出名为《1926年的废话》话剧讲述了两个在美的男同学去参加一个社交活动，其中一个男同学的举止像女士，两人在舞台上拥抱抚摸，而观众只能"痛苦地

---

① 罗赛：《美国人眼中的中国留美学生》，《学校新闻》第 27 期，1915 年，第 9 页。

② Elmer L. Reizenstein, "Favor Western Romance," *The Chinese Students' Monthly*, July 1921, p. 491.

③ "Favor Western Romance: Oriental Students' Club Gives Three-Act Comedy Written by Columbia Student," *The New York Times*, May 30, 1914.

④ "My Chinese Marriage," *The Outlook*, June 15, 1921, p. 305.

⑤ 胡博渊：《东美中国学生年会记事》，《留美学生季报》第 3 卷第 1 期，1916 年，第 117 ~ 126 页。

⑥ "Club News: Columbia," *The Chinese Students' Monthly*, June 1915, p. 503.

等待着最糟糕的这一刻"。① 一位留美生在反思这次年会话剧表演时，用了"低级趣味"这样的形容词："除了少数人，在美国的大多数中国留学生都过于轻浮和无所用心，他们实在理解不了这样的东西。要使中国复兴，首先要使他们的头脑、品德和灵魂复兴。"② 1914 年《留美学生月刊》甚至向全体留学生介绍了一本极具特殊含义的书籍——《东方是东方，西方是西方》。该著作描述了森（San，音译）与他的未婚妻在中国码头话别的情景，她对他一次次地重复：不要忘了她。但在美国待了四年之后，森无论在言行上还是在思想上都变得美国化，对于家庭中两人相处的看法也逐渐发生了改变。这本书描述道，在森美国化最高点的时候他已经习惯了美国的生活习惯，无论是在什么样的聚会上，森总是要上台演讲一下，他最喜欢的演讲题材是"世界和平""在中国的教会"一类的演讲题目，森甚至自备了一辆福特车，穿起了 Halt Mark 的衬衣，吹一吹美国的萨克斯。森动身回中国之前，曾到美国东海岸去旅行，遇到了一位来自于卫斯理学院（Wellesley College）的中国女学生，随着他们彼此之间友谊的增长，森渐渐地觉得自己在中国的未婚妻不够漂亮、不够聪明，同时缺乏应有的生活情趣，森在美国的这段日子里内心充满了矛盾，他不愿意回到中国，更不愿意过一种传统的、平凡的日子。③

对于留美生而言，在还未归国之前，踌躇满志、志在四方，期待着用自己的双手构建一个新式的国家；而归国之后，面对国内的一系列现实冲突，却又无奈失落。实际上，留美生并无绝对的能力对自己归与不归来进行选择。留美生无论是个体历程中对自身身份的转换与适应，还是自身身份对归国的诉求，无疑都需要在实践中被重构、被选择，在某些方面甚至还与现实有着讨价还价的妥协重组。倘若说留学生群体对于

---

① Thomas Ming-heng Chao, "At the Eastern Conference," *The Chinese Students' Monthly*, Feb. 1927, p. 26.

② "Personal or Otherwise," *The Chinese Students' Monthly*, Feb. 1927, p. 26.

③ Woon Yung Chun, "East is East, West is West," *The Chinese Students' Monthly*, April 1914, pp. 491－493.

归国与不归国是一种不断变化的情感，在一定的历史偶然和必然事件下会产生一定的改变，不如说留学生归国的期待与归国之后的现实处境，在整个历史变迁进程中呈现于留学生单个主体之上，演化为对自身前途命运的多样性选择。加之每一个历史行为主体对这种选择并不抱持非左即右的意念，自然呈现出"剪不断、理还乱"的心理矛盾及"少小离家老大难回"的现实。

心态的调试：超越归与不归

"负笈东归的游子，心中充满未知的忐忑"，离家的游子，总有归来的那天。对于这些具有特殊身份的留学生而言，究竟是响应祖国母亲的号召，带着满腔热情与在国外学习的"一身武艺"义无反顾地归来呢，还是听从自己内心最真实的声音呢？对待这些满怀期待的留美生，究竟又该如何策励这部分归来的中国留学生？又究竟如何处理这部分群体归国之后的心理落差？究竟该如何超越这种"归"与"不归"的纠结？面对这一系列的问题，联合会会员意识到留学生既然难以平衡归国理想与现实的冲突，就平衡自身。对于此，联合提出了自己的看法，指出留学生很显然十分明白自身所承担的责任，以及归国之后的处境，但是又深切明白接受了国家栽培以及同胞的重托，因此需要调整以适应国内具体的情形。留学生需要从这些方面着手："我中国留学生在此当务实学、求经验、善观察、多揣摩、举止从容，在当下以谨慎出之，考察人事业恒返顾及中国方面殆至，将回国时，自问我学问经验回国，足以担当一事否，夫然后国家得早收留学之效，而吾国留学生，终将方尽留学之职责。"① 尤其是留学生归国之后，还同时需要特别关注社会、文化与政治的互动，从而探索出个人身份的设定与现实情况下的偏离或回归过程。② 另外，针对"目前国内的教育或学术研究机关，大都是经费支绌、设备

---

① 侯德榜：《策励中国留学生》，《留美学生季报》第5卷第2期，1918年，第1~6页。

② 罗志田：《乱世潜流：民族主义与民国政治》，第7页。

简陋，不但研究进行为不可能，即教学必要的设备亦多欠完备，所以你若劝他们回国服务，他们可以问你回国究竟做什么，的确，在美国还可以继续做一点学问；回中国，不到两年便可能成为落伍的废材。这种人你可以责怪他缺乏国家观念，但这忠于所学的态度，不也正是我们希望造成的一种人才吗？"① 任鸿隽所提的这个观点，或许在某个程度上能够很好地解决留美学生归与不归的纠结。究竟该如何超越归与不归的两难，事实上并不在于是留在美国还是回到祖国，而在于自身心灵对于现实的超越。从这个意义出发，留学之于留学生来说，无异于是一场自我认识的冒险，这种冒险自然与选择自身身处何方极其相关。②

1920 年代的中国，是一个价值急剧转型的时期，中国传统的价值观与西方社会的价值观水火不容。这时正是民族主义高涨的时期，民族意识也与"西洋依恋"交织在一起。因为旧式的制度已经被摧毁，而一个能与之相适应的制度却又尚未建立起来，由此留学生对自己与国家未来的关系极不确定。③ "今日之中国，过渡时代之中国也。近日中国之现状，实如驾一扁舟，初离海岸线，而放于中流，即俗语所谓两头不到岸之时也。"④ 这种过渡时期的特质表现在留学生群体则体现为双重拉锯：在他国看到西洋政体及工业文明的弊端，心中充满失落迟疑；在吾国的现实情况下，又表现为对国家政体的难以完全信任并由此呈现出对于归国的踌躇与犹豫情绪，在吾国与彼国间的双重飘荡造成了陷于"两边都靠不上岸"的现实处境。⑤ 蒋梦麟曾经这样比拟到自身所面临的无所适从："在美国时候，我喜欢用中国的尺度来衡量美国的东西。现在回国以后，

① 任鸿隽：《留美学界的几个问题》，《观察》第 2 卷第 11 期，1947 年，第 6~7 页。
② Jerome Chen, *China and the West: Society and Culture* 1815–1937. Bloomington: Indiana University Press, 1979, p. 158.
③ 史戴西·比勒：《中国留美学生史》，第 92 页。
④ 梁启超：《过渡时代论》，《清议报》1901 年 6 月 26 日。转引自梁启超《饮冰室合集》(1)，第 27~30 页。
⑤ 罗志田：《权势转移：近代中国的思想、社会与学术》，湖北人民出版社，1999，第 191~241 页。

我又把刚学到的办法恰恰颠倒过来，喜欢用美国的尺度来衡量中国的东西，有时更可能用一种混合的尺度，一种不中不西，亦中亦西的尺度，或者游移于两者之间。"[1] 蒋梦麟的这种游离于中西双边的无奈状况，或许能够说明其中的原因。正是因为社会及个人的变化是相连的，一种社会变化的原因，同时又可以为个人变化的结果，留美学生所需要做出的任何改革是不能不过问现实的，而历史中的当事人也是不可能不与历史剧幕发生千丝万缕关系的联系。

如果将现实中的冲突定义为理解留学生自身与中国近代社会本来的面目，那么留学生为主体的个体必须尊重这一规则；倘若将留学生的理想追求定义为自己与世界的应然状态，那么二者其实并不矛盾。正是因为这世上并不具有最完满的圆，因此只能够在心理构想、怀抱理想的留美学生并不是不现实，只是他们对于国家、对于近代中国社会、对于自身的认识立足于一个相对遥远的未来，他们看到了一般人所看不到、所感受不到的那些对于未来产生深远影响的隐形因素。在这一过程中，甚至有的怀揣着理想的留学生对于现实退让，转换为某种对现实的理性主义。正是由于理想之圆不够完满，因此留美学生必须在事实中努力求证。一方面，留美学生需要具备能力才能将求学、教育、归国的各种理想化为现实；另一方面，留美学生也需要有品格，才能不被现实冲突所击垮。这两个方面无疑都是留美学生面临的一种最本质的生存挑战。

---

[1]　蒋梦麟：《西潮与新潮》，第 136 页。

主要参考文献

主要史料

留美学生联合会出版物

《留美学生季刊》

《留美学生月刊》（1906～1929）

北京清华学校编《留美学生通讯录》清华学校，1914。

北京清华留美学校编《留美学生通讯录》，清华学校，1918。

The Chinese Students' Alliance of America, The Dragon Student 1905.

The Chinese Students' Alliance of Pacific Coast, Annual Bulletin 1908.

The Chinese Students' Alliance in the United States of America, Chinese Students' Alliance Calendar, 1910.

The Chinese Students' Alliance of Middle-West Section, *The Fourth Annual Conference of Mid-West Section of the Chinese Students' Alliance in the United States of America.* Urbana-Champaign：University of Illinois. 1913.

Chinese Students' Alliance of the United States of America, *Who's Who of the Chinese Students in America*. Berkeley: Lederer, Street & Zeus Company, 1917.

Chinese Students' Alliance, *Pamphlet aims to tell you*, Published by the Executive Council of the Chinese Students' Alliance in the United States of America, for the year of 1919 – 1920. Wisconsin-Madison, 1920.

Chinese Students' Alliance of the United States of America, *Who's Who of the Chinese Students in America*. Berkeley: Lederer, Street & Zeus Company, 1921.

Brochures and programs, *Chinese Students' Alliance in U. S. A. , Conference, Mid-West Section*, Purdue University, 1921.

Eastern Section Chinese Students Alliance in the U. S. A. Conference Committee, *The Eighteenth Annual Conference Daily*. Ithaca, N. Y. , 1922.

Chinese Students' Alliance, *The Handbook of the Chinese Students in the U. S. A.*. Chicago: Chinese Students' Alliance Compiled and Published, 1922.

Brochure, *Announcement of The Sixteenth Annual Conference, Mid-West Section, Chinese Students' Alliance, Conference Theme, Nationalism and China*, Purdue University, West Lafayette, Indiana, September 4th to 11th, 1925.

Booklet, In Chinese Prepared by the Chinese Student Club of Purdue University, Lafayette, Indiana, U. S. A. , April, 1930.

资料集、史料汇编

舒新城编《近代中国教育史料》，中华书局，1928。

多贺秋五郎：《近代中国教育史资料》，文海出版社，1976。

王焕琛：《留学教育：中国留学教育史料》，"国立编译馆"，1980。

陈学恂、田正平编《中国近代教育史资料汇编·留学教育》，上海教育出版社，1991。

报刊

中文报刊

《湖南教育》

《寰球中国学生会周刊》

《教育杂志》

《科学》

《申报》

《新教育》

《现代评论》

《东方杂志》

《教育与职业》

《独立评论》

《大江季刊》

《清华周刊》（1925～1926 年）

《汉声》（《湖北学生界》第 1～6 期，1968 年影印版）

英文刊物及报纸

The Cosmopolitan Annual（1902～1931）

The Christian China（1914～1922）

The Harper's Weekly（1912～1916）

The Independent（1914～1921）

The New Republic（1902～1931）

The Outlook（1901～1921）

The Los Angeles Times（1902～1931）

The New York Times（1902～1943）

其他史料

Robert E. Lewis, *The Students of China for Christ*. New York：International Committee Young Men's Christian Associations, 1898.

The New York Chinese Students' Club, *The Chinese Annual*, Vol. 1, No. 1, August 1911.

Arthur Judson Brown, *The Chinese Revolution*. New York: Student Volunteer Movement for Foreign Missions, 1912.

The World's Chinese Students' Journal, Shanghai: World's Chinese Students' Federation, 1912.

Joseph King, *Our Neighbors. The Chinese*, Chicago: Browne & Howell Company, 1913.

John E. Bennett, *Our National Tendency and its Goal*. San Francisco, Press of Schwabacher-Frey Stationery Co., 1914.

Bitton Nelson, *The Regeneration of New China*. London: United Council for Missionary Education, 1915.

Chinese Students' Union, *The Truth About the Sino-Japanese "Conversations": Righteousness Exalted a Nation*. London: The Chinese Students' Union Publisher, 1915.

Paul Myron Wentworth, *Our Chinese Chances Through Europe's War*. Chicago: Linebarger Brothers Publishers, 1915.

Harry Lyman Koopman, *The Booklover and His Books*. Boston: The Boston Book Company Press, 1917.

Kung Yuan-Kusuh, *The Judgment of the Orient, Some Reflections on the Great War Made by the Chinese Student*. New York: E. P. Dutton & Company, 1917.

The China National Defense League in Europe, The Central Union of the Chinese Students in Great Britain: The World Peace and Chinese Tariff Autonomy. London: G. Allen & Unwin Ltd. Press, 1919.

F. C. Sze, *Is Japan a Burning Menace to the World's Peace?* Urbana-Champaign: The Publicity Bureau of the Chinese Students in the University of Illinois, 1919.

T. C. Woo, *China's Case Against Japan in Kiaochou its Past and Present*.

Urbana: University of Illinois Press, 1919.

Ayscough Florence Wheelock, *Friendly Books on Far Cathay*, *being a Bibliography for the Student and Synposis of Chinese History*. Shanghai: Comercial Press, 1921.

Yeung Kwok Tsuen, The Intelligence of Chinese Children in San Francisco and Vicinity. Thesis submitted to the Department of Education and the Committee on Graduate Study of the Leland Stanford Junior University, 1921.

J. Roscoe Saunders, *The Chinese As They Are*. New York: Fleming H. Revell Company, 1921.

Neely Anne Elizabeth, The Foreign Student on the American Campus, Thesis submitted to the department of Sociology in the University of Chicago, 1922.

China Today through Chinese Eyes. New York, George H. Doran Company, 1922.

The Chinese Students' Alliance in the United States of America, Report of the President of the Chinese Students' Alliance for the Alliance Work on the Washington Conference and the Committee, April 1922.

Jennings P. Chu, *Chinese Students in America-Quality Associated with Their Success*. New York: Columbia University, 1922.

China Educational Commission, *Christian Education in China*: *A Study Made by an Educational Commission Representing the Mission Boards and Societies Conducting Work in China*. New York: Committee of Reference and Counsel of the Foreign Missions Conference of North America, 1922.

Julius Su Tow, *The Real Chinese in America*, *being an Attempt to Give the General American Public a Fuller Knowledge and a Better Understanding of the Chinese People in the United States*. New York: The Academy Press, 1923.

Porter Lucius Chapin, *China's Challenge to Christianity*. New York: Missionary Education Movement of the United States and Canada, 1924.

Thesis and Dissertations by Chinese Students in America, 1902 ~ 1928, China Institute in America, 1928.

Latourette Kenneth Scott, *A History of Christian Missions in China*. New York: The Macmillan Company, 1929.

Roberta Ma (Ma Hsin-Yi), *China Calls*. Virginia, Richmond: The William Byrd Press, Inc. , 1938.

China Institute in America, *National Reconstruction Journal*. New York: Committee on Wartime Planning for Chinese Students in the United States, 1942.

Committee for a Democratic Far Eastern Policy, Letters from Home: How New China Looks to Her Students Who have Studied Abroad. New York, 1950.

China Institute in America, A Survey of Chinese Students in American Universities and Colleges in the Past One Hundred Years: In Commemoration of the One Hundredth Anniversary of the Graduation of the First Chinese from an American University (1854 – 1954), Yung Wing, B. A. , Yale, 1954.

著 作

世界社编辑《旅欧教育运动》，法国都尔：中华印字局，1916。

舒新城：《近代中国留学史》，中华书局，1927。

黄福庆：《清末留日学生》，中研院近代史研究所专刊，1975。

吴俊升：《教育生涯一周甲》，传记文学出版社，1976。

汪一驹：《中国知识分子与西方：留学生与近代中国（1872 ~ 1949）》，梅寅生译，枫城出版社，1978。

实藤惠秀：《中国人留学日本史》，谭汝谦译，三联书店，1983。

张允侯等：《留法勤工俭学运动》，上海人民出版社，1986。

复旦大学历史系编《中国传统文化再检讨》，商务印书馆，1987。

李喜所：《近代中国的留学生》，人民出版社，1987。

李泽厚：《中国现代思想史论》，东方出版社，1987。

张灏：《烈士精神与批判意识：谭嗣同思想的分析》，联经出版事业股份有限公司，1988。

柯文：《在中国发现历史：中国中心观在美国的兴起》，林同奇译，中华书局，1989。

方豪：《中西交通史》，岳麓书社，1989。

吴剑杰：《中国近代思潮及其演进》，武汉大学出版社，1989。

福泽谕吉：《劝学篇·论人与人平等》，群力译，商务印书馆，1989。

许美德等：《中外比较教育史》，上海人民出版社，1990。

黄利群：《中国近代留美教育史略》，辽宁大学出版社，1990。

刘易斯·科塞：《社会学导论》，安美华等译，南开大学出版社，1990。

胡伟希等：《十字街头与塔：中国近代自由主义思潮研究》，上海人民出版社，1991。

李喜所：《近代中国的留美教育》，天津古籍出版社，1991。

黄新宪：《中国留学教育的历史反思》，四川教育出版社，1991。

王奇生：《中国留学生的历史轨迹（1872～1949）》，湖北教育出版社，1992。

余英时：《中国文化与现代变迁中国知识分子的边缘化》，三民书局，1992。

罗荣渠：《现代化新论——世界与中国的现代化进程》，北京大学出版社，1993。

王桂主编《中日教育关系史》，山东教育出版社，1993。

张灏：《梁启超与中国思想的过渡》，江苏人民出版社，1993。

鲜于浩：《留法勤工俭学运动史稿》，巴蜀书社，1994。

郑名桢：《留法勤工俭学运动》，山西高校联合出版社，1994。

余英时：《钱穆与中国文化》，上海远东出版社，1994。

刘青峰编《民族主义与中国现代化》，香港中文大学出版社，1994。

耿云志：《胡适研究丛刊》，北京大学出版社，1995。

周昌龙：《新思潮与传统：五四思想史论集》，时报文化出版事业有限公司，1995。

余英时：《历史人物与文化危机》，东大图书股份有限公司，1995。

田正平：《留学生与中国教育近代化》，广东教育出版社，1996。

赵元任：《从家乡到美国：赵元任早年回忆》，学林出版社，1997。

周棉：《留学生与中国的社会发展》，中国矿业大学出版社，1997。

沈殿成：《中国人留学日本百年史（1896～1996）》，辽宁教育出版社，1997。

吴霓：《中国留学史话》，商务印书馆，1997。

罗荣渠：《现代化新论续编——东亚与中国的现代化进程》，北京大学出版社，1997。

丁晓禾：《中国百年留学全纪录》，珠海出版社，1998。

陈向明：《旅居者和"外国人"——留美中国学生跨文化人际交往研究》，教育科学出版社，1998。

卫道治：《中外教育交流史》，湖南教育出版社，1998。

罗志田：《民族主义与近代中国思想》，三民书局，1998。

杨天石：《海外访史录》，社会科学文献出版社，1998。

罗志田：《权势转移：近代中国的思想、社会与学术》，湖北人民出版社，1999。

江勇振：《二十世纪初年的中国留美学生：一个在研究课题上初步的省思》，纽约天外出版社，1999。

哈贝马斯：《公共领域的结构转型》，曹卫东等译，学林出版社，1999。

黄克武、张哲嘉主编《公与私：近代中国个体与群体之重建》，中研院近代史研究所，2000。

安宇、周棉主编《留学生与中外文化交流》，南京大学出版社，2000。

胡卫清：《普遍主义的挑战：近代中国基督教教育研究（1877～1927)》，上海人民出版社，2000。

周晓明：《多源与多元：从中国留学族到新月派》，华中师范大学出版社，2001。

谢长法：《借鉴与融合——留美学生抗战前教育活动研究》，河北教育出版社，2001。

商丽浩：《政府与社会——近代公共教育经费配置研究》，河北教育出版社，2001。

罗志田：《乱世潜流：民族主义与民国政治》，上海古籍出版社，2001。

杨念群：《中层理论——东西方思想会通下的中国史研究》，江西教育出版社，2001。

辜鸿铭：《中国人的精神》，黄兴涛译，广西师范大学出版社，2001。

苏力、贺卫方主编《20世纪的中国——学术与社会》，山东人民出版社，2001。

厄内斯特·盖尔纳：《民族与民族主义》，韩红译，中央编译出版社，2002。

陈洪捷：《德国古典大学观及其对中国大学的影响》，北京大学出版社，2002。

保罗·约翰逊：《所谓的知识分子》，杨正润等译，究竟出版社，2002。

安东尼·D. 史密斯：《全球化时代的民族与民族主义》，龚维斌、良警宇译，中央编译出版社，2002。

余英时：《士与中国文化》，上海人民出版社，2003 。

许纪霖主编《公共性与公共知识分子》，江苏人民出版社，2003。

杜赞奇：《从民族国家拯救历史：民族主义话语与中国现代史研究》，王宪明等译，社会科学文献出版社，2003。

小滨正子：《近代上海的公共性与国家》，葛涛译，上海古籍出版社，2003。

叶隽：《现代学术视野中的留德学人》，同济大学出版社，2004 。

章清：《"胡适派学人群"与现代中国自由主义》，上海古籍出版社，2004。

何卓恩：《殷海光与近代中国自由主义》，上海三联书店，2004。

田正平主编《中外教育交流史》，广东教育出版社，2004。

费约翰：《唤醒中国：国民革命中的政治、文化与阶级》，李恭忠、李里峰译，三联书店，2004。

郝大维、安乐哲：《先贤的民主——杜威、孔子与中国民主之希望》，何刚强译，江苏人民出版社，2004。

叶隽：《另一种西学：中国现代留德学人及其对德国文化的接受》，北京大学出版，2005。

杨东平：《艰难的日出：中国现代教育的20世纪》，文汇出版社，2005。

程新国：《庚款留学百年》，东方出版中心，2005。

赵立彬：《民族立场与现代追求：20世纪20~40年代的全盘西化思潮》，三联书店，2005。

皮埃尔·安德烈·塔吉耶：《种族主义源流》，高凌瀚译，三联书店，2005。

海斯：《现代民族主义的演进史》，帕米尔等译，华东师范大学出版社，2005。

张剑：《科学社在近代中国的命运——以中国科学社为中心》，山东教育出版社，2005。

吴小龙：《少年中国学会研究》，上海三联书店，2006。

罗志田：《再造文明的尝试：胡适传（1891~1929）》，中华书局，2006。

张灏：《幽暗意识与民主传统》，新星出版社，2006。

安东尼·D.史密斯：《民族主义：理论，意识形态，历史》，叶江译，上海人民出版社，2006。

罗志田：《激变时代的文化与政治》，北京大学出版社，2006。

陈弱水：《公共意识与中国文化》，新星出版社，2006。

蒋梦麟：《西潮与新潮》，东方出版社，2006。

埃里克·霍布斯鲍姆：《民族与民族主义》，李金梅译，上海人民出版社，2006。

李佃来：《公共领域与生活世界——哈贝马斯市民社会理论研究》，人民出版社，2006。

许纪霖：《回归公共空间》，江苏人民出版社，2006。

张灏：《幽暗意识与民主传统》，新星出版社，2006。

高瑞泉主编《中国近代社会思潮》，上海人民出版社，2007。

龚鹏程：《近代思潮与人物》，中华书局，2007。

郑大华、邹小站主编《中国近代史上的民族主义》，社会科学文献出版社，2007。

闫润鱼：《自由主义与近代中国》，新星出版社，2007。

许纪霖主编《公共空间的知识分子》，江苏人民出版社，2007。

王汎森等：《中国近代思想史的转型时代》，联经出版事业股份有限公司，2007。

叶隽：《主体的迁变：从德国传教士到留德学人群》，上海外语教育出版社，2008。

余英时：《人文与理性的中国》，程嫩生、罗群等译，联经出版事业股份有限公司，2008。

郑大华、邹小站主编《中国近代史上的自由主义》，社会科学文献出版社，2008。

罗志田：《昨天的与世界的：从文化到人物》，北京大学出版社，2007。

许章润：《民族主义与国家建构》，法律出版社，2008。

张玉龙：《蒋廷黻社会政治思想研究》，中国社会科学出版社，2008。

姜朝晖：《民国时期教育独立思潮研究》，中国社会科学出版社，2008。

罗志田：《近代读书人的思想世界与治学取向》，北京大学出版社，2009。

叶隽：《异文化博弈：中国现代留欧学人与西学东渐》，北京大学出版社，2009。

陈志科：《留美生与中国教育学》，南开大学出版社，2009。

杜赞奇：《从民族国家拯救历史：民族主义话语与中国现代史研究》，

王宪明等译，江苏人民出版社，2009。

暨爱民：《"自由"对"国家"的叙述：近代中国自由民族主义思想研究》，湖南人民出版社，2009。

金观涛、刘青峰：《观念史研究：中国现代重要政治术语的形成》，法律出版社，2009。

王小丁：《中美教育关系研究（1840~1927)》，四川大学出版社，2009。

史黛西·比勒：《中国留美学生史》，张艳译，三联书店，2010。

舒新城：《近代中国留学史》，湖南教育出版社，2010。

梁冠霆：《留美青年的信仰追寻：北美中国基督教学生运动研究（1909~1951)》，上海人民出版社，2010。

里亚·格林菲尔德：《民族主义：走向现代的五条道路》，王春华等译，上海三联书店，2010。

高志勇：《自由主义在近代中国的历史命运——〈独立评论〉时期胡适政治思想研究》，南开大学出版社，2010。

葛兆光：《宅兹中国：重建有关"中国"的历史论述》，中华书局，2011。

王汎森：《中国近代思想与学术的系谱》，吉林人民出版社，2011。

王汎森等：《中国近代思想史的转型时代》，联经出版事业股份有限公司，2007。

江勇振：《璞玉成璧舍我其谁：胡适1891~1917》，联经出版事业股份有限公司，2011。

高瑞泉主编《民族主义及其他》，上海古籍出版社，2011。

范铁权：《近代中国科学社团研究》，人民出版社，2011。

章清：《学术与社会：近代中国"社会重心"的转移与读书人新的角色》，上海人民出版社，2012。

叶维丽：《为中国寻找现代之路：中国留学生在美国（1900~1927)》，周子平译，北京大学出版社，2012。

高瑞泉主编《自由主义诸问题》，上海古籍出版社，2012。

项建英：《近代中国大学教育学科研究》，华东师范大学出版社，2012。

王汎森：《权力的毛细管作用：清代的思想、学术与心态》，联经出版事业股份有限公司，2013。

杨奎松：《忍不住的"关怀"：1949 年前后的书生与政治》，广西师范大学出版社，2013。

章开沅、余子侠主编《中国人留学史》，社会科学文献出版社，2013。

暨爱民：《民族国家的建构——20 世纪上半期中国民族主义思潮研究》，社会科学文献出版社，2013。

汪晖：《文化与政治的变奏：一战和中国的"思想战"》，上海人民出版社，2014。

高瑞泉主编《激进与保守的复调变奏》，上海古籍出版社，2014。

梁启超：《欧游心影录》，商务印书馆，2014。

叶曙明：《重返五四现场：1919，一个国家的青春记忆》，九州出版社，2015。

秦晖：《走出帝制》，群言出版社，2015。

田正平：《调适与转型：传统教育变革的重构与想象》，人民教育出版社，2016。

Robert E. Lewis, *The Students of China for Christ*. New York: International Committee Young Men's Christian Associations, 1898.

Yung Wing, *My Life in China and America*. New York: Henry Holt and Company, 1909.

Arthur Judson Brown, *The Chinese Revolution*. New York: Student Volunteer Movement for Foreign Missions, 1912.

Bitton Nelson, *The Regeneration of New China*. London: United Council for Missionary Education, 1915.

Harry Lyman Koopman, *The Booklover and His Books*. Boston: The Boston Book Company Press, 1917.

Kung Yuan-Kusuh, *The Judgment of the Orient, Some Reflections on the Great War Made by the Chinese Student*. New York: E. P. Dutton & Company, 1917.

T. C. Woo, *China's Case Against Japan in Kiaochou its Past and Present*. Urbana: University of Illinois Press, 1919.

The China National Defense League in Europe, *The Central Union of the Chinese Students in Great Britain: The World Peace and Chinese Tariff Autonomy*. London: G. Allen & Unwin Ltd. Press, 1919.

The China National Defense League in Europe, *The Central Union of the Chinese Students in Great Britain: China and the League of Nations*. London: G. Allen & Unwin Ltd. Press, 1920.

Ayscough Florence Wheelock, *Friendly Books on Far Cathay, Being a Bibliography for the Students and Synopsis of Chinese History*. Shanghai: Commercial Press, 1921.

J. Roscoe Saunders, *The Chinese As They Are*. New York: Fleming H. Revell Company, 1921.

Clyde L. King, *The Ethics of the Professions and of business: with a supplement, Modern China and Her Present Day Problems*. Philadelphia: The American Academy of Political and Social Science, 1922.

Jennings P. Chu, *Chinese Students in America, Quality Associated with Their Success*. New York: Columbia University, 1922.

Julius Su Tow, *The Real Chinese in America, being an Attempt to Give the General American Public a Fuller Knowledge and a Better Understanding of the Chinese People in the United States*. New York: The Academy Press, 1923.

R. Y. Lo, *China's Revolution from the Inside*. New York: Abingdon Press, 1930.

James Reed, *The Missionary Mind and American East Asia Policy*, 1911 – 1915. Cambridge, MA: Harvard University Press, 1933.

Roberta Ma, *China Calls*. Virginia, Richmond: The William Byrd Press, Inc. , 1938.

Thomas E. LaFargue, *China's First Hundred: Educational Mission*

Students in the United States, 1872 – 1881. Pullman: State College of Washington, 1942.

Betty Lee Sung, *A Survey of Chinese Students in American Universities and Colleges in the Past One Hundred Years*. New York: National Tsing Hua University Research Fellowship Fund and China Institute of America, 1954.

Paul A. Varg, Misssionaries, *Chinese, and Diplomats: The American Protestant Missionary Movement in China*, 1890 – 1952. Princeton, NJ: Princeton University Press, 1958.

Chow Tse-tsung, *The May Fourth Movement: Intellectual Revolution in Modern China*. Cambridge: Harvard University Press, 1960.

Chiu-Sam Tsang, *Society, Schools and Progress in China*. Oxford: Pergamon Press, 1968.

James Thompson, *While China Faced West: American Reforms in Nationalist China*, 1928 – 1937. Cambridge, MA: Harvard University Press, 1969.

Cyrus H. Peake, *Nationalism and Education in Modern China*. New York: Howard Fertig Press, 1970.

Jessie Gregory Lutz, *China and the Christian Colleges* 1850 – 1950. Ithaca, New York: Cornell University Press, 1971.

Jerome Ch'en, *China and the West: Society and Culture*, 1815 – 1937. Bloomington: Indiana University Press, 1979.

Nancy Bernkopf Tucher, *Patterns in the Dust: Chinese-American relations and the Recognition Controversy*, 1949 – 1950. New York: Columbia University Press, 1983.

Ruth Hayhoe, *Contemporary Chinese education*. London & Sydney: Room Helm Press, 1984.

Vera Schwarcz, *The Chinese Enlightenment: Intellectuals and the legacy of the May Forth Movement of* 1919. Berkeley: University of California Press, 1986.

Robert W. Rydell, *All the world's a Fair*: *Visions of Empire at American International Expositions*, 1876 – 1916. Chicago: University of Chicago Press, 1987.

Warren I. Cohen, *America's Response to China*: *A history of Sino-American Relations*. New York: Columbia University Press, 1990.

Ye Weili, *Seeking Modernity in China's Name*: *Chinese Students in the United States*, 1900 – 1927. Standford, CA: Harvard University Press, 1990.

James Reardon Anderson, *The Study of Change*: *Chemistry in China*, 1840 ~ 1949. Cambridge: Cambridge University Press, 1991.

Patricia Potts, *Modernizing Education in Britain and China*: *comparative perspectives on excellence and social inclusion*. London: Routledge Falmer Press, 1992.

Xiong Xianjun, *For Democracy and Science*: *In Y. C. James Yen's Thought on Mass Education and Rural Reconstruction*, *China and Beyond*. New York: IIRR International Institute of Rural Reconstruction, 1993.

David Zweig and Chen Changgui, *China's Brain Drain to the United States*: *Views of overseas Chinese Students and Scholars in the 1990s*. Berkeley: Institute of East Asian Studies. University of California, Berkeley, 1995.

Judy Yung, *Unbound Feet*: *A social History of Chinese Woman in San Francisco*. Berkeley: University of California Press, 1995.

Suzanne Pepper, *Radicalism and education reform in 20th-century China*: *the search for an ideal development model*. Cambridge University Press: New York, 1996.

Y. C. Wang, *Chinese Intellectuals and the West*, 1872 – 1949. Chapel Hill: University of North Carolina Press, 1996.

Anthony R. Welch, *Third World education*: *equality and quality*. New York: Garland Pud, 2000.

Frederic Wakeman, Jr. , *In becoming-Chinese*: *Passages to Modernity and beyond*. Berkeley: University of California Press, 2000.

Glen Peterson, Ruth Hayhoe, Lu Yongling, *Education, culture, and identity in twentieth century China.* Ann Arbor: University of Michigan Press, 2001.

Weili Ye, *Seeking Modernity in China's Name: Chinese Students in the United States*, 1900 – 1927. Stanford: Stanford University Press, 2001.

Iris C. Rotberg, *Balancing Change and Tradition in Global Education Reform.* Lanham, Md.: Rowman&Littlefield Education Press, 2004.

Stacey Bieler, *"Patriots" or "Traitors"? A History of American-educated Chinese Students.* New York: M. E. Sharpe, 2004.

Harry Torrance, *Cross-Cultural Perspectives on Educational Research.* Philadelphia: Open University Press, 2005.

Ka-Ho Mok and Jason Tan, *Globalization and Marketization in Education: a comparative analysis of HongKong and Singapore.* Edward Elgar Press, 2006.

Nancy Bartlett, *The University of Michigan and China: 1845 – 2008.* Ann Arbor: University of Michigan Press, 2007.

Mun C. Tsang, *Education and national development in China, since* 1949: *oscillating policies and enduring dilemmas.* New York: Columbia University Press, 2009.

Edward J. M. Rhoads, *Stepping Forth into the World: The Chinese Educational Mission to the United States*, 1872 – 1881. Hong Kong: Hong Kong University Press, 2011.

Joyce Goodman, Ian Grosvenor, *Educational research—history of education a curious case?* University of Winchester, University of Birmingham. 2009.

论 文

贾永堂：《论教育理论及其在近代发展的阶段与特点》，《华东师范大学学报》1989 年第 4 期。

蔡振生：《近代译介西方教育的历史考察》，《北京师范大学学报》

1989 年第 2 期。

邢永富：《关于教育科学的历史分期》，《北京师范大学学报》1991年第 1 期。

陈元晖：《中国教育学七十年》，《北京师范大学学报》1991 第 5 期。

胡伟希：《中国近代自由主义的基本悖论详述》，《南京社会科学》1991 年第 4 期。

时殷弘：《民族主义与国家增生的类型及伦理道德思考》，《战略与管理》1994 年第 5 期。

罗志田：《胡适世界主义思想中的民族主义关怀》，《近代史研究》1996 年第 1 期。

金观涛、刘青峰：《从"群"到"社会"、"社会主义"——中国近代公共领域变迁的思想史研究》，《中研院近代史研究所集刊》，2001 年 6 月。

侯怀银：《中国教育学史学科建设初探》，《教育理论与实践》2002年第 2 期。

张彬、唐晓明：《李建勋的高等师范教育思想》，《高等师范教育研究》2003 年第 3 期。

董国强：《论 1910～1930 年代中国自由主义知识分子的发展流变——以〈新青年〉同人群体、"新月派"和"独立评论派"的结构分析为视角》，《民国档案》2003 年第 2 期。

罗志田：《文明的输入与输出：两个质疑留学的留学生——读梅光迪致胡适书信，1910～1913》，《东方文化》2003 年第 4 期。

田正平、肖朗：《教育史学科建设的回顾与前瞻》，《教育研究》2003年第 1 期。

葛兆光：《思想史：既做加法，也做减法》，《读书》2003 年第 1 期。

许纪霖：《近代中国的公共领域的形态、功能与自我理解——以上海为例》，《史林》2003 年第 2 期。

桑兵：《世界主义与民族主义——孙中山对新文化派的回应》，《近代史研究》2003 年第 2 期。

崔志海：《关于美国第一次退还部分庚款的几个问题》，《近代史研究》2004 年第 1 期。

杨旭东：《试论近代中国自由主义高等教育思想立场》，《北京师范大学学报》2004 年第 6 期。

王汎森：《中国近代思想文化史研究的若干思考》，康乐、彭明辉主编《史学方法与历史解释》，中国大百科全书出版社，2005。

郭法奇：《什么是教育史研究？——以外国教育史研究为例》，《教育学报》2005 年第 3 期。

叶隽：《教育：在"民族——国家形成"的视野中》，《中国教育报》2005 年 12 月 8 日，第 8 版。

金观涛、刘青峰：《中国近现代观念起源研究和数据库方法》，《史学月刊》2005 年第 5 期。

耿云志：《世界化与个性主义——现代化的两个重要趋势》，《中国社会科学院学术委员会集刊》2005 年第 1 辑。

贺国庆、张薇：《"教育史"学科面向未来的思考》，《教育科学》2005 年第 1 期。

江勇振：《研究留学生：先摆脱思想框架》，《中央研究院近代史研究所集刊》第 54 期，2006 年 12 月。

林同奇：《"民族"、"民族国家"、"民族主义"的双重含义——从葛兆光的〈重建"中国"的历史论述〉谈起》，《二十一世纪》2006 年 4 月号。

柳海民、王晋：《20 世纪中国教育学发展之镜鉴》，《教育理论与实践》2006 年第 11 期。

许纪霖：《重建社会重心：现代中国的"知识人社会"》，《学术月刊》2006 年第 11 期。

闫润鱼：《20 世纪 90 年代以来中国近代自由主义研究述评》，《教学与研究》2006 年第 4 期。

李建美：《民国时期高等法律教育论争之研究（1912 年～1949 年）》，博士学位论文，北京师范大学，2006。

郑大华：《论中国近代民族主义的思想来源及形成》，《浙江学刊》2007 年第 1 期。

李喜所：《近代留美生在近代中国的地位》，《天津师范大学学报》2007 年第 3 期。

毛为勤：《留美学生季报研究》，硕士学位论文，华东师范大学，2007。

于述胜：《改革开放三十年中国的教育学话语与教育变革》，《教育学报》2008 年第 5 期。

周采：《教育史研究的前提假设及其意义》，《河北大学学报》2008 年第 1 期。

姜朝晖：《民国时期学潮问题的别样解读：关于教育与救国关系的再思考》，《历史教学》2008 年第 6 期。

许纪霖：《大我的消解：现代中国个人主义思潮的变迁》，《中国社会科学集刊》2009 年春季号。

谢长法：《任鸿隽的高等教育思想与实践》，《现代大学教育》2009 年第 4 期。

曹金祥：《〈独立评论〉与中国 20 世纪 30 年代的教育改革论争》，《现代大学教育》2009 年第 1 期。

于述胜：《"理论与实践相统一"：六十年来中国的教育学话语史论》，《社会科学战线》2009 第 11 期。

叶隽：《"教育冲突"与"文化抗争"——读〈中国教育早期现代化问题研究〉》，《北京大学教育评论》2010 年第 3 期。

李忠：《建国后教育史研究取向的转换》，《华东师范大学学报》2011 年第 1 期。

陈胜、田正平：《"救国千万事，造人为最要"——胡适〈留学日记〉阅读札记》，《教育研究》2011 年第 8 期。

张太原：《"没有了中国"：20 世纪 30 年代中国思想界的反思》，《近代史研究》2011 年第 3 期。

江勇振：《〈星星·月亮·太阳——胡适的情感世界〉增订版前言》，《现代中文学刊》2012 年第 2 期。

林伟：《彼岸的想象：留美中国学生的国家认同，1901~1919》，博士学位论文，北京师范大学，2012 年。

俞祖华、赵慧峰：《近代中国政治自由主义的发展轨迹与演进形态——以近代自由主义的三份标志性文本为中心》，《学术月刊》2012 年第 5 期。

程文标：《近代史学研究公共领域的形成及其影响——以近代史学期刊为视角的考察》，《清华大学学报》2012 年第 6 期。

李蜀人：《从私人领域到公共领域——西方政治的启示》，《四川大学学报》2012 年第 1 期。

熊贤君：《"教育救国"论衡》，《河北师范大学学报》2012 年第 11 期。

叶隽：《关于"留学生、现代性与资本语境"的对话》，《教育学报》2012 年第 5 期。

石鸥：《民初欧美留学生与中国现代教科书的成型——基于商务印书馆 1922 年新学制教科书的分析》，《高等教育研究》2012 年第 2 期。

喻春梅、郑大华：《"九一八"后知识界对"战"与"和"的不同选择——以〈东方杂志〉和〈独立评论〉学人为中心的考察》，《史学月刊》2013 年第 1 期。

张玉法：《民国初期的知识分子及其活动（1912~1928）》，《聊城大学学报》2013 年第 1 期。

丁钢：《20 世纪上半叶哥伦比亚师范学院的中国留学生——一份博士名单的见证》，《高等教育研究》2013 年第 5 期。

刘纯：《自由主义思潮研究述要》，《中国文化研究》2015 年第 2 期。

胡金木：《近代中国自由主义教育理念的发展及其命运》，《陕西师范大学学报》2015 年第 4 期。

张睦楚：《异质文明下的游移：近代留美学生之身份二重转换》，《大学教育科学》2015 年第 1 期。

项贤明：《教育改革中的问题辨析》，《中国教育学刊》2015 年第 1 期。

林伟：《学做世界公民：留美中国学生与世界会运动（1903～1914）》，《高等教育研究》2016 年第 3 期。

朱鲜峰、肖朗：《哈佛大学与近代留美学生的人文求索——以梅光迪、吴宓为个案》，《天津师范大学学报》2017 年第 2 期。

许纪霖：《国家/国民、国家/民族：国家认同的两个面向》，《浙江社会科学》2017 年第 6 期。

Yeung Kwok Tsuen, The Intelligence of Chinese Children in San Francisco and Vicinity. Thesis submitted to the Department of Education and the Committee on Graduate Study of the Leland Stanford Junior University, 1921.

Neely Anne Elizabeth, The Foreign Student on the American Campus. Thesis submitted to the department of Sociology in the University of Chicago, 1922.

Ruth Hayhoe, "China's Universities and Western Academic Models," *Higher Education*, 18 (1), 1989.

Ruth Hayhoe, "The Tapestry of Chinese Higher Education," in Irving Epstein, eds., *Chinese Education Problem*, *Politics and Prospects*. New York: Garland Publishing Press, 1991.

Stacey Bieler, *The Lost Reformer*: *Chinese Students in the United States from 1906 – 1931*. Master Thesis, Michigan State University, 1994.

Ruth Hayhoe, "Ideas of Higher Learning, East and West: Conflicting Values in the Development of the Chinese University," *Minerva*, 32 (4), 1994.

Liu Hua and Lei Lei, "The Going-Abroad Heat is Rising Again: Chinese Education and Society," *Chinese Education & Society*, Vol. 34, No. 3, 2001.

Eddy U., "Review on Seeking Modernity in China's Name: Chinese Students in the United States," *The Journal of Asian Studies*, Vol. 61,

No. 3, 2002.

Frank Dikötter, "Review on Seeking Modernity in China's Name: Chinese Students in the United States," *Bulletin of the School of Oriental and African Studies, University of London*, Vol. 66, No. 2, 2003.

Yang Rui, "Indigenizing the Western concept of university: the Chinese experience," *Asia Pacific Education Review*, 14 (1), 2013.

附　录

附录1　东美中国学生会十周年纪念

民国三年，东美中国学生会举行十周年纪念，兹录其缘起及记事如下：

全美中国学生会，分东美、中美、西美三部，每部有年会，民国三年东美年会，在麻省安姆斯特城（Amherst）举行，先是会中有全国学生大会之议，已择地在克利斧兰（Cleveland），卒以东西美各校相距过远，往返需时日，又旅费亦不资，不果，然各部年会，则未尝因之而废也。民国三年，东美中国学生年会，乃于八月二十八日在安姆斯特城开幕。安姆斯特城者，中国学生会之产地也。十年之前，三十余学子，于安姆斯特，聚其国人叙故旧之欢，言乡土之美，悲祖国之陵夷不振，而东美中国学生会，始呱呱坠地，岁月不居，时事日新，老大神州，既由专制而成共和，此十龄之儿，亦饱尝世故，峥嵘日露头角，今日者籍年会之

·263·

暇时，重归产地，为成立十龄之庆祝，亦盛世亦佳话也。会期凡七日，逐日志其大概，当亦我邦人所乐闻！

八月二十八日，晚间七时三十分行开幕式，到者百余人。会长唐悦良，致开会词，述留美全国学生会所以失败之故，与夫选择安姆斯特城为会地址理由，而以努力国事增进社交为会员劝。继为安姆斯特农科大学校长拨特费耳德（Butterfield）氏致欢迎词。略谓："本校何幸而得为中国学生会发祥之地，乃得与学生会之历史永垂不朽，仆自视亦学生会之一人，深以自庆，愿诸君子安此如家，今年年会，欢乐无量。"会终，至校中北舍进冰乳，接新故，人声一堂，兴尽始散。

二十九日，上午九时至十时，为议会事，到者数寥寥。十一时至十二时，为科薰高等学校（Cushing Academy）校长考维耳氏 H. S. Cowell 演说，氏以新爱国真议为强国安世界之利器，所谓新爱国真义者，人尽力于其国之农工，而世界乃大给，人不相残，而自得衣食，兵可释，甲可解，而国不因之而困，是为新爱国。下午二时至五时网球竞争。八时至九时，为英文演说赛会，与赛者五人，得首奖者哥伦比亚大学之李美步女士，题为"支那之爱国"，女士之文采姿势，无不中节感人，近年学生会中不可多得之演说家也。自有英文演说赛会以来，女子得奖者，李女士为第一人，哥伦比亚大学之倪兆春君得次奖，题为"吾人之中国革新事业"。

三十日，是日为星期日，上午十一时至十二时，教堂有自由礼拜，不去者不相强，领讲者为中国内地传教士弗劳斯特（H. W. Frost）。下午二时至六时为各校校友之联合会，南洋大学、约翰大学、北洋大学、唐山路矿学校、岭南大学与焉。会聚男女五十人，会址为苏家罗敷山（Mt. Sugarloaf），山在圣德兰（Sanderland），由安姆斯特至圣德兰，有电车可直达，车行约一小时，所经皆乡野。三十一日，九时至十时为议事会，十一时至十二时，麻省农科大学校长拨特费耳德氏演说，大致谓农业为文明之根本，世界将来，必有患农不足之一日。提倡而改良之，今日不可缓之事也。又谓昔人心目中所谓学者，为古貌古衣，日夜拥书之士，今日则不然，学者不特能读，深知而躬行之，然后不愧云云。

九月一日，上午九时至十时议事会，为专门学讨论会，此会聚诸与会者，依其所习，分门讨论其所心得，互相砥砺，以学会友，立意至善也。下午二时至五时，为运动竞争会，康南尔大学得六十九点，为各校冠。下午八时至九时，为中文演说赛会，与赛者四人，得首奖者为康南尔大学之杨铨君，题为"科学与中国"，得次奖者为麻省工科大学之张贻志君，题为"社会改良之重要"。

初二日，上午九时至十时议会事，十一时至十二时，北京传教士格林（R. R. Cailey）演说："中国今日需材甚亟，百事待新，吾人当各就所习，尽力国事。"初三日，上午十时至十一时，选举职员，被选之干事，为正会长倪兆春，副会长廖奉献女士，英文书记李美步女士，中文书记杨铨，会计殷源之。下午三时至五时，南洋大学与北洋大学竞足球，南洋获胜。初四日，上午九时至十时议会事，十一时至十二时，专门学讨论会。下午儿时至五时，网球竞争决胜。七时三十分至九时，行新会长就任仪，给奖与各种赛会之获胜者，此七日之十龄纪念会遂告终。会散后，诸女士在校舍北厅以冰乳飨到会诸人，并设各种游戏以助兴趣，此纪念会之余韵也。

资料来源：《内外时报》，《东方杂志》，第12卷第3号，第26～28页。

附录2　西美中国学生年会纪事

前此周年大会，皆举行于金山阜，加省大学莅会者惟附近金山诸校而止。今则加省大学士丹佛大学南加省大学、萨克曼陀罗山洁诸校皆有代表与会焉。会员莅会者七十余人，加以济济来宾，全数有逾百十。主宾酬绰欢聚一堂。附加之以中英之辩论、运动之比赛、名人之演说、科学之讨论、欢送之筵宴。加省大学学生会款待之友谊，皆前此未有之胜事，而令人不能忘怀者也。

就中尤以来宾演说为佳。莅会演说者，有加省大学理财教授夏德斐训勉我邦学子在美留学之方。农学教授吉尔默详论我邦农业之现状及将来改革之进行。哲学教授亚丹士具陈习俗与社会改革之关系。前中国领事威利斯博士讨论中国政局之现状，与学子之责任。药石之言，令人兴起，同人亦觉热诚、志气激发，鼓掌之声不绝于耳。此后则有中英文辩论及各种运动游戏。优者乃受金银徽章之赠焉、文学科学工程学会中则有赵君恩赐演说化学应用之理。赵君于去年冬卒业，精于有机应用化学，故其言明晰精到备得切要也。

夫以西美各校人数甚稀，相距尤远，舟车之费，跋涉之劳，足为年会之障，然仍得兹结果。盖西方邦人士爱国尚友之情有以致之也。以兹三日之会，不但友谊益笃，心志益舒。而学问之增进亦无穷焉。他日西美一隅，商务益增，文明日进，我邦人士留此就学者日众。斯会之进行，当有如朝日初礮，方兴未艾者矣。

资料来源：胡先骕：《西美中国学生年会纪事》，《留美学生季报》第 1 卷第 4 期，1914 年，第 83 ~ 84 页。

附录3　中部留美学生年会报告

留美学生年会，例于每年夏分东中西三部举行。1925 年中部年会，9 月 4 日至 11 日，在美国普渡大学举行。事前由负责者，发出通告书多份，请同学到会。一年一度，循例举行之年会，本无特色可记。惟本年以上海爱国运动风潮扩大，英捕残杀我同胞，我留美学生于 7 月初召集特别代表会，讨论应付方法，然于抵抗帝国主义，应采取之态度及详细办法，以时间短促故，经未能完全议出，于是执事者思欲以年会之机会，补议代表会所未及，遂定年会议题为"国家主义于中国"而一年一度循例举行之年会，亦因之有声有色矣。

历年吸引同学到会之方法，多以娱乐为饵，本夏则不然。开会两星期前，讨论组发出通告，请同学到会，专议国家问题，开会之第一日，年会主席及留美学生会主席演说中，均注重此点，请同学改变旧日态度，减少娱乐时间，以从事于国事讨论。日刊第一日社论中，且明言，到会会员，如有志在娱乐者，尽可退出年会。本年年会之重视国事，于此可见。

议者请勿误会，余之所谓有声有色，绝非指到会人数而言，亦非指该会经济状况而言。九月四日为报到会期，全日报到之综述，不过八十人。即合计此后陆续报到者，亦不过百二十人而已，较之一九二三年及一九二四年之人数，不及远甚，以经济状况言，则初亦不能乐观。在职人员，无有不预计垫补者，会后之总计，余款仅十元，然彼等已喜出望外矣。到会人数，如是其少，经济状况，如是其绌。而余谓斯会有声有色，固别有故在。试言斯会之成就，年会议题，既如上云，为"国家主义于中国"，讨论之际，公分四组。每组由一人主讲，讲后会员分数小组讨论，而将其结果报告于大会，最终大会乃通过议决案。

第一组于9月5日举行，题为"中华民国之国家主义"，主讲人为罗君隆基。罗君首述近世史上国家主义与帝国主义之激战，结论谓国家主义为抵抗帝国主义惟一而有力之利器，以证明今日之中国非采取国家主义，不足以图存。罗君并指明中国应采取之国家主义，当基于中国之社会经济政治情形上，无丝毫抄袭之可能，故其言曰："中国人应采之国家主义，乃中国人对中国之国家主义也。"由此以推，而得下列之定义曰：中华人民谋中华政治的自由发展，中华经济的自由抉择，中华文化的自由演进。根据此种定义之中华民国国家主义，得邀全体一致之赞成而通过于年会，固意中事也。

前题——现今之中国应采取国家主义——既已通过，年会于是不得不进而为第二步之讨论——国家主义的实施。然于讨论国家主义的实施前，列强在华帝国侵略主义之状况，自为吾辈考察研究所应及，否则不能对症发药，必致劳而无功。故第二组之议题，为"列强对华政治的侵略"；第三组议题，定为"列强对华经济的侵略"，非谓列强对华帝国主义之侵略。择其要者言之耳：政治与经济，实为立国之命脉，列强侵略之重点在此，吾人所力图恢复者，重点自亦在此。

9月7日，第二组开讨论会，由时昭瀛君主讲，时君历举八十年来中国国权与政治上之损失，谓应撤销者六——国防上一切限制，北京公使馆区域制，驻屯军队及警察权，一切势力范围，领事裁判权，关于西藏、蒙古之条约。应收回之国权三——一切已失之领土、租借、租借地。应恢复者一——以前中国之藩属皆恢复为自主的国家。最终通过议案如下：（一）八十年来列强在华因政治侵略政策所得之权利，其无条约根据者，应立即撤销，其有条约根据者，应另订双方同意之平等条约以代之。（二）年会同人誓尽量牺牲以求上述原则之实现。（三）上海案件，留美学生誓为后盾以求得公允之解决。并认此次案件系政治的、非法律手续一端所可解决。

第三组谈论会于9月8日举行。由何浩若君主讲题为"列强对华经济的侵略"。何君认定经济侵略是帝国主义的主要原动力，订立不平等条约是达到经济侵略的手段，然后历述华人在此种经济政策下所受之损失。经济侵略在华的结果，是使中国的小企业破产，为中国增加无数万的失业的游民。经济侵略在华的结果是使中国成为列强公共的商场，列强共管的殖民地，所以何君之言曰："中国的老百姓，所以铤而走险，全是列强经济侵略逼成的。所以总起来说，经济侵略是中国一切内乱的根源。最终，通过下列各议决案：（一）收回关税自主权；（二）厉行禁止并取缔外国人在中国内地设立工厂；（三）收回外国人所取得的内河航行权；（四）撤销一切势力范围之规定；（五）收回由不平等条约所损失的经济权；（六）留美学生返国后，誓不充当洋行买办技师职员等，以免于无形中作列强对华经济侵略的前锋。

年会既已认定国家主义为今日救国之良剂，既已详察列强对华经济侵略及政治侵略之概况，于是进一步而求国家主义之实施，及推行中国国家主义之途径。九月九日，第四组讨论会由翟桓君主讲"国家主义之实施"。

翟君以为要使中国受国家主义化，必须先使中国人民和国家之意义，知一己与国家之关系，推行国家主义之方法，不外二种：（一）大规模的宣传；（二）实行国家主义化的教育。最终，通过下列决议案：（一）留美学生愿尽力帮助并加入此次（五卅）爱国运动；（二）中国应即以国家主义为全国教育政策之方针；（三）留美学生应各在其职业范围内，谋国家主义之实施。九月十日晨，全数决议案，正式通过于年会。同时东方年会亦通过类似之决议案，于是根据两方结果，而有年会后正式中英文之宣言。

诚如上述，作者之所谓有声有色者，即在此矣。然作者甚望其勿仅在此也，一纸宣言，十数决议案，于百孔千疮之中国，究何补耶？是在吾留美生之努力耳！

此外有专门职业讨论组，由陈广沅君主讲，题为"发展全国铁路计划"。有留美学生会务讨论会：该会通过下列各案：（一）在美之中国学生全数为留美学生会会员；（二）取消东中西三部留美学生会分部；（三）留美学生会评议会重新改组，使代表与人数呈较均之比例；（四）常年会费改为一元；（五）会员应有建议、表决及撤退职员之权。此次年会，除上述者外，余多一如昔日。运动之竞技，音乐之比赛，均应有尽有。既无特异之可记，限于篇幅，姑付阙如。作者观察所及，以为本届中部会有特点三，有劣点二。职员办事之认真，招待部部长严之卫，讨论组组长何浩若，正会长刘恩华，副会长魏育贤，是其尤者。特点一也，所在地（普渡大学）中国学生会会员之热心。特点二也。到会会员之重视国事。特点三也。到会人数太少。劣点一也，会期太短，于各题皆无法为充分之讨论。

季刊编辑嘱余作此稿，限期一星期，中部年会通过议案之中文记录，一时无从觅得。只好参证年会日刊及年会发行之小册——国家主义与中国。记载尚与原案有出入，尚祈阅者谅之。

一九二五年，十月十九日于哈佛大学。

资料来源：《中部留美学生年会报告》，《留美中国学生季报》第 11 卷第 1 期，1926 年，第 159～162 页。

附录4　留美中国学生会小史

我国文明全盛时代，泱泱国风，实为亚东诸国之师表。汉唐之世，日本安南新罗百济等，争遣子弟来入太学。我汉族之典籍学术，都为异国之经济文章。洎乎近世文化濡滞，国威不振。海禁既开。美雨欧风捲浪而来，吾国之旧文明当之若陈春冰于烈日之下，渐渐消减，不复现行。睡狮梦醒，方知四境之外，尚有他邦。其哲理新思，实业技艺，皆足补吾所不及。乃奋袂扬袊，急起直追，求同进化，以竞生存。于是遣派青年游学异国。嗟乎！堂堂古国称为文明领袖发达最早之邦，曾几何时乃鞠躬向人自称弟子，此岂非吾国之一大耻辱耶。

自二十世纪开幕迄今，神州俊秀负笈来美者，渐次增多。在千九零五及零六年之间，人数已达六百。但散居各处，其最大群，亦不过二三十人。当时各处已有中国学生会社出世，惟各立名目，各有宗旨，而未有相连之关系。殆至千九十一年，东美人数大加，社会亦因之而渐多。时有东美中国留学生会者（Chinese Students Alliance of the Eastern States）为留学生会社之一。发起组织总会，统一北美各埠之中国留学生会社。是时赞同者众。至是年秋间，遂产出今日健存之留美中国学生会。（ChineseStudentsAlliance in the USA）是为美国留学界之第一总机关。其目的在聊络友谊，交换智识，桥渡美国之文明学术技艺于宗邦，且可以代表留学界全体与国人互通闻问。然会之成立，根源于东美中国留学生会。故东美中国留学生会，即是留美中国学生会之前身。初到之时，寄居美京华盛顿。幸容达先生伍性初先生（美京中国使署汉文书记官在美二十余年）及诸老前辈等相过从，得闻中国留学生事颇悉。自渐陋鄙无文，不足纪事。恐后人欲知留美中国学生历史者，无所参考，遂作留美中国学生会小史。

美国中国留学生之原起，我国青年负笈万里来学是邦，自始迄今，五六十年矣。前清同治初叶，恭亲王等奏请选编检庶常并五品以下由进士出身之京外各官及举人恩拔副几优贡等，入同文馆学习西艺，给以廪俸、予以升途，得旨依议。原奏究澈损益，驳辩是非，声张取法欧美，振兴实业，以为强国之基。语语适当，实为派学生出洋之发端。恐见者尚少，因钞録之以供众览。

臣等因制造机械必须讲求天文算学，议于同文馆内添设一馆等因。于十一月初五日且奏奉旨依议，钦此遵在案。臣等伏查此次招考天文算学之议，并非务奇好异震于西人术数之学也。盖以西人制器之法无人不由度数而生今中国议欲讲求制造轮船机器诸法苟不藉西士为先导，俾讲明机巧之源制作之本。窃恐师心自用、枉费钱粮仍无裨。于实际是以臣等衡量再三，而由此奏。论者不察，必有以臣等此举为不此皆不识时务也。夫中国之宜谋自强，自今日而已，及矣。识时务者莫不以采西法制洋器为自强之道。疆臣如左宗棠李鸿章等，皆深明其理，坚持其说。时于奏牍详陈之。上年李鸿章在上海设立机器局，由京营拣派兵弁前往学习近日左宗棠亦请在闽设立艺局选少年颖悟子弟延聘洋人，教以语言文字书法，以为将来造轮船机器之本。由此以观，是西学之不可不急肆习也，固非臣等数人之私见矣。或谓雇赁轮船，购买洋枪，各口均曾办过，既便且省。何必为此劳赜不知。中国所当学者不止轮船鎗礮（枪炮）一事即以轮船而雇买，以应其用计虽便而法终在人讲求以澈其原法。既明而用将在我盖一则为权宜之策一则为久远之谋孰得孰失，不待辩而明矣。至于以舍中法而从西人为非亦臆说也，查西术之借根，实本于中术之天元。彼中犹目为东来法特其人性情缜密，善于运思，遂推陈出新，擅名海外耳。其法固中国之法也天文算法如此，其余亦无不如此。中国创其法西人袭之中国倘能驾而上之，则在我已洞悉根源，遇事不必外求。其利益正非浅显。且西人之术我圣祖仁皇帝深韪之矣。当时列在臺官垂为时宪，兼容并包、智周无外，本朝掌故亦不宜数典而忘。况六艺之中，数居其一。古者农夫戍卒皆识天文，后世以为历禁知者始鲜。我朝康熙年间除私习、天文之禁，由是人文蔚起、天学盛行。治经之儒，皆兼治数。各家著述考证俱精。语曰一事不知儒者之耻。士子出户举目见天，顾而不解列宿为何物，亦足羞也。即今不设此馆犹当肄业及之，况乎悬的以招哉。若夫以师法西人为耻。此说尤谬夫天下之耻，莫耻于不若人，查西洋各国数十年来讲求轮船之制互相师法，制造日新，东洋日本，近日，亦遣人赴英国学其文字究其象数，为仿造轮船张本不数年亦必有成。西洋各国雄长海邦，各不相下者，无论矣。若夫日本蕞尔国耳。尚知发愤为雄独中国扭于因循积习不思振作。耻孰甚焉。今不以不如人为耻，而独以学于人为耻将安于不如而终不学，遂可雪其耻乎。或谓制造乃工匠之事，儒者不用为之。臣等尤有说焉。查周礼，考工一，记所载，皆梓匠轮兴之事数千，年黉序奉为经术，其故何也，盖匠人习其事儒者，明其理理明而用宏焉。今日之学学其理也，乃儒者格物致理变化并非强学士大夫以亲执艺事也又何疑焉。学期适用事贵因时外人之疑议虽多当局之权衡宜当。臣等于此筹之熟矣。惟是事属创始，立法宜详。大抵欲严课程，必须优给廪饩。欲期鼓舞，必当量予升途。谨公同酌拟章程六条，缮呈御览。恭候钦定，再查翰林院编修检讨庶吉士等官，学问素优，差使较简，若今学习此项天文算学，程功必易。又进士出身五品以下京外官举人五项贡生，事同一律，应请一并推广招考，以资采用。

不幸彼时端方倭文等见未及此、主持清议，以用夷变夏之说抗疏力争，遂尼成议。殆至光绪初叶，湘乡曾国藩奏请派幼童出洋留学，议成于千八七十年。使抚顺丁日昌募集学生。翌年适吴川兰彬出使美国，遂命香山容闳率学生同来，以高州区谔良为监督。新会容增祥副之，即唐绍仪、梁诚、梁敦彦、容逵、欧阳庚、侯良登、詹天佑、郑兰生等辈。此为中国学生留美第一期。各生初到时，清政府在千拿得杰省之核佛埠（Hartford，Conn）购置一室，为留美学生寄宿宿舍。至光绪七年改派南丰吴惠善为监督。斯人甚好示威，一如往日之学司，而其装模作样，则有过之无不及。故当接任之后，即招各生到华盛顿. 使署中教训。各生谒见时，均不行拜跪礼。监督僚友金某大怒，谓各生适异忘本，目无师长。固无论其学虽期成材即成亦不能为中国用。闻当陈兰彬系金某之门生，且金某又为某亲贵之红员，而有势力者。故陈仰其鼻息又欲献媚以博其欢心。是以具奏请将留学生裁撤，署中各员均窃非之。但无敢言者，独容闳力争，终无效果。卒至光绪七年遂将留学生一律撤回。此为第一期留学界绝命时代。时嘉应黄遵宪任金山领事官，闻此憾甚，赋罢美国留学生一首，述其事颇详今抄录之。

　　汉家通西域，正直全盛时。南至大琉球，东逮高句丽。有北同盟国，帝号俄罗斯。

　　各遣子弟来，来拜国子师。皇帝临辟雍，皇皇汉官仪。石经出玉篚，宝盖张丹墀。

　　诸王立横巷，百蛮围泮池。于戏盛德事，盖想轩与义。自从木兰守，国弱势不支。

　　环球六七雄，鹰立侧眼窥。应制台阁体，和声帖括时。二三老成谋，知难济倾危。

　　欲为树人计，所当师四夷。奏遣留学生，有诏命所司。第一选俊秀，其次择门楣。

　　高门掇科第，若摘颔下髭。黄背好八股，肯令手停披。茫茫两半球，极远天无涯。

　　千金不垂堂，谁敢狎蛟螭。惟有小家子，重利轻别离。纥干山头雀，短啄日啼饥。

　　但图飞去乐，不复问所之。蓝缕田舍奴，蓬头乳臭儿。优给堂飧钱，荣颁行装衣。

　　舟中东西人，相顾惊复疑。此乃寋人子，胡为来施施。使者挈乘槎，四牡光骓骓。

　　郑重诏监督，一一听指麾。广厦百数间，高悬黄龙旗。入室空无人，但见空皋比。

　　便便腹高卧，委蛇复委蛇。借问诸学子，了不知东西。各随女师去，雏鸡母相依。

　　鸟语日啾喁，庶几无参差。就中高材生，亦有出类奇。其余中不中，太半悲染丝。

家书说贫穷，问子今何居。我今膳双鱼，谁记炊扊庲。汝言盎无粮，何不食肉糜。

客问故乡事，欲答言忸怩。嬉戏替泪罔，游燕贺跛支。从谭伊优亚，酣歌妃呼豨。

吴言与粤语，病忘反不知。亦有习袄教，相率拜天祠。口嚼天父饼，手繙景教碑。

楼台法界住，香华美人贻。此间国极乐，乐故不蜀思。新来吴监督，其僚喜官威。

谓此泛驾马，衔勒乃能骑。征集诸生来，不拜即鞭笞。弱者呼暑缙痛，强者反唇稽。

汝辈狼野心，不如鼠有皮。谁甘畜生骂，公然老拳挥。监督奋上书，溢以加罪辞。

诸生书佻达，所学徒荒嬉。学成供蛮奴，否则仍汉痴。国家靡金钱，养此将何为。

朝廷命使者，去留审所宜。使者护诸生，本意相维持。监督意亦悔，驷马舌难追。

使者甫下车，含怒故诋諆。我不知许事，我且食蛤蜊。监督拂衣起，怒喘竹筒吹。

一话不能合，遂今天地暌。郎当一百人，一一悉道归。竟如瓜蔓抄，牵累何累累。

当其未遣时，西人书交驰。总统格兰脱，校长某何谁。顾言华学生，留为国光辉。

木圆相爱助，今胡弃如遣。相公答书言，不过别瑕疵。一旦尽遣撤，哗言称我欺。

怒下逐客令，旋禁华工来。溯自西学行，极盛推康熙。算兼几何学，方习海外医。

矧今学与废，尤关国盛衰。十年教训力，百年富强基。奈何听儿戏，所遣皆卑微。

　部娄虽为高，混沌强书眉。坐令远大图，坏以义气私。牵牛罚太重，亡羊补恕迟。

　蹉跎一失足，再遣终无期，送海舟返万感心伤悲。

按诗中所云"使甫下车"一语，似系指继陈兰彬任之崔钦使而言，由此推猜大约陈氏奏请裁撤之后，未及批发而先脱任，是以清政府於崔氏未启程之先，谕他到任后办理此事，审定去留。

留学界复苏时代，光绪季年，国家多难，外祸内乱，接踵而来，识时务者知旧日所谓文章经济已非治国之材，于是设立学堂派遣学生之议又再起。是时盛杏荪选北洋学堂毕业生九人派来美国留学。以美教士傅兰雅为监督。此即王宠惠，王宠佑，张煜全，陈锦涛，严锦镕，胡栋朝，吴桂龄，陆耀廷等。同时有游学会派出数名如谭天池，王建祖等，诸君到美之初，多留西美之加拿宽省（California）而我国学生出洋求学之风盛极一时，以各省官费私费来者日重。渐渐遍布美国。遂有中国留学会社出现于新大陆。

（一）留学生会社　留学生会成立于新大陆之最早者，为美洲中国留学生会（The Chinese Students Alliance of America）第一期派出之学生，均是幼童有中文监督西文监督为之管理。且同居一室，如父子兄弟，故未有学生会发现。惟第二期来美之由学生，年岁固比前者较长，且多已在中国各校毕业。故其见识经历，有大分别。当彼辈到美之时，华侨之青年子侄，亦有在各校肄业，材堪造就者，独惜其人生长异邦，中国文字固未常学习，即其爱国之心亦甚薄弱，北洋诸君有感于斯。欲鼓吹其爱国之诚，为中国栽培有用之士，遂立一学会，其宗旨在聊合各校中国学生互通音问，研究学术，并协助侨民教授汉文汉语于其土生之子侄，于千九零二年十二月十七日，有学生二十三人来自卜技利（Berkeley）屋仑（Oakland）等埠。会于三藩市斯谷（San Francisco, Cal.）之刚纪慎会礼拜堂，遂成立此会。数年之间，北洋诸君次第赴东美各大学，而前时美洲中国留学生会之有力会员亦渐次毕业。或来东方各大学之通儒院，或往欧洲游历，或回国办事。虽来者日日加增，但强半留驻东美，此时所谓美洲中国留学生会任事人员及主动势力，均在东美。至千九零五年据该会布告云，会员居东美者占十分之四。故年中开大会亦在东方择地。而西美学生因路途遥远跋涉为劳多不能赴会讨论。会事又不能直接与闻。于是千九零五年又有太平洋岸中国学生会（Pacific Coast Chinese Students Association）发现。此会会员多是生在美国之青年，而其招收会员之章程，则不甚输资格，凡年十六以上者，无论在大学中学小学均得入会为会员，有选举被选举职员之权。此与美洲中国留学生会章程，颇有分别。美洲中国学生会之招收会员也慎而苟。太平洋岸中国学生会则博而滥。数年之间，两会各行其见，各办其事。分道扬镳，并行而不相害。今舍此两会，而论中美东美之各学生会。

（二）**中美中国留学生会**　中美中国留学生会（The Chinese Students Alliance of Middle West）成立于美洲中国学生会势力未东之前。千九零三年，芝加谷埠（Chicago）留学生人数颇众，为聊络友谊，遂成立斯会，其会会员名数虽多，但未尝十分发达。惟其自主性甚强，故美洲中国留学生会大势已东之后，尚不能令其取消独立。

（三）**绮色佳中国学生会**　当千九零三年江苏、浙江、广东、湖北及各省多派学生来美，大数留寓东方，是于东美人材济济，又欲于大西洋沿岸诸省立一联会，但学生散居各埠一时未能集合。而绮色佳之康南尔大学（Cornell University Ithaca N. Y）人数最众，是以首先立会为东方各埠倡千九零四年招集临近各处学校之中国学生，开会讨论事宜。会成颜其名为绮色佳中国留学生会（The Ithaca Chinese Students Alliance）

（四）**东美学生会**（The Chinese students' Alliance of the Eastern States）成立最后，而人数最多势力最大。实为各学生会中之养素，化合以上所述各会，而成绝大规模绝大影响之留美中国学生会者也。成立之初，梁振东周子贻两先生有力焉。千九零五年，梁周二君避暑于麻是朱色省之奄麻士埠（Amherst，Mass）八月二十八日，有中国学生三十六人假该埠之农业学校博物院开会。梁周二君鼓舞一切，并协助讨论事宜，组织此会，实为东美第一留学会。其宗旨分列三要（一）协助助中美二邦享受和平幸福（二）增进中国公同利益（三）聊络各校学生友谊。即日会成。翌年八月二十日复在奄麻士开第二次大会。预先布散传单，招请东方各校学生赴会。是年各职员最注意之事。则第咨请绮色佳诸君，附合东美中国留学生会。会开会日接到绮色佳中国留美留学生书记复函，大意谓接到贵会咨文，敝会即开特别会议，各会员意见均以为东美留学生会统一理所当然，贵会提议，敝会赞同。此后敝会取消独立名义，乐于附属东美中国留学生会。自斯以往，顾合力协办会务。从此两会联合统一东方，而东美中国留学生会之势力乃倍增矣。

东美中国留学生会自并合绮色佳后，日渐进步所办各事，如派员於各埠演说，争回粤汉铁路，如赈济三藩市施谷地震受灾之华侨，及争江浙铁路借款等事，均收善果。加以刊印汉文年报，英文月报，留事同名录及每年之月份牌等件。均由东美操权。而中美西美各会力薄未能分任。东美不无引以为缺憾。是以又欲吸引中美中国留学生会为附属会。故其章程云东美者以落机山（Rocky Mountains）为界，山之东为东美西为西美。实欲以此为收合中美之准备也。东美屡请中东联合，然经营数载，尚未达其目的，殆至千九零九年，接中美书记函云。自中美中国留学生会成立以来，六年之间，会员人数未见增多。除芝加谷一埠之学生而外，临近各省各校之学生多以得作东美会员为幸事。

敝会留意此事，知有两难（一）各人意既趋于东方，则值每年东美大会，必皆东游，是以中美甚难开暑假大会。（二）敝会尽力张罗，仍不能聊络中央各埠之学生。是以又难扩张势力。现在敝会有力会员虽不主张与贵会并合，然或别有法与贵会聊络协办公益之事。但要大会集议，方能取决云。同年十月廿八日，中美中国留学生会招集各埠留学生大宴於芝加谷，就席提议，于各埠学生每五人之中举一代议士，讨论下年开大会事务。当时举出蒲雕学校（Purdue University）诸君子担任分派传单。此事发表后，中美各校学生纷纷集议。多主张取法东美中国留学生会章程，于每年暑假就近省择合宜之地。自开大会。斯时东美诚恐中美此举有牵动其间乎，中东各省之各校学生。遂陈议，顾每年东美开大会择地于中央，以便各方事生赴会。但中美以为一己之力可能办到中美大会，故不纳东美之议。千九十一年，遂于衣里内省之伊文士顿埠（Evanston）开第一次大会，自此以往前时所谓东美大会员之名分，又不能不变。故两会经几番交涉，遂决用耶教青年会会员转会之法，为中美东美两会会员转会之股则。

自千九零九年千九一零年之后，中美之密尔根（Michigan）芝加谷（Chicago）威士干臣（Wisconsin）衣里内（Illinois）等大学。中国学生渐多，中美学生会之势力因而大近与东美不相上下矣。惟东美素来主张统一，而中美则恐吃亏，因而分立终未能达完善之结果。如是者年余。东美始终坚持其目的，至千九十一年有提议统一美国中国留学生案出，即行选出委员，征求中美西美各会意见。又举出脱任会长三人，与中美之有力会员会议。幸诸君子不惮其烦。费几许心思，组立总会。命之曰留美中国学生总会。分美国为三部，落机山之西各省为西部。中央二十一省为中部。大西洋沿岸十八省为东部。此后中美东美均改名为东部中部同隶属于总会焉。

会员人数骤增 自千九十一年留美中国学生会成立后，各埠之中国学生多隶会籍。当时会员约八百余名。翌年清华派百人来，而自备资斧者亦日多。民国成立后中央政府及各省选派者亦日来日众。至千九十四年夏间会员数将达千三百名。今则千五百以外。在学生会一方面言之可云发达极一时之盛矣。惟就国家财力一方面着想，则未免不以此为失策也。按留学生数已达千五百余名，若照官费生经费每人每年九百六十元美金为例，共计则我国每年输出美金一百四十四万元。合华币将及三百万元。倘能以此款在国内兴办大中小学，事半而功倍。况造就人材为数十倍于千五百名耶。

女会员 吾国旧社会风俗，男女界限森严，上中下流社舍均墨守旧俗，不敢逾越。粤东广州为开通最早之区。而欧美教会设立之讲道堂。仍分男女座位。洪秀全藉天主余绪，旁衍侧出，教义窃取欧风，男女平等，老少女子均以姊妹相称，其成帝业，天妹宣娇，大有力焉。惟自入金陵后，则设立女馆，分庭男女。观此可见我国人中毒已深非一朝一夕可能除却也。前清晚季，风气渐开。远识之士，谓女子为国民之母，非教之育之不能使尽其要重责任。于是提倡女学以期造就贤母良妻，当时各省所有之公私女学，多聘用男教员盖女子能师教席者，甚鲜故也。然女学校用男教员，殊多不便之处。权为之则无不可特非长久之策也。因此我国女子渡东洋求学者盛极一时。但来美者尚无其人。吾国女子留学美国毕业于大学者，殆自江西康女士及湖北石女士二人始，然继两女士而来者，实繁有徒，查去年留美学生同名录中，已有一百五十九人。今数将及二百矣。

夏季大会　我国留学生在此虽千数百之多，惟散布全美，东西相隔万里之遥。交通虽极利便，然往来车费颇巨，故不能常相会集。自留美中国学生总会成立后。分东美中美西美三部。仍用东美中国留学生旧例，每年于暑假期内各部自择相宜地点，举行大会。会期凡七日，各部各校学生得此机会，相叙一堂，讨论会务，选举职员，或时讲学演说或比赛技术。新旧学生聊络感情，交输智识。客地愁思，尽为濯去。诚乐事也。

出版品　前言学生散处各方，声气不易贯通。故有月报之刊，月出一期，除夏季三月不刊外全年九册，全用英文其内容有论说，有时评，有新闻，有布告。从前定阅与否不相勉强。但自千九十三起加收会费。凡系会员均按月得报不必另交报费，此外尚有报，一年四册。用汉文发刊，仿杂志体例，其宗旨在使国人略知留美学界情形及美国之社员风俗，盖即前时之年报改组，自千九十四年发刊以来三年于兹矣。

资料来源：区克明：《留美中国学生会小史》，《留美学生季报》第 4 卷第 3 期，1917 年，第 57～73 页。

附录5　留美中国学生联合会简要年表

1902 年　美国旧金山"美洲中国留学生会"成立。

1903 年夏　美国芝加哥大学"中美中国学生会"成立。

1904 年夏　美国康奈尔大学"绮色佳中国学生会"成立。

1905 年　美国"太平洋中国留学生会"成立。

1905 年 8 月 13 日　美国"太平洋西岸中国留学生会"成立。

1905 年 8 月 28～30 日　美国"东美中国学生会联合"成立。

1906 年　美国"绮色佳中国学生会"与"东美中国学生会联合"联合。

1909 年 2 月　"中美中国学生会"与"东美中国学生会"联合。

1909 年 10 月　中美中国学生会、东美中国学生会、太平洋中国学生会三会相互联合，成立了"全美中国学生会"。

1911 年　东美中国留学生会发起组织总会，统一在美各地的中国留学生会社，统称为"全美中国学生联合会"，即东美中国学生联合会统筹下的美国各地学生联合会。

资料来源：《留美中国学生会小史》，《东方杂志》，第 14 卷第 12 号，1917 年 12 月；中国留美学生编《美洲留学报告》，开明书店，1904，第 1 页；《教育界消息》，《教育杂志》第 17 卷第 3 号，1924 年，第 13 页。

附录6　留美中国学生联合会会歌

五色旗掀开东亚神州古国

看一片河山如画

华胄由来皇帝裔

天之骄子三千亿

怪而令外侮日侵陵

频煎迫，凭支手，难为益

图克济，须群力

聚才智豪后

壮怀悲激

收泣新亭飞远略

度兵岘行筹策

待他年

钟鼓奏凯歌

升平日

资料来源：《留美学生周年会歌》，《清华周刊》第24卷第12期，1925年，第26页。

附录7　留美中国学生联合会主要成员一览表

姓　名	情　况
王正黼 （Wang, Cheng-Fu）	字子文，生于浙江宁波，兄王正廷，毕业于天津新学书院，及天津北洋大学。官费留美，求学于哥伦比亚大学，修习采矿冶金科，1911年获硕士学位，曾任留美学生会会计、副会长及会长、《留美学生月刊》总经理、中国基督教学生会会长、纽约世界会评议员、美国矿业会会员，著有《汉冶萍公司记》，载于哥伦比亚大学矿学季报，1915年回国
王正廷 （Wang, Cheng-Ting）	字儒堂，生于浙江宁波，毕业于天津北洋大学，自费留美。求学于密歇根大学及耶鲁大学，1911年回国任上海青年会书记，次年任南京临时政府参议员，后至北京任工商次长，并代理总长。1913年至1917年，任参议院议员及副议长。1936年至1938年担任中华民国驻美大使。曾居住在北京林清宫二十三号
王建祖 （Wang, Chien-Tsu）	字长信，生于福建厦门。毕业于香港皇仁书院、北洋大学，留学日本，回国任南洋公学教员，译《欧洲文明史》，自费留美，入加利福尼亚大学，修习经济科，获学士学位，曾任西美中国学生会会长、《留美学生季报》第一期编辑，译《银行史论》，1915年任教于北京大学法律学系

姓　名	情　况
王景春 （Wang，Ching-Chun）	字兆熙，毕业于北京汇文大学，继而担任美国使馆书记及翻译，自费留美，入威斯康辛大学，习理科。后入耶鲁大学习土木工程，获博士学位，后入伊利诺伊大学，习铁路管理科及政治及经济学，著有英国铁路财政法，获博士学位，获得伍廷芳学行兼优奖品，曾任留美学生会会长、世界会会长、世界会协会会长，担任《留美学生月刊》总编辑，曾于伊利诺伊省铁路局、美国商业委员会、英京铁路局及英国商务部等处考察，后于1909年归国，供职于北京邮传部，1911年担任南京临时政府外交部参事，后任京奉铁路会办，1913年任京汉铁路会办，1914年至1916年担任铁路会计会副会长，以及交通部铁路会计司司长。曾住北京崇文门铁匠营十六号
朱复 （Chu，Chimin Fuh）	字启明，生于江苏，毕业于苏州东吴大学及江苏省铁路学堂，任湖南沅州中学及德山学堂教员。官费留美，入理海大学，1913年获土木工程师学位，为理海大学中国学生会会长、留美学生政治学会书记、留美学生会英文书记。1914年回国，任北京全国煤油矿督办处事、河南福成公司会计、南京留美同学会英文书记
朱斯蒂 （Chu，Ponson C.）	自榜生，生于上海，毕业于圣约翰大学，自费留美，入中央高等学校、耶鲁大学，修习政治法律，获学士学位，任耶鲁大学中国学生会会长、世界会书记、耶鲁大学会会员、《留美学生月刊》经理
朱庭祺 （Chu，Ting Chi）	自体仁，生于江苏川沙，毕业于南洋公学及北洋大学，官费留美，入哈佛大学，修习政治经济学，获学士学位，改习商业管理法，获硕士学位。任留美学生会会长，1911年回国，任工商部参事，1914年，任巴拿马赛会委员
朱神惠 （Jee，S. Pond M.）	自季柳，生于美国旧金山，自费入加利福尼亚大学，先习理科后改习医学，转入哈佛大学医科，获医学博士学位，为西部留美学生会报经理及编辑
朱友渔 （Tsu，Yu-Yue）	生于上海，毕业于圣约翰大学，获学士学位，任圣约翰大学教员，自费留美，入哥伦比亚大学，修习政治学，获硕士学位。1912年著《中国慈善事业论》，获博士学位，后入纽约大学修神学专修科，获神学士学位。曾任中国基督教学生会会长。1912年回国任圣约翰大学牧师及教员
何锦棠 （Ho，Kim-Tong）	祖籍广东，生于美国檀香山。毕业于檀香山鄂湖学校，入威斯康辛大学，修习经济学，获学士学位，为威斯康辛万国会书记、中国学生会书记及会长、中部留美学生分会书记，1911年返回檀香山，任美檀银行收支员

姓　名	情　况
何炳松 （Ho P. S.）	字柏臣，生于浙江金华，毕业于金华中学堂及浙江高等学堂肄业，1912 年官费留美，入加利福尼亚大学、威斯康辛大学，修习政治学，获学士学位。入普林斯顿大学，获硕士学位，为留美学生会会员及中国学生会副会长、《留美学生季报》编辑，曾为威斯康辛大学政治学助教，1916 年回国
贺楙庆 （Hou，Moo-Ching）	字勉吾，生于江苏，毕业于顺天高等学堂，官费留美，入麻省理工学院，习造船科，1914 年获学士学位，后入哈佛大学，习商业管理法，为麻省理工学院中国学生会会长、留美学生会中文书记、《留美学生季报》总编辑，1915 年回国，任南京河海工程专门学校即高等师范学校教员
王宠惠 （Wang，Chung-Hui）	字亮畴，生于广东，毕业于天津北洋大学，自费留美入耶鲁大学，获博士学位，曾翻译德国民法为英文，担任美国法律学会杂志编辑，继而留学英德两国，修习法律。在英国担任律师一职，1909 年回国担任南京临时政府外交总长，1911 年担任司法总长，1914 年担任上海复旦公学副校长，1917 年担任司法部法律调查会会长，同时任中华书局编辑
邢契莘 （Hsin，Chee-Sing）	字契莘，生于浙江，毕业于杭州中学堂、上海南洋中学，官费留美，入麻省理工学院，修习造船科，1914 年获学士学位，1916 年获硕士学位，曾以演说辩论得奖，为麻省理工学院造船学会会员、中国学生会会长、留美学生会评议员、《留美学生季报》经理
李照松 （Lee，J. T.）	字月泉，生于广东台山，自费留美，入纽约大学，修习哲学及教育，获学士学位，屡次得演说第一名奖，为中国留美学生会会员、《留美学生月刊》编辑
李植藩 （Lee，Z. V.）	字星垣，生于浙江宁波，毕业于上海中西书院、圣约翰书院，获学士学位，任松江府中学堂、上海复旦中学、南洋公学、中国公学等处英文教员，1913 年自费留美，入芝加哥大学，修习教育，1914 年获硕士学位，为世界会会员、中国留美学生会书记，得芝加哥大学教育科学金奖，1914 年回国
李鸣龢 （Li，Ming-Ho）	字竹书，生于江苏，毕业于上海中西书院、南洋公学，官费留美，入威斯康辛大学，修习化学工程及冶金科，1913 年获化学工程师学位，为《留美学生月刊》、《北美洲中国工程学生会会报》编辑，1914 年回国，任巴拿马赛会中国委员会英文文案
沈溯明 （Shen，Sumin Ellsworth）	字夏英，生于浙江湖州，毕业于湖州中学、浙江高等学堂、南洋公学，官费留美，入密歇根大学，修习化学，1913 年入康奈尔大学，1915 年获学士学位，为美国化学会及世界会会员，为《留美学生月刊》经理。1915 年回国，任湖北高等师范学校化学教员

姓　名	情　况
吴祖耀 （Woo，Koksan J.）	自觉生，生于天津，官费留美，入威斯康辛大学，修习化学，1913年获学士学位，1914年获硕士学位，为美国化学会会员、中国学生会副会长，1914年回国，任湖南高等师范学校化学教员，1915年，任中央农事试验场化学师
余日章 （Yui，David Z. T.）	生于湖北武昌，自费游美入哈佛大学，研习教育，获硕士学位，为留美学生联合会会员、北美洲中国基督教学生会会员及职员、哈佛世界会会员。归国后任教于文华大学堂、武昌红十字会英文书记。曾居上海北山西路六百四十六号
胡先骕 （Hu，H. H.）	字步曾，生于南昌，毕业于南昌洪都中学、北京大学，1913年官费留美，入加利福尼亚大学，修习植物学及农学，1916年获学士学位，为西美留学生会中文书记，又为《留美学生季报》及《科学》杂志通信及经理，1916年回国
姚观顺 （Bow，George Y. S.）	生于广东香山，自费留美，入加利福尼亚大学，修习土木工程，1914年获学士学位，为西部留美学生会会长，1914年回国
胡润德 （Woo，John Y. T.）	生于檀香山，自费留美，获医学学士学位。留美学生会会员，1915年归国，任南京高等师范学校及金陵大学校医
徐志诚 （Zee，T. Z.）	字振麟，生于上海，毕业于上海圣约翰大学，官费留美，入威斯康辛大学，习教育，1911年获学士学位，入哈佛大学，习商业管理法，1913年入芝加哥大学，习社会学，获硕士学位，为万国会会员、中美留学生分会书记、《留美学生月刊》编辑，1914年归国，任北京清华学校教员，1916年任上海中华书局编辑
徐善祥 （Zee，Zai-Ziang）	字凤石，生于上海，毕业于圣约翰大学，任上海南洋高等学堂教员，官费留美，入耶鲁大学，修习化学，获学士学位，后入密歇根大学。为美国化学学会会员、耶鲁理科学校试验室助教、《留美学生月刊》经理。回国任上海商务印书馆编辑，1914年任职财政部，1916年任长沙湘雅医学院化学教员
凌道扬 （Lin，D. Y.）	生于广东，毕业于上海圣约翰大学，获学士学位，为《约翰声》编辑，官费留美，入麻省理工学院，1911年获学士学位，后入耶鲁大学，习森林科，1914年获林科硕士学位，以演说得金牌奖，入校网球队，1914年回国，为上海青年会演讲部员，著有《中国林业论》，由上海商务印书馆出版
倪兆春 （Nyi，Zau-Tsung）	字新初，生于浙江杭州，自费留美，1911年入哥伦比亚大学师范科，习教育行政，1913年获学士学位，1915年获硕士学位，以演说的金牌奖，又以美国外交之著述得最优奖，东美中国学生会主席、《留美学生月刊》编辑，1916年回国

姓　名	情　况
唐悦良 (Tong, Yoeh-Liang)	字公度，生于上海，毕业于圣约翰大学，官费留美，入耶鲁大学，习教育及心理学，1913年获学士学位，后入普林斯顿大学，习市政，1915年获硕士学位，曾得耶鲁大学演说第二名奖，为圣约翰同门会东美分会会长、世界会联合会副会长、东美中国学生会会长、留美学生会会长、《留美学生月刊》编辑。1915年回国，任北京清华学校教员
殷源之 (Ying. Y. T.)	字伯泉，生于安徽合肥，官费留美，入麻省理工学院，1914年获学士学位，为留美学生会会员及会计。1915年回国，任北京中华大学教员
陈庆尧 (Chen, King-Yoan)	自慕君，生于上海，毕业于南洋公学，官费留美，入伊利诺伊大学，修习化学，1913年获学士学位，后入麻省理工学院，1914年，入哥伦比亚大学，1915年获硕士学位。为《留美学生季报》编辑、中国科学社社员。1915年回国，任湖南高等师范学校教员
陈伯浩 (Chen, P. H.)	生于广东，自费留美，入密歇根大学，修习政治经济教育。1911年获学士学位，1913年获硕士学位。为美国经济学会会员、《留美学生月刊》编辑。1914年回国，任广东岭南大学教员，1915年任南京金陵大学教员
郭秉文 (Kuo, Ping-Wen)	自鸿声，生于上海，自费留美，入哥伦比亚大学修习教育，1911年获硕士学位，著有《中国教育制度》一书，获博士学位，为该校中青年会及文学会职员、留美学生会会长、中国基督教学生会总书记，或哥伦比亚大学师范科学金奖，为《留美学生月刊》编辑。1914年回国任上海商务印书馆编辑，1915年任南京高等师范学校教务长
易鼎新 (Yeh, Ting-Shien)	字修吟，官费游美，入理海大学，研习电气工程，1914年获电器工程师学位，次年获硕士学位，为理海大学中国学生会会长，为理海大学电气学会、留美学生会会员、《留美学生季报》编辑，常撰文载于留美学生月报。1915年回国任湖南高等师范学校教员
林鉴诚 (Lin, Kyan-Zung)	生于天津，毕业于上海圣约翰大学，任该校英文教员，自费留美，入弗吉尼亚大学，习土木工程科，1911年入康奈尔大学，1913年复入弗吉尼亚大学，1915年获土木工程师学位，为东部留美学生分会英文书记，1915年回国
梁赉奎 (Liang, L. K.)	字惠吾，生于广东佛山，毕业于天津北洋大学及新学书院，自费留美，入麻省农业大学修习农业学，获学士学位，后入康奈尔大学农业学系，获硕士学位。后回国任北京大学农科试验场场长及农林部参事、农林部次长

续表

姓　名	情　况
陈锦涛 （Chen, Chin-Tao）	字澜生，生于广东南海。毕业于香港皇仁书院，担任该校教员，又任北洋大学教员，官费留美，入加利福尼亚大学，修习数学及社会学，获硕士学位。后入耶鲁大学，修习经济学，获博士学位。1906年回国，授翰林。历任广州及北京视学官、大清银行监理官、度支部财政统计科科长、印铸局副总裁、币制改良会会长、大清银行副监督、资政院议员、袁内阁度支部副大臣。入民国后，历任南京临时政府财政总长，充赴美国波士顿万国商会代表，又充赴美国巴拿马赛会选择中国馆地址委员。担任中央审计处处长，驻欧洲财政委员、大总统府顾问。1916至1917年任财政部总长，兼任外交部总长
梅贻琦 （Mei, Y. C.）	字月涵，生于天津，官费留美，1914年获学士学位，留美中国学生会书记、中国学生基督教会会计、《留美学生月刊》经理，1914年回国，任天津青年会学生部书记，1915年任清华学校教员
曹云祥 （Tsao, Yun-Siang）	字庆五，生于江苏，毕业于上海圣约翰大学，任圣约翰大学助教，官费留美，入耶鲁大学，修习普通文科，获学士学位，屡次获演说竞赛，得第一名，为耶鲁辩论团团员、耶鲁世界会会长、中国学生会会长、《留美学生月刊》编辑及总编辑
章宗元 （Chang, Tsung-Yuen）	字伯初，生于上海，驻日公使。毕业于上海南洋公学，后官费留美，入加利福尼亚大学，修习经济商业科，获学士学位。1911年任财务部次长，1913年担任驻英财政委员，1914年至1916年间，担任审计院院长
章元善 （Djang, Yuan-Shan）	字彦驯，生于江苏苏州，毕业于江南高等学堂、北京清华学校，官费留美，入康奈尔大学，修习普通文科，1915年获学士学位。为留美学生会会员、《留美学生月刊》总经理、《留美学生季报》编辑。1915年回国
梁启勋 （Liang, Chi-Hsun）	字仲策，生于广东新会。兄长梁启超。官费留美，入摩尔根园学校，后入西北大学，1909年入哥伦比亚大学，同年冬回国，任中国银行驻京监理官
裘昌运 （Chiu, Chang-Yueng）	字昌运，生于江苏无锡，毕业于苏州东吴大学，获学士学位，官费留美，入威斯康辛大学、普渡大学，1913年获学士学位，入哥伦比亚大学学习商业，为中部留美学生分会会长，留美学生会会长。1914年回国
过探先 （Kuo, Tuar-Chin）	字探先，生于江苏无锡，官费留美，入威斯康辛大学，修习农业，1912年入芝加哥大学，习理科，后入康奈尔大学，习农业，1914年获学士学位，1915年获硕士学位。为康奈尔大学中国学生会会计、《留美学生季报》总经理，1915年回国

姓　名	情　况
杨孝述 （Yang, Shu-Zek）	字允中，生于江苏，官费留美入康奈尔大学，修习机器工程。1915年，获机器工程师学位，为康奈尔中国学生会会长、世界会及中国科学会会员、美国电气工程师学会会员、《留美学生月刊》经理。1915年回国
廖奉献女士 （Liu, Fun Hin/Miss）	生于广州，曾就读于香港伦敦教会女学、澳门女学、岭南中学，自费留美。1914年获学士学位，入哥伦比亚大学修习教育，1915年获硕士学位，1916年回国，任岭南女子中学代理校长
潘文焕 （Pan, Wen-Huan）	字光宇，生于北京，毕业于上海圣约翰大学，获学士学位，1912年自费留美，入密歇根大学，修习土木工程，1914年入明尼苏达大学，1916年获土木工程学士学位，获得网球最优奖及运动奖金牌，1916年回国
邝熙坤 （Kwong, Hsu-Kun）	字伯和，生于广东广州，毕业于上海圣约翰大学，官费留美，入普林斯顿大学，修习经济学，1914年获文学学士学位，入哥伦比亚大学，修习经济学及新闻学，1916年获硕士学位。任《普林斯顿日报》编辑、《留美学生月刊》编辑、留美学生会会长。1916年回国
魏文彬 （Wei, Wen-Pin）	字雅庭，毕业于北京汇文大学，获学士学位，官费留美，获学士、硕士学位。后入哥伦比亚大学，修习经济及国际法，1914年，获博士学位。曾任东美留学生会会长、世界会会长、北美洲中国基督教学生会会长、《留美学生月刊》编辑。1915年回国
严家驹 （Yen, Chia-Cheow）	字伯銮，生于福建福州，官费留美，1913年获学士学位，后入哈佛大学，修习数学，1914年获硕士学位。曾任世界会会长、中美中国学生会会长及副会长、美国数学会会员。1914年回国
郭泰祺 （Guo, Tai-Chi）	字复初，生于湖北武昌。官费留美，获政治学学士学位，为文学会、世界会会员。1911年回国，任黎副总统秘书，1916年至1917年，任黎大总统秘书，兼署外交部参事
杨荫杭 （Yang, Yin-Hang）	字补塘，生于江苏无锡。毕业于日本早稻田大学，后留美获法学硕士学位，1908年回国，任北京高等监察厅厅长
颜德庆 （Yen, Te-Ching）	自季余，生于上海。毕业于上海英华书馆，自费留美，入弗吉尼亚大学，修习工程学，获土木工程师学位。1911年，任粤汉铁路湘鄂局局长，及交通部参事。美国土木工程师会会员、中国工程师学会副会长
颜惠庆 （Yen, W. W.）	字骏人，生于上海，毕业于上海圣约翰大学、中西书院、同文书院，自费留美，获学士学位，以英文辩论得金牌奖，回国任上海圣约翰大学教员、南方报编辑、上海商务印书馆英文编辑、外务部参议、驻德国公使

姓　名	情　况
施肇基 （Sze，San-Ke）	字植之，生于江苏震泽。毕业于上海圣约翰大学，自费留美，入华盛顿高等学校，后入康奈尔大学获学士学位及硕士学位，为《康乃尔学报》编辑。后回国任外交部总长
顾维钧 （Koo，Vikyuin Wellington）	字绍川，生于上海，毕业于上海中西书院、圣约翰大学，自费留美，获学士学位、硕士学位、博士学位。曾获哥伦比亚、康奈尔大学辩论优胜奖，为校辩论团团员、《留美学生月刊》、《留美学生季报》编辑。1912 年回国，任外交部参事及秘书。1915 年，任驻墨西哥公使后任驻美公使
顾惟精 （Koo，V. Tsing）	字惟精，生于江苏无锡，毕业于上海南洋中学、圣约翰大学、南洋公学。官费留美入伊利诺伊大学，习电气工程。1914 年获学士学位，后入麻省理工学院，1915 年获硕士学位。后入哈佛大学，1916 年获硕士学位。曾任中美留学生会会计、南洋公学同学会会长。曾在麻省理工学院演讲《十九世纪后半期科学之进步》
章祖纯 （Chang，T. Z.）	字子山，生于浙江湖州，毕业于南洋公学，任湖州中学堂教员。官费留美，入加利福尼亚大学，修习农业，获学士学位，回国任农林部佥事及统计科科长职务。1913 年任农商部技正及农林司第三科科长，兼中央农事试验场病虫害科科长，1915 年任农商部派赴巴拿马博览会委员，著有《巴拿马博览会调查报告》、《治蝗辑要》等书
张彭春 （Chang，Peng-Chun）	字仲述，生于天津，长兄张伯苓。官费留美，入克拉克大学，修习心理学及社会学，获学士学位，后入哥伦比亚大学，修习哲学教育，获硕士学位，曾任北美中国基督教学生会书记、《留美学生月刊》编辑。1916 年回国任天津南开学校教务长
张煜全 （Chang，Yu-Chuan）	字昶云，生于广东广州，毕业于福州英华书院及香港皇仁书院、天津北洋大学、日本东京帝国大学，后官费留美，入加利福尼亚大学，修习法律，获法学学士学位。后入耶鲁大学法科，获法律硕士学位。1911 年任总统府秘书及外交部参事。1913 年至 1915 年，任江苏安徽二省交涉使，1916 年任外交部秘书。为美国大学同学会职员，中国政治社会学会职员
周诒春 （Tsur，Ye-Tsung）	字寄梅，生于湖北汉口。毕业于上海圣约翰大学获学士学位，任该大学数学理科助教，及英文教员。自费留美入耶鲁大学，修习普通文科，获学士学位。后入威斯康辛大学，修习教育，获硕士学位，以演说辩论最优得金牌奖。1908 年回国，任上海中国公学英文历史教员，1909 年廷试，授进士，担任上海复旦公学心理学哲学教员。1911 年，担任南京临时政府外交部秘书，又任北京清华学校副校长，兼任教务长，1913 年，担任清华学校校长。1915 年由上海圣约翰大学赠授文学博士学位

续表

姓　名	情　况
张履鳌 （Chang, Lv-Ao）	生于南京，毕业于上海圣约翰大学，任《约翰声》及《寰球中国学生报》编辑，自费留美，入弗吉尼亚大学，修习经济及哲学，获学士学位，后入耶鲁大学修习法律，获法学硕士学位，担任《留美学生月报》总编辑，1909 年回国，授进士。任上海尚贤堂副堂长，1911 年任《汉口日报》英文编辑，署湖北外交司长，任黎副总统兼领湖北都督法律顾问，为汉口中国青年会会长
李登辉 （Lee, T. H.）	字腾飞，生于厦门，自费留美入威斯林大学及耶鲁大学，回国任上海复旦公学教务长，及复旦公学校长，曾为《共和西报》编辑、中华书局总编辑、寰球中国学生会会长
黄国恩 （Huang, K. U.）	字觉因，生于湖北，原籍广东，自费留美，入康奈尔大学，修习普通文科，后入威斯康辛大学修习法律，获法律学士学位。1909 年回国，任上海复旦公学教员，1911 年，任山东高等师范学校校长，1913 年供职税务处，1915 年供职农商部

资料来源：TsingHua College, *Who is who of American Students.* Peking：Tsinghua College, 1917.

后　记

曾经有很长的一段时间，我的所有个人生活完全让位于这本书的撰写。在对本书进行一次次修改的过程中，我不得已一次又一次在繁重的日常教学及烦琐的行政工作中祈求得到一丝丝间隙，可以躲进一个"港湾"没有任何打扰地耕耘文作。回想起来，那些本应是与亲朋好友高谈阔论的欢愉时光仿佛于我而言毫不存在，唯一的印象就是枯坐书房敲打键盘的回响；那些本应是觥筹交错、流光溢彩的饭局，于我而言都是独自粗茶淡饭、食不甘味。但我不得不说，在本书的写作中我却深深地体会到了心灵与精神的满足，我的思维得以淋漓尽致地呈现，也只有在写作过程中我才能够真切地感到自己是自由的、幸福的。

在本书的写作中，我的思绪被温柔地拉回在"京师园"读书的愉快时光。我幻想着能够再次坐在曾经求学时图书馆六楼334的座位上，就像过去的六年中那样，透过那道窗子看尽校园的春夏秋冬以及时而清澈的蓝天，或是时而灰蒙蒙的雾霾天；我幻想着能够再和同窗好友骑着车路过那熟悉的一条条绿荫小道，再聆听一次木铎的钟响，甚至在寝室的洗漱间忘我地讨论学术问题。春来又春逝，花落又花开，假如时光能够倒流，我想我还会再虔诚地按下每一次键盘、让每一个字符再次跳跃于本书的纸间；假如时光能够倒流，我想我还会再静静地走在校园的"木铎路""乐育路"上，再细细体味校园一草一木的韵味。我的母校——北京师范大学，她所具有的严谨朴实学风，低调内敛的治学风格早已深深镌刻在我的思想及行为中。如今离开母校已经数年，"铁狮子坟的求学时光"却无时无刻不成为我胸间的一枚"朱砂痣"，每当生活沮丧的时候，重拾这段时光总能找到奋斗的志气。

对于这本书从写作到成稿的一切过程，我有千言万语想说。首先，这本书之所以能够完成最需要感谢的是我的指导老师孙邦华。从选题到写作，再到调整、修改，孙老师给予了我极大的帮助与鼓励。他的循循善诱与鞭策是我完成本书的最大动力，因为每次看到办公室的他不是在伏案治学就是在为我们每一次的读书会做精心的准备。正是老师这种非常严谨、非常投入的治学态度，深深感染了我，心中就总是暗暗下定决心，一定要认真完成撰写任务，决不能让老师失望和伤心。求学于孙门之下整整六年，让我无比留恋，与老师的师生情谊每每让我想起就万分感恩，在读书会中与同门的每一次探讨也都让我获益良多。

其次，我需要感谢在这段漫长的、艰难的写作之旅中，北京师范大学徐勇老师，北京大学叶隽老师，中国教育科学研究院储朝晖老师，北京师范大学施克灿老师、于述胜老师，人民教育出版社刘立德编审的耐心启发与悉心帮助，特别是徐勇老师和叶隽老师总是面带微笑的鼓励，让我感到温暖备至。正是因为各位老师悉心的教导与极为珍贵的写作意见，让我得以在这数年的写作中有如"当头棒喝"一般，让我始终怀着一种"捧着一碗水、战战兢兢"的心态在每天的坚持中一步步地向前推进。每当我稍微想松懈、偷懒，老师督促的声音又总是徐徐回荡在耳边，使我羞愧不已，于是只能加紧脚步继续前行。同时，需要感谢的还有中国教育科学研究院的宋恩荣老师。由于有幸参与了宋老师主持的两个科研项目，于是在这过程中与宋老师来往较多。宋老师温和的为人、智者的叮咛与长者慈蔼的关怀，除了在学业方面给出建议，每每当我在人生遇到困境时，只要与宋恩荣先生聊一聊，总是能卸下心灵上沉沉的包袱，得以轻装上路。匿名评审时，三位专家给予了充分的肯定，同时也提出了很好的建议，谨此聊表感谢！感谢浙江大学田正平教授翻阅书稿，田正平先生所提出的每一条意见都如此珍贵、如此有见地，使得我在既有的研究之余，又打开了思维的另一扇窗。

当我回顾在京师园里学习的六年光阴，可谓十分漫长，这是因为感觉自己把每一天都几乎当成双倍的时间来过，分分秒秒我都无比珍惜。在这六年的所有艰辛，每次都能够随着一张张到来的稿费汇款单或是报刊转载费而烟消云散。那厚厚的数千元人民币的稿费，可谓见证了我的辛劳付出。但是这六年的光阴对一个青年学子来说，却又是短暂的求学过程。在这当中，曾经在硕士阶段有将近一年的时间在台湾学习，在博士阶段又有一年半的时间在加拿大公派联合培养。除去这些时间，留在北京师范大学校园中的时光就显得弥足珍贵了。我要感谢师大图书馆的老师们所提供的研究资料，感谢南京市图书馆"民国史料档案馆"的相关老师提供的资料。感谢中研院近代史研究所档案馆的苏老师，以及台湾师范大学历史学系教授兼中研院近代史研究所所长黄克武一直以来的鼓励与学术上的支持。对于论文资料的收集与整理方面，还需要感谢加拿大约克大学、多伦多大学图书馆的工作人员给予查询珍贵史料提供的帮助。他们为我提供了北美高校以及学术研究机构所共享的资料系统，让我成功且顺利地收集到了哈佛大学、康奈尔大学、耶鲁大学、斯坦福大学、芝加哥大学、密歇根州立大学收藏的珍贵资料。在台湾及在北美国家求学的时光，虽然辛苦却也受益良多，感谢加拿大约克大学历史学系的 Bernard Luk 教授对我论文写作的启发与无微不至的关心。

就在 2016 年 3 月 24 日，我收到了一封来自加拿大约克大学亚洲研究中心 YCAR/ York Center of Asian Studies 的信件，信件带来了对我无疑是晴天霹雳的消息：Bernard Luk 突发心脏病在多伦多 Sunnybrook 医院与世长辞了！眼前与教授相处的点点滴滴突然如此鲜活，我仿佛昨天还能听到他的谆谆教诲，听到他对我说，研究了一辈子的历史，就是"知人论世"的过程；听到他说多伦多的冬天如此严寒，要和老伴及两个儿子去美国的佛罗里达海岸过圣诞假期……我仿佛看到他正收拾行李、穿上他那套带着蝴蝶领结的西装，整装待发去那个充满阳光的海岸……这些只属于我们之间的对话，如此深刻、如此真实，而今天却又音容消逝。我仿佛昨天还能为他谦和亲切的姿态而感到春风拂面，而今天只能看到邮件中他的一张遗照，如此如此亲切却又如此冰冷……想到这里，我的眼泪不由得决堤，多希望能把此书献给 Bernard 教授……

另外在每个星期与加拿大多伦多大学安大略教育研究院的许美德教授（Prof. Ruth Hayhoe）及她的学生小组一起研讨问题、许美德教授对我写作过程中所给予的一切耐心的、亲切的帮助，我都铭记于心。在每次的写作过程中，每当遇到瓶颈、失去意志力、沮丧万分的时候，脑海中总能浮现起许美德教授无比亲切和蔼的笑容，仿佛让我再次看到逝去的外婆的微笑，让我觉得充满了勇气，那些难题似乎看起来不再令人恐惧。另外，我还要感谢在加拿大留学期间，约克大学教育学院查强教授的悉心帮助。查强教授思维的敏捷、分析问题直指靶心的能力，均深深彰显查强教授极为出色的学术科研实力，这些能力自然使查强教授成为加拿大最为出色、优秀的华人学者，他每次轻声细语的交流姿态与完美的学者风范都给予我无比的鼓励。

感谢在本书的撰写过程中，国内外学术机构所给予的一切帮助。感谢国家公派留学基金委提供的联合培养的机会，才使我得以在北美这块神奇的土地上收集到了大量的、珍贵的一手史料与档案，而对于这些珍贵的史料与档案的利用，也是本书最大的价值所在。感谢加拿大社会科学与人文研究理事会（Social Science and Humanities Research Council of Canada）、国家学位与研究生教育研究学会（Chineoe Society of Academic Degrees and Graduate Education）的慷慨资助；感谢我的母校北京师范大学教育学部采用"学生科研基金"项目资助的方式，对本书的部分研究给予了有力支持。这些资助既是研究过程中的经济助力，又是研究能够顺利持续的精神鼓励。正是由于有了这部分资金的资助，本书的写作仿佛得到了至高的肯定，因而也使我充满了干劲。

另外，还要感谢的是同门的师姐与师弟、师妹，北京师范大学访问学者梁尔铭博士对本书所提的一切中肯的意见，感谢北京师范大学林伟博士师兄无私地提供了较多关于"大江会"的珍贵史料档案，感谢与我朝夕相伴的好姐妹们——北京师范大学张杨博士、唐露萍博士，如果没有你们如家人般的支持与谅解，我想本书的完成也是不可想象的。感谢北京师范大学孙碧博士、浙江大学朱鲜峰博士、清华大学张磊博士、加拿大多伦多大学吴寒天博士、加拿大温哥华英属哥伦比亚大学罗筛萱博士对我论文提出的宝贵意见，你们是我治学路上的好知己、好搭档，谢谢你们在各自繁忙的研究中还为我留出时间阅读文稿，并与我讨论。感谢云南师范大学王艳玲博士及苟顺明博士一家，你们为人、为学均是我的榜样！感谢云南师范大学李天凤院长及张向众副院长，感谢你们对青年研究人员栽培的苦心。本书能够出版，最需要感谢的是社会科学文献出版社李期耀的信任，期耀学长付出了大量的心血校对、编辑，才得以将我这份稚嫩的拙著呈现，在此向期耀学长及全社人员认真细致的工作深表感谢。对于书中的一切不当、失误之处全由我自己负责。

应似园中桃李树，花落随风子在枝。这么多年一直求学异地，少了对父母的陪伴，一直很内疚，在求学的路上无比感恩我的父母毫无保留的支持。今天，在女儿终于回到家乡工作守护在你们的身边、在本书付梓之际，我想我终于可以腾出时间陪着父母再去滇池畔走走了。感谢我的先生李俊源，人生艰难，谢谢与我携手面对风雨十数载。先生是一位善良达观的好伴侣、好知己、好老师，先生的包容与幽默也是我内向性格的完美互补，我感恩与先生的相处中时时充满着欢声笑语、充满着温暖体谅，才使得艰难的人生看起来并不十分艰难。感谢在我沮丧、一蹶不振的时候给予我温柔鼓励的亲朋好友，感谢在这漫长且艰难的写作过程中默默支持我的所有朋友。

如今这样一份答卷已经交出，它见证了我学术生涯的起步，或许有不少不足。在不远的将来，我会遵从自己的内心，克服浮躁之心，继续在学术这条道路上踏实低调、勇敢执着、风雨兼程地走下去，对于此，我的心中既充满忐忑，又无比期待。

张睦楚于聚贤明德园

2017 年 8 月 27 日

图书在版编目 （CIP） 数据

民族意识与自由主义的双重变奏：留美中国学生联
合会之历史考察／张睦楚著．-- 北京：社会科学文献
出版社， 2018.2
ISBN 978 - 7 - 5201 - 1993 - 1

Ⅰ.①民… Ⅱ.①张… Ⅲ.①留学生 - 联合会 - 历史
- 研究 - 中国 - 1902 - 1931 Ⅳ.①G648.9

中国版本图书馆 CIP 数据核字 （2017） 第 314649 号

民族意识与自由主义的双重变奏
——留美中国学生联合会之历史考察

著　　者／张睦楚

出 版 人／谢寿光
项目统筹／李期耀
责任编辑／李期耀

出　　版／社会科学文献出版社·近代史编辑室 （010） 59367256
　　　　　地址：北京市北三环中路甲 29 号院华龙大厦　邮编：100029
　　　　　网址：www. ssap. com. cn
发　　行／市场营销中心 （010） 59367081　59367018
印　　装／北京季蜂印刷有限公司

规　　格／开 本：787mm × 1092mm　1/16
　　　　　印 张：19.5　字 数：277 千字
版　　次／2018 年 2 月第 1 版　2018 年 2 月第 1 次印刷
书　　号／ISBN 978 - 7 - 5201 - 1993 - 1
定　　价／89.00 元

本书如有印装质量问题， 请与读者服务中心 （010 - 59367028） 联系